走向深蓝·海洋管理系列

海洋行政管理

刘　洋　高雪梅　编著

《大连海洋大学—大连市人民政府行政服务中心实践教育基地》项目资助
《大连海洋大学—大连海事法院法学实践教育基地》项目资助
《大连海洋大学—蓝色法学课程群》项目资助
《大连海洋大学—法学特色学科B》项目资助
北京龙图教育/龙图法律研究院资助
辽宁省社会科学界联合会：《辽宁海洋发展法律与政策研究基地》项目资助
中国太平洋学会海洋维权与执法研究分会资助
辽宁省法学会海洋法学研究会资助
大连市社会科学界联合会、大连市国际法学会资助
大连海洋大学社会科学界联合会资助

东南大学出版社
SOUTHEAST UNIVERSITY PRESS
·南京·

图书在版编目(CIP)数据

海洋行政管理 / 刘洋,高雪梅编著. —南京:东南大学出版社,2017.5

(走向深蓝 / 姚杰,裴兆斌主编.海洋管理系列)

ISBN 978-7-5641-5121-8

Ⅰ. ①渔… Ⅱ. ①刘… ②高… Ⅲ. ①海洋-行政管理-研究 Ⅳ. ①D993.5

中国版本图书馆 CIP 数据核字(2017)第 096705 号

海洋行政管理

出版发行	东南大学出版社
出 版 人	江建中
社　　址	南京市四牌楼 2 号(邮编:210096)
网　　址	http://www.seupress.com
责任编辑	孙松茜(E-mail:ssq19972002@aliyun.com)
经　　销	全国各地新华书店
印　　刷	虎彩印艺股份有限公司
开　　本	700mm×1000mm　1/16
印　　张	13
字　　数	262 千字
版　　次	2017 年 5 月第 1 版
印　　次	2017 年 5 月第 1 次印刷
书　　号	ISBN 978-7-5641-5121-8
定　　价	49.80 元

(本社图书若有印装质量问题,请直接与营销部联系。电话:025-83791830)

走向深蓝·海洋管理系列编委会名单

主　任：姚　杰

副主任：张国琛　胡玉才　宋林生　赵乐天
　　　　裴兆斌

编　委（按姓氏笔画排序）：
　　　　王　君　王太海　邓长辉　田春艳
　　　　刘　臣　刘海廷　刘新山　朱　晖
　　　　李　强　高雪梅　彭绪梅　戴　瑛

总 序 Total Order

  海洋对自然界、对人类文明有着巨大的影响,人类社会发展的历史进程一直与海洋息息相关,海洋是生命的摇篮,它为生命的诞生、进化与繁衍提供了条件;海洋是风雨的故乡,它在控制和调节全球气候方面发挥着重要的作用;海洋是资源的宝库,它为人类提供了丰富的食物和无尽的资源;海洋是交通的要道,它为人类从事海上交通,提供了经济便捷的运输途径;海洋是现代高科技研究与开发的基地,它为人类探索自然奥秘、发展高科技产业提供了广阔的空间。

  2002 年可持续发展世界首脑会议通过的《约翰内斯堡执行计划》进一步指出,应"促进在国家一级采用综合、跨学科及跨部门的沿海与海洋管理方法,鼓励和协助沿海国家制定海洋综合管理政策和建立相关机制"。2005 年联合国世界首脑会议提出要"在各个层面加强合作与协调,以便用综合方法解决与海洋有关的各类问题,并促进海洋综合管理与可持续发展"。2012 年 6 月联合国可持续发展大会通过了题为"我们憧憬的未来"的成果文件,进一步重申了 1992 年联合国环境与发展大会和 2002 年可持续发展世界首脑会议做出的承诺。2012 年 11 月 26 日,联合国秘书长和联合国系统行政首长协调理事会在关于《对联合国海洋事务协调机制的评估》报告的评论意见中指出,联合国联合检查组提出的第一条建议是"联大应在第六十七届会议上建议各国设立海洋和有关问题的国家协调中心","联合国系统各组织对此建议表示支持和欢迎"。

  从 20 世纪 70 年代开始,尤其是自 1992 年联合国环境与发展大会以来,联合国日益重视海洋事务,并建立了联合国海洋事务协调机制,许多沿海国家纷纷制定海洋战略、政策与计划,推进海洋综合管理与海洋事务高层协调机制和执法队伍建设。我国在推进海洋综合管理方面已取得显著进展。近年来,党中央、国务院高度重视海洋工作。党的十六大在规划我国未来 20 年经济与社会发展宏伟蓝图时,将"实施海洋开发"作为其中一项重要的战略部署。党的十八大报告指出:"提高海洋资源开发能力,坚决维护国家海洋权益,建设海洋强国。"《中华人民共和国国民经济和社会发展第十一个五年规划纲要》,首次将海洋作为专门一章进行规划部署。《国家中长期科学和技术发展规划纲要(2006—2020 年)》,也把海洋科技列为我国科技发展五大战略重点之一。

由此可见，海洋事业将在我国政治、经济和社会发展中发挥越来越重要的作用，因而，将目光转向海洋、经略海洋，实施有效的海洋管理，是我国新时期实现新发展的重要内容，也是我国实施可持续发展战略的必然选择。

我国现行的海洋管理体制是在我国社会主义建设初期的行政管理框架下形成的，其根源可推至我国计划经济时期形成的以行业管理为主的模式，是陆地各行业部门管理职能向海洋领域的延伸。① 自新中国成立以来，我国海洋管理体制大概经历了四个阶段：

第一阶段是分散管理阶段。从新中国成立至20世纪60年代中期，我国对海洋管理体制实行分散管理，主要是由于新中国刚刚成立对于机构设置、人员结构的调整还处于摸索和探索时期，其主要效仿苏联的管理模式，导致海洋政策并不明确，海上执法建设相对落后。随着海洋事务的增多，海洋管理规模的扩大，部门与部门之间、区域与区域之间出现了职责交叉重叠、力量分散、管理真空的现象。②

第二阶段是海军统管阶段。从1964年到1978年，我国海洋管理工作由海军统一管理，并且成立国务院直属的对整个海洋事业进行管理的国家海洋局，集中全国海洋管理力量，统一组织管理全国海洋工作。此时的海洋管理体制仍是局部统一管理基础上的分散管理体制。

第三阶段是海洋行政管理形成阶段。这一阶段的突出特点是地方海洋管理机构开始建立。至1992年年底，地(市)县(市)级海洋机构已达42个，分级海洋管理局面初步形成。海上行政执法管理与涉海行业或产业管理权力混淆在一起，中央及地方海洋行政主管部门，中央及地方各涉海行业部门，各自为政，多头执法，管理分散。

第四阶段是综合管理酝酿阶段。国家制定实施战略"政策""规划""区划"协调机制以及行政监督检查等行为时，开始注重以海洋整体利益和海洋的可持续发展为目标，但海洋执法机构仍呈现条块结合、权力过于分散的"复杂局面"。③ 仍然无法改变现实中多头执法、职能交叉、权力划分不清等状况。

2013年3月10日《国务院机构改革和职能转变方案》公布，为了进一步提高我国海上执法成效，国务院将国家海洋局的中国海监、公安部边防海警、农业部中国渔政、海关总署海上缉私警察的职责整合，重新组建国家海洋局，由国土资源部

---

① 刘凯军.关于海洋综合执法的探讨.南方经济,2004(2).
② 宋国勇.我国海上行政执法体制研究.上海：复旦大学硕士学位论文,2008.
③ 仲雯雯.我国海洋管理体制的演进分析(1949—2009).理论月刊,2013(2).

管理。①

总之,为了建设强大的海洋国家,实现中华民族的伟大复兴,更好地维护我国海洋权益和保障我国海上安全,有效地遏制有关国家在海上对我国的侵扰和公然挑衅,尽快完善我国海洋管理体系显得尤为必要,这也是海洋事业发展的紧迫要求和时代赋予我们的神圣使命。

为使我国海洋管理有一个基本的指导与理论依据,大连海洋大学法学院、海警学院组织部分教师对海洋管理工作进行研究,形成了"走向深蓝·海洋管理系列"成果。

丛书编委会主任由姚杰担任;张国琛、胡玉才、宋林生、赵乐天、裴兆斌担任丛书编委会副主任。王君、王太海、邓长辉、田春艳、刘臣、刘海廷、刘新山、朱晖、李强、高雪梅、彭绪梅、戴瑛担任编委。

丛书主要作者刘洋系大连海洋大学法学院、海警学院行政管理教研室副主任,杜鹏系大连海洋大学法学院、海警学院人力资源管理教研室主任,长期从事海洋综合管理教学与科研工作,理论基础雄厚。其余作者均系大连海洋大学法学院、海警学院等部门教师、研究生,及其他院校教师、博士和硕士研究生,且均从事渔政渔港监督管理、海洋行政管理、邮轮游艇管理、海洋人力资源管理、国际人力资源管理等教学与科研工作,经验十分丰富。

本丛书的最大特点:准确体现海洋管理内涵;体系完整,涵盖海洋管理所有内容;理论联系实际,理论指导实际,具有操作性。本丛书既可以作为海洋行政管理部门管理海洋的必备工具书,又可作为海洋行政管理部门的培训用书;既可以作为涉海高校行政管理专业、人力资源管理专业本科生的方向课的教材,又可作为这些专业的教学参考书。

希望本丛书的出版,对完善和提高我国海洋管理水平与能力提供一些有益的帮助和智力支持,更希望海洋管理法治化迈上新台阶。

大连海洋大学校长、教授

姚杰（签名）

2016 年 11 月 11 日

---

① 李军.中国告别五龙治海.海洋世界,2013(3).

目 录

第一章 海洋行政管理概述 / 1
  第一节 海洋行政管理概念界定 / 1
  第二节 海洋行政管理学的框架体系 / 11
  本章思考题 / 18
  案例分析1 / 18

第二章 海洋行政管理的产生与发展 / 25
  第一节 海洋行政管理的历史形态 / 25
  第二节 海洋行政管理的理论基础 / 36
  本章思考题 / 40
  案例分析2 / 40

第三章 海洋行政管理的基本范畴 / 45
  第一节 海洋行政管理的主体和客体 / 45
  第二节 海洋行政管理的任务与目标 / 60
  第三节 海洋行政管理的基本原则 / 67
  本章思考题 / 71
  案例分析3 / 71

第四章 海洋行政管理体制 / 77
  第一节 海洋行政管理体制概述 / 77
  第二节 国外海洋行政管理体制 / 83
  第三节 我国海洋行政管理体制发展 / 102
  本章思考题 / 110
  案例分析4 / 111

第五章　海洋行政管理组织　/　116

　　第一节　海洋行政管理组织概述　/　116

　　第二节　我国海洋行政管理组织的变革　/　122

　　本章思考题　/　128

　　案例分析5　/　129

第六章　海洋行政管理职能　/　132

　　第一节　海洋行政管理职能概述　/　132

　　第二节　海洋行政管理的职能体系　/　136

　　本章思考题　/　143

　　案例分析6　/　143

第七章　海洋行政政策　/　151

　　第一节　海洋行政政策概述　/　151

　　第二节　我国海洋行政政策的发展历史　/　163

　　第三节　我国海洋行政政策的体系构成　/　170

　　本章思考题　/　177

　　案例分析7　/　177

第八章　海洋行政管理的新探索　/　179

　　第一节　海洋行政管理发展的机遇与挑战　/　179

　　第二节　海洋行政管理的未来展望　/　184

　　本章思考题　/　189

　　案例分析8　/　189

参考文献　/　193

后记　/　197

第一章
海洋行政管理概述

行政管理是国家政府机关和法律法规授权的组织,依据国家法律和运用国家法定权力,为实现国家的社会目标和民众的利益,对国家和社会公共事务进行管理的活动。行政管理不同于其他管理,它是一种国家层面的管理,是通过行政机关实施的管理,是行政主体在国家行政管理中权利和义务的综合体现。国家行政主体有两种形式:一是依据宪法和国务院组织法规定赋予职权的行政主体,称为职权性行政主体;二是根据一般法律和法规授权的行政主体,称为授权性行政主体。

无论是职权性行政主体,还是授权性行政主体,之所以享有对行政相对人的管理权力,是因为它得到了国家或法律法规的授权,它的权力来自于国家,只是形式不同。海洋行政管理作为一门探索如何有效提高政府效率和加强政府行为的学科,经过一百多年的发展,在如何管理政府和政府如何管理方面,积累了大量的理论和经验。这些理论和经验如果作为海洋行政管理学发展的基石,可以在较短的时间内有效地促进海洋行政管理学的发展和学科完善。那么什么是海洋行政管理?它的研究框架是什么?它的研究对象有哪些?这些是本章要解决的问题。

第一节 海洋行政管理概念界定

一、海洋行政管理概念梳理

管理是具体的人的活动,按照管理主体可分为私人管理、企业管理、行政管理。其中行政管理主要是指政府部门对公共事务的管理,管理对象具有普遍性与一般性。海洋资源是公共区域、公共资源、公共产品,如果依靠私人部门或企业对其进行管理,难免会因利益难以整合而出现混乱和无序,因此,对海洋的管理主要依托于公共部门。随着经济全球化与民主化进程的推进,非营利组织及第三部门迅速崛起与成熟,作为海洋管理主体的公共部门呈现多元化。然而,多元化的社会治理结构仍无法改变政府充当多元治理角色的现实,政府部门仍然是公共领域的主导治理者,对海洋的管理莫不如此。

国内外学者对海洋行政管理的理解不尽相同。吕建华等认为海洋行政管理指海洋行政机关及其人员依法对自身及社会组织介入海洋活动的管理行为。它包括两个层面的含义：一是政府在介入海洋活动过程中对自身的管理，二是海洋行政机关对社会其他主体在海洋活动中的管理、协调和监控。这一定义对海洋行政管理的主体和客体（对象）做了明确界定，言简意赅。将海洋行政管理的主体界定为海洋行政机关及其工作人员，体现了管理活动是制度和具体的人的活动的统一。

娄成武认为海洋行政管理学是研究政府对于海洋事务进行有效管理的规律的科学，在中国兴起于20世纪90年代。海洋行政管理（Marine Administration）一般被定义为"国家尤其是政府部门依法对涉海行业以及涉海事务进行的计划、组织、协调和控制活动"①，通常海洋行政管理被归于行政管理之列，借助于行政管理的学科平台、基础理念等具体研究海洋事务以及政府自身涉海管理活动，符合行政管理一般的原理与发展规律。随着中国海洋事务尤其是国家战略层面的再设计，海洋行政管理学需要不断更新，以适应海洋事务的新需求且发挥理论的引导价值。

郑敬高认为海洋行政管理不能被认为是对海洋的管理。政府独特的管理对象是社会政治关系中的人及人的活动，海洋行政管理却是政府对人的各种海洋实践活动的管理，而不是以自然存在的海洋为对象的管理。② 海洋行政管理是国家行政管理的一个组成部分，因此海洋行政管理的主体是国家，按照职权性质看，国家管理海洋的机关可以区分为海洋立法机关、海洋行政机关以及海洋执法机关，这其实是从国家海洋管理角度讲的，"行政色彩"不够浓厚。

美国学者的J.M.阿姆斯特朗和P.C.赖纳在他们合著的《美国海洋管理》一书中就将国家对海洋活动的管理分为十项职能：组织海洋研究；从事海洋资料的收集、存储与分配；财政赞助；税收；监测；实施法律；解决冲突；制定政策；制定法规；制定规范等。

在综合不同学者研究基础上，根据行政管理的学科构建，本书认为海洋行政管理的学科体系，应包括以下几个方面。

（一）海洋职能

其内容主要涉及国家在海洋活动中的职责定位，政府应该介入何种海洋活动，介入的程度多大，应该采取何种方式介入，以及随着海洋环境和行政环境的变化，政府应该做出何种反应。

（二）海洋制度

针对海洋职能，国家在履行职能的过程中，应该建立何种的组织体系，其机构

---

① 王琪，王刚，王印红，吕建华. 变革中的海洋管理[M]. 北京：社会科学文献出版社，2013.
② 郑敬高，等. 海洋行政管理[M]. 青岛：中国海洋大学出版社，2002：40.

的设立、权责、相互关系等一系列内容。此外,权力机关针对海洋管理的立法,行政机关涉及海洋方面的行政立法,都应该属于这一层面。

(三) 海洋战略

尽管传统的行政管理理论并未涉及战略管理,但是公共管理,尤其是新公共管理将战略管理作为政府的一项重要内容,并且要将战略思维融入行政管理的所有阶段之中。对于海洋行政管理而言,其战略思维更为重要。战略的涵义本来就蕴含着一种竞争,世界各国对海洋资源的争夺,正是战略思维的体现。海洋战略的重点在于探讨海洋环境和海洋资源的变化、海洋未来的国际地位、世界各国针对海洋的举措以及我国如何保护领海和有效参与公海开发。

(四) 海洋决策

提高政府决策的科学化水平是公共政策研究的主要内容,海洋决策的研究范畴同样应该立足于此。在借鉴公共政策的理论模型的基础上,结合海洋战略和海洋环境,提高政府的海洋政策水平。

(五) 海洋实施

海洋实施即海洋立法或海洋决策做出后,海洋行政机关及其人员贯彻法规和政策的全部活动或整个过程。它至少包括五个方面的内容:海洋行政指挥、海洋行政沟通、海洋行政协调、海洋监控和海洋方法。海洋实施应该是整个海洋行政管理内容最为庞杂的部分,也应该成为其他海洋管理汲取海洋行政管理理论和方法的主要部分。

(六) 海洋财政

海洋财政主要涉及政府在海洋管理活动中的财政支出和财政收入。它包括两个方面:一是权力机关如何界定海洋开发的财政支出在整个财政预算中的比例和地位;二是政府如何利用财政手段有效地调控整个海洋开发的进度和规模,以达到海洋开发的最佳效果。

(七) 海洋伦理

海洋伦理主要探讨在开发海洋资源的过程中,人类与海洋之间的关系、海洋环境保护与海洋资源利用之间的关系、海洋长期利用与近期利用之间的关系、各国在公海的行为规范等。

概而言之,海洋行政管理是指国家行政权力在海洋事务中的行政管理行为。海洋行政管理是国家行政管理的一个重要组成部分,是海洋管理中最为重要的管理形式之一,是海洋管理健康发展的保障,是国家建设海洋强国的智力支撑。海洋行政管理的主体是国家海洋行政权力机关;管理要素是行政事务,包括海洋事务中所有涉海活动；客体是行政相对人，涉海活动中的自然人、法人和组织。其概念包含了以下四个方面的内容：

第一，海洋行政管理的实施主体是国家尤其是政府部门。海洋行政管理的主体是政府机构，这就在海洋行政管理与海洋管理之间划分了明确界限，海洋管理是一种公共管理，管理主体具有多元性，除了国家以外还有社会组织、企业以及公民个人。而海洋行政管理的"行政"色彩较浓，尽管也涉及国家立法机关以及司法机关的管理行为，但政府的主导地位是毋庸置疑的。

第二，海洋行政管理的对象是指涉海行业和涉海事务。涉海行业管理涉及政府对涉海经济行为的管理，涉海事务管理则侧重海洋执法、海洋监督以及国家涉海权益维护等层面。从宏观的角度看，海洋行政管理的对象包括海洋环境管理、海洋资源管理以及海洋权益管理。

第三，海洋行政管理是指具体的管理活动，包括计划、组织、指挥、协调、控制等，这与一般管理活动存在共性。

第四，海洋行政管理行为实施的前提条件是合法性，必须遵循相关的法律法规。

二、海洋行政管理主体

（一）海洋行政管理主体的概念

海洋行政管理主体，也称海洋行政主体，是指依法享有国家海洋行政管理职权，能以自己的名义实施海洋行政管理活动，并能够独立地承担由此产生的法律责任的行政组织。

（二）海洋行政主体的类型

根据目前我国法律和海洋行政管理的实际情况，我国海洋行政管理主体是：国务院、国家海洋局、国家海洋局所属的海洋管理分局、沿海地方各级人民政府及其职能部门、香港特别行政区政府及其职能部门、澳门特别行政区政府及其职能部门、法律法规授权的其他组织。

（1）按照行政主体的权利来源可分为海洋职权行政主体和海洋授权行政主体。依照宪法和组织法等的规定，取得海洋行政职权和海洋主体行政资格的组织为海洋职权行政主体，如国家海洋局；由宪法和组织法等之外的法律法规的规定而取得海洋行政职权和海洋主体行政资格的组织为海洋授权行政主体，如国家海洋局所属的海洋分局等。

（2）按照行政主体的权利级别可分为国家海洋行政主体和地方海洋行政主体。国家海洋行政主体是指行使海洋行政职权范围及全国所有海域的组织及其派出机构；地方海洋行政主体是指行使海洋行政职权范围及与本行政所属海域的组织及其派出机构。

（3）按照行政主体的权利范围可分为区域性海洋行政主体和地域性海洋行政主体。区域性海洋行政主体是指在某些特定海域,承担全部或部分海域行政事务的授权性海洋行政主体;地域性海洋行政主体是指海洋行政职权范围及与其同级地方政府行政所属范围的海洋行政主体。

三、海洋行政（管理）行为

海洋行政（管理）行为是海洋行政主体为实行国家海洋行政管理目标,依法行使国家海洋行政权力的行为。按照依据的法律不同,海洋行政行为可分为以下种类。

（一）海洋行政立法行为、海洋行政执法行为和海洋行政司法行为

海洋行政立法行为是指享有海洋行政立法权的国家行政机关为调整海洋事务的行政关系,制定海洋行政法规和规章的行政行为。

海洋行政执法行为是指海洋行政机关以及法律特别授予海洋行政权的组织依照法律、法规的规定,处理具体海洋行政事务的行政行为。海洋行政执法行为是将具有普遍约束力的命令、决定等适用于具体个人和组织的行为,该行为必然会对公民、法人等产生一定的约束力,是一种产生直接现实影响的行政行为,它所形成的法律关系是海洋行政主体为一方,以被采取措施的海洋行政相对人为另一方的双方法律关系,具体包括海洋行政许可、海洋行政处罚等。

海洋行政司法行为是指海洋行政机关作为争议双方之外的第三者,按照司法程序审理特定的海洋行政争议或民事争议案件并做出调解和裁决的行政行为。

（二）抽象行政行为和具体行政行为

按照海洋行政行为的对象是否特定明确为标准,可以将海洋行政行为分为抽象行政行为和具体行政行为。

抽象行政行为是指海洋行政机关以不特定的、一般的人或事为管理对象制定具有普遍约束力的、规范性文件的行政行为,包括制定法规、规章和发布决定、命令的行政行为。

具体行政行为是指海洋行政机关在行使海洋行政权的过程中,针对特定的人或特定事件作出影响海洋行政相对人权益的具体决定和措施的行政行为。

（三）羁束行政行为和裁量行政行为

按照海洋行政主体实施海洋行政行为受法律的约束程度为标准,可以将海洋行政行为分为羁束行政行为和裁量行政行为。

羁束行政行为是指海洋行政主体职能依据法律、法规的明确规定,没有选择余地地作出行政行为。海洋行政主体实施羁束行政行为,必须严格依法定范围、

条件、形式和程序等进行,没有自由斟酌、选择和裁决的余地。

裁量行政行为是指海洋行政主体根据法律、法规规定的幅度和范围或者在法律法规只规定了一定原则和目的的情况下,根据海洋行政管理需要和具体情况,自由斟酌并选择自认为内容正确适当的行政行为。

(四) 要式行政行为和非要式行政行为

按照海洋行政行为是否应当具备一定的法定形式为标准,可以将海洋行政行为分为要式行政行为和非要式行政行为。

要式行政行为是指海洋行政主体必须具备海洋行政法律规范要求的特定形式或必须遵守的特定程序,才能产生法律效果的行政行为。

非要式行政行为是指海洋行政主体在法律并未明确规定实施行政行为的方式的情况下,可以根据情况自由选择方式并实施行政行为。非要式行政行为一经作出便立即产生法律效力,海洋行政主体只要能够表明行政行为的内容,可以采取口头、书面等方式作出行政行为。

(五) 内部行政行为和外部行政行为

按照海洋行政主体的对象和该对象所处的法律地位为标准,可以把海洋行政行为分为内部行政行为和外部行政行为。

内部行政行为是指海洋行政主体在内部行政组织管理过程中所做的只对行政组织内部产生法律效力的行政行为。对内部行政行为通常涉及的行政机关或被授权组织的内部行政事务,不影响公民、法人和其他组织的利益。如海洋行政机关对内部工作人员的行政处分,上级机关对下级机关下达的行政命令、指标等。

外部行政行为指海洋行政主体对不属于本系统的、外部社会的人或在实施海洋行政管理活动过程中作出的行政行为。在海洋行政管理工作中的海洋行政许可、海洋行政处罚措施等都属于外部行政行为。

(六) 依职权行政行为和依申请行政行为

按照海洋行政行为的发生是否需要海洋行政相对人的申请为标准,可以把海洋行政行为分为依职权行政行为和依申请行政行为。

依职权行政行为是指海洋行政机关依据法律赋予的权力,无需海洋行政相对人的请求,而主动采取的海洋行政行为。在海洋行政行为中,绝大多数的是依职权海洋行政行为。例如,颁发海域使用证、发放海洋倾废许可证等。

依申请行政行为是指海洋行政机关必须有相对人的申请才能实施的海洋行政行为。

(七) 职权行政行为、授权行政行为和委托行政行为

按照海洋行政行为的职权来源为标准可以将海洋行政行为分为职权行政行

为、授权行政行为和委托行政行为。

职权行政行为是指海洋行政机关直接按宪法和组织法规定的职权而实施的海洋行政行为。

授权行政行为是指由海洋法律法规授权给非行政机关性质的组织从事海洋行政管理活动而实施的海洋行政行为。

委托行政行为是指海洋行政机关委托的非行政机关、社会组织从事海洋行政管理活动而实施的海洋行政行为。这里的海洋行政机关与非海洋行政机关、组织或个人是一种委托代理关系,非海洋行政机关、社会组织是以委托的海洋行政机关的名义实施其海洋行政行为。

四、海洋行政管理体系解读

海洋行政管理作为行政管理的一个子系统,同样遵循行政管理的一般管理理论和原则,基于此,海洋行政管理的理论基础可以归结为两个方面:一方面是行政管理学的基本理论,海洋行政管理是国家行政管理的一个方面,必须遵从行政管理的基本规律;另一方面是适用于海洋行政管理特殊性的理论,它是根据具体的海洋实践活动得出的,也可以称作海洋行政管理原则。

(一)海洋行政管理环境

海洋行政管理环境包括影响海洋行政管理活动实施的各种外部因素的总和。一方面海洋行政管理活动是对海洋行政管理环境的一种回应,另一方面海洋行政管理活动的成败很大程度上取决于环境因素的影响。海洋行政管理环境是一个复杂的大系统,从广义上说,既包括一个国家内部的政治环境、经济环境、文化环境、社会环境,也包括一个国家所面临的国际环境因素的总和;从狭义上说,海洋行政管理包含涉海的法律法规、政策等制度环境,也包括涉海行业的发展、涉海科学技术的进步等硬件环境。

(二)海洋行政管理活动及其工具

1. 海洋法律、海洋政策

海洋政策是国家实施其海洋战略、发展规划和发展涉外关系而制定的行动准则。海洋政策是一切海洋活动的出发点,并贯穿于活动的全过程。海洋政策是海洋行政管理的准则和基础,是各级海洋行政管理机构实施具体管理行为的重要依据。[①] 海洋政策体现的是决策者的意志,需要有明确的实施对象。这就涉及海洋政策主体、政策客体两个方面。通常海洋政策主体是指直接或间接地参与海洋政策制定、执行、评估、监控的个人、团体和组织。在我国,海洋政策的主体包括执政

---

① 王琪.海洋管理:从理念到制度[M].北京:海洋出版社,2007:177.

党、立法机关、行政机关、利益集团、非政府组织以及公民等。政策客体指的是政策作用对象及影响范围，即所要处理的社会问题和公共政策的目标群体。

海洋政策是一个纵横交织的政策网络体系。从纵向上说，海洋政策既包括中央海洋政策，也包括地方海洋政策。从横向上说，以涉及的领域为标准，海洋政策可以分为海洋环境政策、海洋产业政策、海洋资源政策、海洋开发政策、海洋保护政策、海洋科技政策、海洋渔业政策等。

2. 海洋行政管理活动

海洋行政管理活动是在涉海法律法规、海洋政策的指引下进行的具体海洋管理行为，主要包括海洋行政执法以及海洋行政监督。

（1）海洋行政执法。海洋行政执法主要包括海洋维权执法、海域使用管理执法以及海洋环境保护执法等。海洋维权执法主要是依据《领海及毗连区法》《专属经济区和大陆架法》《涉外海洋科学研究管理规定》等有关海洋法律法规进行的执法行为，具体包括：中国海监对全海域实施较大强度的维权巡航执法；依法开展对待我国管辖海域的油气资源勘探开发、人工构造物安全保障、科研调查、环境保护等有关主权权利和管辖权的维权工作，实施现场执法，及时发现并依法制止、查处在我国管辖海域非法进行的海洋科研调查、军事测量、油气勘探、海底电缆铺设等活动。

海域使用管理执法主要是依据《海域使用管理法》及其相关法律法规规定，全国各级海监机构通过建立日常巡查工作制度，进一步加大执法检查力度，组织开展专项执法行动，重点对围填海和养殖用海等开发活动中的违法用海行为进行查处。

海洋环境保护执法主要是依据《海洋环境保护法》《防治海洋工程建设项目污染损害海洋环境管理条例》《海洋石油勘探开发环境保护管理条例》《海洋倾废管理条例》《中国海监海洋环境保护执法工作实施办法》《中华人民共和国船舶污染海洋环境应急防备和应急处置管理规定》《自然保护区条例》《中华人民共和国船舶及其有关作业活动污染海洋环境防治管理规定》《防治船舶污染海洋环境管理条例》等法律法规规定，全国各级海监机构以海洋工程建设项目、海洋石油勘探开发、海洋生态和海洋倾废为重点开展的海洋环境保护执法工作。

（2）海洋行政监督。海洋行政监督是对国家海洋行政机关及其工作人员的管理行为进行监督约束的内外部监督的总和。其中内部监督主要是指海洋行政机关内部的行政监察，外部监督主要是指立法监督、司法监督、政党监督以及舆论监督等。

（3）海洋行政管理工具。海洋行政管理工具指用以开展海洋行政管理活动的各种方式的总称，主要有海洋行政绩效管理、海洋行政战略管理以及海洋行政管理的信息化手段。

(三) 海洋行政管理具体实践

海洋行政管理的具体实践包括海洋权益管理、海洋资源管理以及海洋环境管理。

海洋权益管理包括对内海和领海的权益管理、对专属经济区的权益管理、对大陆架的权益管理以及对海洋岛屿的权益管理。海洋资源管理是海洋行政管理的一个重要方面,其管理的对象是从事海洋资源开发利用的主体及其行为。经济发展导致的海洋环境问题引发了人们的广泛关注,海洋环境日益成为海洋可持续发展的重要瓶颈制约因素。海洋环境管理重在解决海洋环境的保护问题,对维持海洋生态平衡意义重大。

(四) 海洋行政伦理

行政管理从统治型行政管理模式向管理型行政管理模式再向服务型行政管理模式的历史性转变,使现代行政管理呈现出伦理化趋势,海洋行政管理作为行政管理的组成部分同样要顺应这一潮流。海洋行政伦理是海洋行政管理领域中的角色伦理,是针对海洋行政行为和政治活动的社会化角色的伦理原则和规范,包括海洋行政组织层面的伦理与海洋行政机关工作人员的伦理。实现海洋行政伦理的制度化是一项系统工程,要在完善海洋行政伦理培养机制与海洋行政伦理监督机制两个层面作出努力。

(五) 海洋行政管理发展

随着经济社会的发展与民主进程的加快,非营利组织、广大公民主体日益成为重要的社会力量,整个社会的治理结构呈现出多元化趋势。顺应这一趋势,海洋行政管理也必将与时俱进,进行相应的变革,大力引进非营利组织和培育民间社会力量成为行政管理未来的发展走向。非营利组织主要在环保领域发挥作用,政府购买非营利组织提供的服务可以提高政府工作效率,降低行政成本。而公民社会的成熟发展,主要体现在参政议政层面,能够提高重大问题决策的科学化与民主化程度。

五、海洋行政管理体系构建的原则

(一) 理论联系实际原则

海洋行政管理体系构建的意义在于通过它可以对海洋行政管理有一个总体性的认识。这一总体性的认识既包括感性认识,即对海洋行政管理主体、海洋行政管理组织、海洋行政管理手段、海洋行政管理对象等的直观把握,也包括深层次的理性认识,即上述范畴存在的理论基础。实际解决的是实然问题,而理论解决的是应然问题。在海洋行政管理体系构建的过程中要体现理论联系实际原则,表现在两个方面：首先海洋行政管理从学科角度构建体系结构本身就属于理论研究的范畴，理论研究应坚持的首要原则就是理论联系实际原则。将海洋行政管理定位于一门学科的出发点是通过构建一整套海洋行政管理理论来更好地指导我们的海洋行政管理实践，单纯就学科论学科是没有任何实际意义的，即用理论指导实践是我们从事理论研究的出发点和归宿。在具体的体系构建上，我们应遵循这一原则，换言之，体系在构建过程中和具体的构建环节上都必须以现实的海洋行政管理实践为基础，不能片面追求理论上的标新立异。与此同时，要注重理论的实际应用与科学指导性，为海洋行政管理实践提供智库支持。

（二）突出海洋特色原则

海洋行政管理本身就是行政管理的一个组成部分，但这并不代表海洋行政管理学科体系构建过程中必须遵循行政管理学体系构建的原则。海洋的特殊地域性，要求在海洋行政管理体系构建过程中要突出海洋特色。第一，海洋行政管理的出发点是维护国家海洋权益，推动国家海洋事业发展，服务国家海洋强国战略；而海洋行政管理体系构建在于寻求对海洋行政管理的一般理论认识，具体涉及人类对海洋的科学认识、海洋实践活动的客观规律。因此，为实现此目标，在构建海洋行政管理体系的过程中应体现海洋特色，要研究行政管理系统中海洋行政管理的海洋特色，要通过体系构建推动理论对我国海洋事业发展的指导。第二，海洋行政管理突出海洋特色，还表现在海洋行政管理涉及的三大领域。海洋具有特殊的地域性，对海洋进行行政管理主要包括三个领域的内容：针对海洋环境的管理，解决的是经济开发所导致的海洋环境污染问题；针对海洋资源的管理，目的在于合理开发海洋资源、促进海洋的可持续发展；针对海洋权益的管理，主要是从国家主权角度探讨维护海洋权益的制度建设。

（三）系统性原则

构建海洋行政管理体系要遵循系统性原则，是指海洋行政管理理论体系的各个组成部分要相互联系、相互依托，符合逻辑性，构成一个不可割裂的主体。海洋行政管理体系的系统性原则可以围绕如下思路进行构建：海洋行政管理既然是一种涉及具体区域——海洋的管理，那么其定义是什么？管理的主体是谁？管理什么？在什么样的环境下进行管理？管理中应遵循的基本理念是什么？这就涉及海洋行政管理的定义、主客体、管理环境以及所遵循的基本理论问题。以上问题可以概括为海洋行政管理基本理论，这是进行研究的起点。明确基本概念后，而后探讨海洋行政管理组织，解决海洋行政管理的实施主体及组织体制问题。海洋行政管理组织解决的是管理主体及机制问题，而海洋行政管理行为及工具旨在解决如何管理以及采取什么方式来管理的问题。对海洋的管理实践无非包括三方面——海洋资源管理、海洋环境管理、海洋权益管理，对这三个方面的阐述集中体现了海洋行政管理的特色。遵循系统性原则,对海洋行政管理体系的构建应围绕海洋行政管理基本理论(主体、客体、环境)、海洋行政管理组织、海洋行政管理机制、海洋行政管理内容(海洋资源管理、海洋环境管理、海洋权益管理)层层递进,逐步展开。

(四) 以政府为核心原则

海洋行政管理是国家行政管理的一个组成部分,因此海洋行政管理的主体是国家。将海洋行政管理的主体界定为国家,是因为从管理的职权性质来看,国家管理海洋的机关可分为海洋立法机关、海洋行政机关与海洋执法机关。海洋行政管理侧重点在"行政",特指政府行为,海洋立法机关的立法行为以及海洋司法机关的执法行为也属于国家管理行为,但同时也是一种与行政行为不同的管理行为。然而以政府为核心的原则,并不意味着管理主体的一元化,而是以政府在海洋管理活动中的作用为脉络来构建,鼓励非营利组织及社会力量参与到海洋行政管理行为中来。

第二节 海洋行政管理学的框架体系

海洋行政管理学始自 20 世纪后期人类对于海洋利益的高度重视。超越陆地,走向海洋,拓展人类生存发展空间成为社会共识,如果说古代海洋开发利用与近代航海时代停留在尚未完全成型、统治管理职能不够明晰的政府的引导之下,那么近几十年来海洋事务的兴盛,则是由成熟的管理型行政的政府统摄之下推进而成,海洋行政管理获得理论与实践的双重内涵。海洋行政管理学正是在工业化时代背景下研究人类海洋事务管理规律,服务于社会对于海洋快速增长的需求。

中国海洋行政管理学发端于 20 世纪 90 年代,学者与海洋部门官员对于海洋领域具体管理问题的论述。进入 21 世纪,学者逐渐开始由实证研究转向理论提升的过程,作为一门学问的海洋行政管理学也在其中不断地得到展开,如郑敬高于 2002 年出版的《海洋行政管理》一书,滕祖文于 2009 年出版的《海区海洋行政管理研究》一书,帅学明于 2010 年出版的《中国海区行政管理》一书,王琪等于 2013 年出版的《海洋行政管理学》一书。目前学界的研究集中在海洋行政管理学定义以及海洋行政管理学框架体系设计上。

一、海洋行政管理学发展现状

在 2013 年 3 月出版的《变革中的海洋管理》一书中,王琪等认为"海洋行政管理是指国家尤其是政府部门依法对涉海行业及涉海事务进行的计划、组织和控制活动",并且按照理论联系实际、突出海洋特色、系统性、以政府为核心等原则,将海洋行政管理体系划分为基本理论、管理组织、管理行为以及工具、具体实践、海洋行政伦理、海洋行政管理发展等六个方面,为海洋行政管理学科以及海洋行政管理学自身的发展奠定了良好的基础。

《海洋行政管理学》一书是国内第一本系统总结海洋行政管理学理论的著作。海洋行政管理学从属于行政管理学，行政管理学是"研究国家行政机关依法有效地对国家事务、社会事务和行政机关内部事务进行管理的活动以及一般规律的科学"[①]，因而行政管理学的基础理论对于海洋行政管理学具有总体的规范效应，但是海洋行政管理学有其独特的研究对象，具有学科的独立性，它是"以涉海行政组织及其行政实践行为为研究对象，要揭示海洋行政组织的职能、结构特征，海洋行政组织的运行过程和运行规律，更要研究海洋领域中的特殊管理问题"，由此海洋行政管理学既要研究传统行政管理已有的行政职能、行政组织、海洋政策、行政法治等内容，也要展现海洋信息管理、海域使用管理、海洋环境管理、海岛管理、海洋应急管理等特色部分，海洋行政管理学的理论体系从而兼具行政管理学以及海洋特色内容。

针对海洋行政管理学的框架体系，国内学者还有其他表述。郑敬高在《海洋行政管理》一书中将海洋行政管理的体系分为海洋行政管理体制、海洋立法与执法管理、海洋政策与决策、海洋权益管理、海洋资源管理、海洋环境管理等几个方面。滕祖文的《海洋行政管理》一书主要从行政法的角度进行阐述，全书的体系也类似于行政法教材的体系。吕建华等从公共管理的视角出发，将海洋行政管理学的体系设计为"海洋职能、海洋制度、海洋战略、海洋决策、海洋实施、海洋财政、海洋伦理"[②]等七个方面。

现有的海洋行政管理学理论体系已经初具规模，但是依然没有达致理论自洽。其一表现在海洋行政管理学的理论基础研究不足。原有研究只是原则性地将其理论基础划分为行政管理学以及海洋科学理论，这种思路无疑是对的，然而由于缺乏细致的理论再分解，因而缺乏较强的理论解释力。其二表现在海洋行政管理学理论体系缺少管理行为工具层面的论述。以往只是在论述政府职能时提及经济职能，体现资源分配作用的海洋政策以及海洋财政没有凸显出来，而海洋政策与海洋财政正是与海洋管理实践结合最为密切的部分。此外，正式著作中缺少海洋战略的规划设计，这与国家层面海洋强国的整体实践不能有效衔接，因而也不能体现行政管理学的问题导向意识。理论体系的前瞻性设计影响着后续理论发展乃至具体实践，实践的需求又会反作用于理论，推动理论的不断发展。中国的海洋行政管理学本就是由海洋管理实践所触发，当前海洋强国建设的实践更是呼唤着完善海洋行政管理学理论体系的指导，由此需要重新构建海洋行政管理学的基本理论体系。

---

① 王琪,等.海洋行政管理学[M].北京:人民出版社,2013.
② 吕建华,王刚.海洋行政管理学——一种公共管理视角的定位及构建[J].海洋开发与管理,2007(11):41-44.

二、海洋行政管理学理论体系构建原则

中国海洋行政管理理论与实践历经几十载发展，海洋行业管理、海洋综合管理、海洋区域管理等方面已经具备较为丰富的素材，从明确构建原则出发统合素材、形成海洋行政管理学的理论体系水到渠成。①

（一）工具性原则

行政管理学自19世纪末诞生之日起就有着浓厚的工具性与应用性色彩，它是以威尔逊为代表的美国学者为了解决政府管理无效现实以及政党分肥现象而逐步创造出来。技术与效率成为行政管理学研究的主题，尤其以马克斯·韦伯的官僚制组织理论为最显著。虽然此后新公共行政与新公共服务等理论对行政管理工具性价值取向大加鞭挞，然而，新公共管理运动却不断提醒世人行政管理追求效率的合理性。行政管理学的发展本身就是民主与效率价值此消彼长的过程。

行政管理的发展史证明面对新兴事物，效率是初始阶段的首要价值。针对海洋这一新兴领域发展而来的海洋行政管理几乎是不可避免地走上追求工具性价值的道路。突出工具性价值，强调应用性，能够引导人类实践迅速适应海洋的易变性；并且海洋事务的发展首先需要海洋科技的支撑，技术的发展本身就蕴含着对于工具性管理的需求，因而，海洋行政管理学的发展不应放弃工具性价值，应结合海洋科技，更好地服务人类海洋实践。

（二）差异性原则

海洋赋予海洋行政管理学相较于传统行政管理学的鲜明特质，这样海洋行政管理学在研究目的、研究对象以及具体研究领域等方面不同于传统的行政管理学。一方面，海洋行政管理学以维护国家海洋权益、为国家海洋权益维护提供制度支持为研究目标，其研究对象聚焦于国家海洋事务有效管理的规律；另一方面，海洋又使得海洋行政管理学具有独具特色的研究领域，比如针对海洋信息、海洋环境保护的研究。因而，构建海洋行政管理学的理论体系需要遵循与传统行政管理学相差异的原则。

（三）系统化原则

构建海洋行政管理学理论体系需遵循系统化原则，即"海洋行政管理学理论体系的各个组成部分要相互联系、符合逻辑性，构成一个不可分割的有机体"。这就需要认真考察理论整体与部分、各部分之间的关系，是否能够达到逻辑自洽的效果。比如，海洋行政管理学的内涵与外延意指何在，其外延能否已由各个子部分有效呈现；子部分之间演进的逻辑顺序又是如何，是否遵循一般行政管理学的

---

① 娄成武,董鹏.海洋行政管理学基本理论体系的发展构想[J].中国海洋大学学报(社会科学版),2014(4).

规律等。系统化原则有助于海洋行政管理学形成完整规范的体系结构,解决以往该领域理论的碎片化现象。

(四) 生态性原则

生态性原则可从两层意思来理解:一是与工具性原则相对,生态性原则呼应人类对于环境问题的严重关切,在海洋行政管理学中注入可持续发展的建设理念,侧重海洋环境管理的研究,为人类现实中的环境问题提供解决工具;二是注意西方理论在中国文化生态环境下的适应性。海洋行政管理学在美国也有着自己的学术观点,发展中国海洋行政管理学必然要借鉴国外成果,然而需要利用中国的文化生态加以检验和甄别,不可盲目照搬、单纯从纯学理角度引入国外理论。

三、海洋行政管理学的框架体系

按照人类一般的认知规律以及行政管理学现有的框架体系,海洋行政管理学的基本框架可以包括海洋行政管理学概念阐释、海洋行政管理理论基础、海洋行政管理理念、海洋行政管理主体、海洋行政管理行为工具、海洋行政管理实践六个部分。理论基础部分主要包括一般行政管理学理论和海洋科学理论;理念层面包括海洋意识与海洋价值、海洋伦理相关理论;管理主体部分按照传统行政管理的定位,应该是以政府为核心的公共组织;管理实践部分包含管理客体内容,并且应该是海洋行政管理学海洋性特色的体现,即包括海洋资源管理、海洋环境管理、海洋环境管理等(详见图1-1)。由此,从管理理念到管理主体、行为工具、管理实践部分的设计,体现了由精神层面过渡到制度层面再到操作层面的演变。

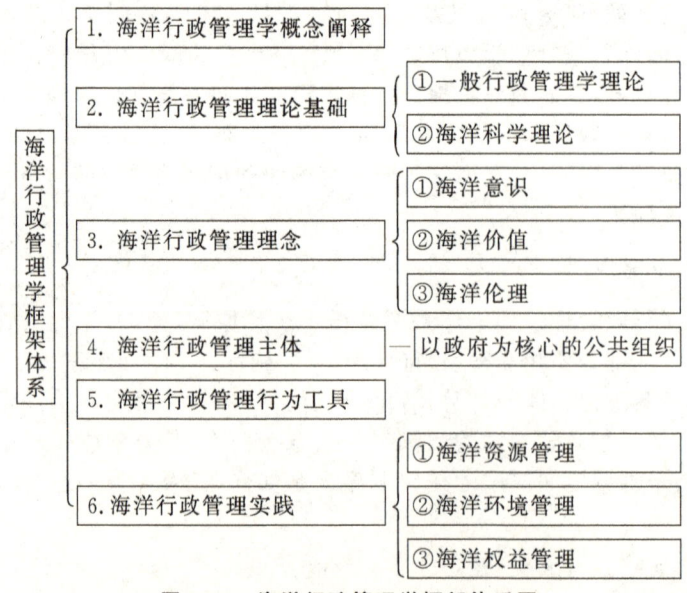

图1-1 海洋行政管理学框架体系图

(一) 概念阐释

在构建框架体系时，概念的区别为体系构建提供边界，因而厘清概念尤为必要。海洋行政管理学研究首先应该认真处理"海洋管理""海洋行政管理""海洋综合管理"等基本概念的关系。对于海洋管理与海洋行政管理，一般将"海洋管理"定义为"政府以及海洋开发主体对海洋资源、海洋环境、海洋开发活动、海洋权益等进行的调查、决策、计划、组织、协调和控制工作"，[①]海洋管理涉及多元主体，这与强调政府单一主体的海洋行政管理有着明显区别，借助于公共管理和行政管理的区分，比较容易在海洋管理与海洋行政管理的概念区分上达成共识。然而海洋综合管理与海洋行政管理的关系则很难简单加以区分。现有的研究将海洋综合管理定义为"国家和地方海洋行政部门依据法律法规，综合运用行政、经济、法律、科技和教育等手段，对海洋权益、海洋资源和海洋环境等事关全局、影响海洋可持续发展的公共问题进行决策、规划、组织、协调、控制的一系列活动及行为过程"[②]，海洋综合管理与海洋行政管理的主体都是国家和地方海洋行政机关，海洋综合管理属于高层次的战略管理层面。学者在编写教材体例上多将海洋综合管理与海洋行政管理并列，但是没有给出明确的分类理由（详见表1-1）。本书认为，随着行政国家的发展，政府往往借助行政、立法乃至部分司法功能达成预定的公共目标，加强海洋的区域管理抑或是综合管理，都是政府行政管理中的应有之义，因而海洋综合管理可以归于海洋行政管理之列。

此外在美国学术界，"Marine Administration"不同于"Coastal Administration"与"Coastal Management"，更是不同于陆地行政管理（Land Administration）。美国的海洋行政管理分为海洋资源管理、海洋工业管理、政策与冲突解决、海洋环境管理四类。这种分类方法侧重于海洋经济价值的开发以及海洋环境保护，但是我们不能完全照搬。海洋资源管理内涵广阔，参与主体以企业为主，更多的属于工商管理或者经济管理的范畴；海洋工业管理可以说是政府经济职能的体现，没有必要单独列出；至于强调海洋政策以及冲突解决，意在加强所属海洋权益的维护以及国际国内海洋争端的处理，这对于目前中国复杂的海洋事务具有借鉴意义。而美国海洋行政管理（Marine Administration）已经将研究范围从"海岸带（Coastal Zone）扩展到海洋深处（Marine），并且将陆地、海岸带、海洋行政管理结合起来；在具体的海洋行政管理实践中还将注入全球、地区、国家视野"。[③] 在中国海洋行政管理学体系的构建中应注意明晰海岸带管理与海洋行政管理的关系，

[①] 管华诗,王曙光.海洋管理概论[M].青岛:中国海洋大学出版社,2003.
[②] 王琪,等.海洋管理:从理念到制度[M].北京:海洋出版社,2007.
[③] Strain Lisa, Rajabifard Abbas, Williamson Ian. Marine Administration and Spatial Data Infrastructure.[J]. Marine Policy, 2006, 30(4):431-441.

在设计基本框架时要突显海洋行政管理与陆地行政管理的差异,与国外海洋行政管理相接轨。

表1-1 海洋管理相关概念列举

名词	内涵
海洋管理	政府以及海洋开发主体对海洋资源、海洋环境、海洋开发活动、海洋权益等进行的调查、决策、计划、组织、协调和控制工作
海洋综合管理	国家和地方海洋行政部门依据法律法规,综合运用行政、经济、法律、科技和教育等手段,对海洋权益、海洋资源和海洋环境等事关全局、影响海洋可持续发展的公共问题进行决策、规划、组织、协调、控制的一系列活动及行为过程
海洋行业管理	海洋行业管理主要是根据海洋自然资源的属性及其开发产业特点,将陆地各种资源开发部门管理职能向海洋延伸,根据海洋活动的经济、自然属性,由不同的行业和专业行政主管部门进行对口管理
海洋行政管理	海洋行政管理是指国家行政权力在海洋事务中的行政管理行为。海洋行政管理是国家行政管理的一个重要组成部分,是海洋管理中最重要的管理形式之一,是海洋管理健康发展的保障
海洋行政管理体制	海洋行政管理主体为履行其职责(监督涉海行为、维护海洋权益、管理海洋事务、保护海洋环境等)而建立的涉海洋行政管理职能的配置、机构的设置、责权的划分及其相应关系等各种制度的总称

资料来源:王琪,等.变革中的海洋管理[M].北京:社会科学文献出版社,2013.

(二)理论基础

一般性行政管理学理论是指发展较为成熟,可以为海洋行政管理学借鉴的管理理论。权变理论强调组织所处的环境决定着所适用的管理观念与技术手段,以变化与因地制宜的思维方式指导管理实践;整体治理理论赋予管理者统摄全局的视野、管理过程的开放性。海洋科学理论侧重于海洋生态学理论、系统理论在海洋事务方面的运用以及提升总结。海洋生态学是"研究海洋生物及其与海洋环境间相互关系的科学。它是生态学的一个分支,也是海洋生物学的主要组成部分。通过研究海洋生物在海洋环境中的繁殖、生长、分布和数量变化以及生物与环境相互作用,阐明生物海洋学的规律,为海洋生物资源的开发、利用、管理和增养殖,保护海洋环境和生态平衡等提供科学依据"。[1] 系统论是研究系统的一般模式、结构和规律的学问,它研究各种系统的共同特征,用数学方法定量地描述其功能,寻求并确立适用于一切系统的原理、原则和数学模型,是具有逻辑和数学性质的

---

[1] 李冠国,范振刚.海洋生态学[M].北京:高等教育出版社,2011.

一门新兴的科学。海洋是具有高度复杂性与流动性的存在，海洋行政管理学需要重视海洋自身的客观规律。海洋生态学与系统论作为海洋行政管理学的理论基础，体现出海洋行政管理学谋求可持续发展的理论旨趣与尊重海洋自身规律的科学精神。

（三）管理理念

海洋行政管理学的理念包含整体性、国际性、生态性。海洋事务具有明显的整体性与国际性特征，海洋行政管理关涉的领域包括领海、毗连区、大陆架、专属经济区、公海等，其管理在地域上有着明显的梯度，由于海洋自身的流动性特征，使得在上述范围内的行政管理需具备整体化思维；相对于传统行政管理，一国政府在海洋行政管理领域的行政行为不仅对本国公民产生影响，而且对于周边国家乃至更广的范围产生影响。换句话说，海洋行政管理政府行为的影响具有强烈的国际化色彩。此外，海洋本身也是全球最大的生态系统，海洋行政管理学的理论与实践均需遵循海洋环境的生态规律，否则将会付出高昂的管理成本，因而海洋行政管理理念更应该突出整体性、国际性、生态性，注意海洋生态环境的整体保护，协调国际海洋事务，不要局限于传统的一国或者一区的范围之内。

（四）管理主体

海洋行政管理学的管理主体自然以政府为核心，研究内容包括政府职能、涉海行政组织。政府职能包括政治统治职能与管理服务职能，海洋行政管理学更应加强对于行政组织的管理服务职能的研究，尤其要明晰行政组织职能的边界与职责，以优化涉海行政组织结构。中国海警局的成立是对海洋行政组织具有的维护海洋公共秩序与海洋国土权益职能的确认与优先体现，但是不能就此忽视引导海洋有序开发利用和激发国民海洋意识等经济、文化职能的有效实现。

职能决定组织结构的设计。"组织的结构域过程影响着组织的行为，也影响着组织成员的行为方式。同样，组织的结构与过程对其顾客或者服务对象也有深刻的影响……因此，组织问题是公共行政研究者和实务者必须首先考虑的中心问题。"[1]以往"九龙闹海"、多头治理海洋事务的局面使得中国在处理国际海洋事务时捉襟见肘，虽然这一情况随着海洋事务委员会以及中国海洋局重置、中国海警局的设立得以一定程度的缓解，但是如何有效整合原有的涉海行政部门、优化涉海组织内部结构是一项全新而又紧迫的课题。

（五）行为工具

海洋行政管理学需要研究海洋行政管理实务中的行为工具，以更好地服务实

---

[1] ［美］戴维·H.罗森布鲁姆，罗伯特·S.克拉夫丘克.张成福，等，译.公共行政学：管理、政治和法律的途径（第五版）[M].北京：中国人民大学出版社，2012.

践要求,这主要包含海洋战略、海洋政策、海洋财政、海洋法治。海洋战略大致分为总体战略与子战略,如海洋强国战略与海洋经济战略的划分;海洋政策主要是为落实海洋战略服务,注重微观层面的规划设计;海洋财政主要针对政府在海洋领域的财政收入与财政支出状况,包括海洋财政占总体财政的比重以及财政手段在海洋开发利用与保护中的有效使用;海洋法治包括海洋立法、海洋司法、海洋执法等一系列过程,其中海洋执法集中体现出海洋行为与技术工具的发展状况。

(六) 管理实践

这部分内容应该着力突出海洋行政管理学的特色,体现海洋行政管理学的具体门类,可分为海洋资源管理、海洋环境管理、海洋权益管理、海洋信息管理、海洋应急管理等。海洋资源管理是指政府部门以海洋资源的可持续利用为目的,通过行政、法律、经济、技术、教育等手段,对一切从事海洋资源开发利用的单位和个人实施的调控、干预的行政行为,包括政策指导、区划、规划、所有权行使及开发过程中的监督、协调和指导等活动。海洋环境管理是政府为维护海洋生态环境、促进海洋持续发展,综合运用政治、经济、技术、法律等手段进行的管理活动。海洋权益管理是指国家根据国际和国内的海洋法律、法规以及国际惯例,运用政治、经济、军事等力量来维护本国管辖海域的主权和利益的全部活动。海洋信息管理依托现代信息技术,构建海洋信息数据库,将其作为海洋行政管理的资源共享平台。海洋应急管理包括一般性海洋突发事件应对(如海上溢油事件)以及非传统型海洋突发事件(如各种形式的海上恐怖主义活动)。

本章思考题

1. 什么是海洋行政管理?
2. 请简述海洋行政管理体系构建的原则有哪些。
3. 请概述海洋行政管理学的发展现状。
4. 请简述海洋行政管理学理论体系构建原则。

案例分析 1

海上维权终结"五龙治海"

材料 1:

据中新社电,2013 年 7 月 22 日清晨,伴随着天安门广场上的五星红旗冉冉升起,国家海洋局机关大楼挂上了崭新的"国家海洋局"和"中国海警局"两块牌子。

2012年举行的中共十八大首次提出,"坚决维护国家海洋权益,建设海洋强国"。作为建设"海洋强国"的重要步骤,2013年3月,第十二届全国人民代表大会第一次会议通过了《国务院机构改革和职能转变方案》,决定重新组建国家海洋局,并令其以中国海警局名义开展海上维权执法。

重组后的国家海洋局改变了此前中国海上维权"五龙治海"的局面,整合了原国家海洋局及其中国海监、公安部边防海警、农业部中国渔政、海关总署海上缉私警察的职责,由国土资源部管理。国家海洋局将以中国海警局名义开展海上维权执法,接受公安部业务指导。

根据于2013年7月9日公布的国家海洋局"三定方案",该局将统一指挥中国海警队伍。其北海、东海、南海分局,对外将以中国海警北海分局、东海分局、南海分局名义维权执法。国家海洋局海洋二所副所长李家彪表示,国家海洋局重组的举措改变了长期以来职责交叉、权责脱节、争权诿责乱象,是"真正意义上海洋管理的实质性开始"。

【解读】

今后海警执法将配备武器

早在2013年的两会时,中央机构编制委员会办公室副主任王峰就曾对媒体表示,"没有一个(国家或地区)像中国海上执法力量如此分散。"海警局的成立,将结束中国海上执法长久以来职责分散的局面。海警局在国外被称为海岸警卫队,在中国由于种种历史原因一直没有设立,这次的成立补充了过去的缺失,使海岸管理体系进一步完整化。

避免过去的多头管理

在此之前,中国海上执法5支队伍分属5个不同国家部委:海监隶属于国土资源部国家海洋局;渔政隶属于农业部渔政局;边防海警隶属于公安部边防管理局;海上缉私警察隶属于海关总署缉私局,海巡则属于交通部的海事局。这五股力量被称为"五龙治海"。

"(这样的海洋管理)造成了海洋维权的盲点。例如,一旦遇到渔民问题,在过去海监管不了,渔政管不到,管理的盲区使得我们的海洋利益受到某种程度的损害。此外过去是多头管理,这就造成了行政成本的提高,行政资源的浪费。"专家说。

新成立的海警局会将"五龙"中的"四龙"——国家海洋局的中国海监、公安部边防海警、农业部中国渔政、海关总署海上缉私警察的队伍和职责整合。至于为何没有纳入交通部的海事部门,分析认为,该部门主要负责救助和国际航线的运输,与海上执法关系不深。

未形成准军事力量

与以往不同的是,中国海警今后在执法方面将会配备武器,不过在专家看来,和更加成熟的美国海岸警卫队和日本海上保安厅相比,中国海警局,还有很长的路要走。事实上,很多国家的海上执法力量,比如日本的海上保安厅,美国海岸警卫队,都被称为第二海军,从他们的装备情况来看,已经具备准海军特点,一定时期内可以承担部分军事职能。

就目前来说,中国海警局只具备警察的执法功能,不具备军事职能。但也有专家认为,我国海警局作为非军事性质的机构,在处理中国与周边国家海洋权益纠纷问题上可以降低敏感性,避免矛盾激化。

此外,外界更关心的是,在国家层面的海警方案已定的情况下,地方海警方案何时出台。对于中国海警局来说,除了国外先进的装备水平,还有更多规章制度需要细化。(引自中新网)

材料2:

"三定"方案整合职能

过去,中国海上维权主要依靠海洋局、中国海监、公安部边防海警、农业部中国渔政、海关总署海上缉私警察等五部门的执法队伍,被称为"五龙治海"。此次国家海洋局重组将"五龙"合一,终结了海洋维权一直以来多部门共同执法的局面(详见图1-2)。

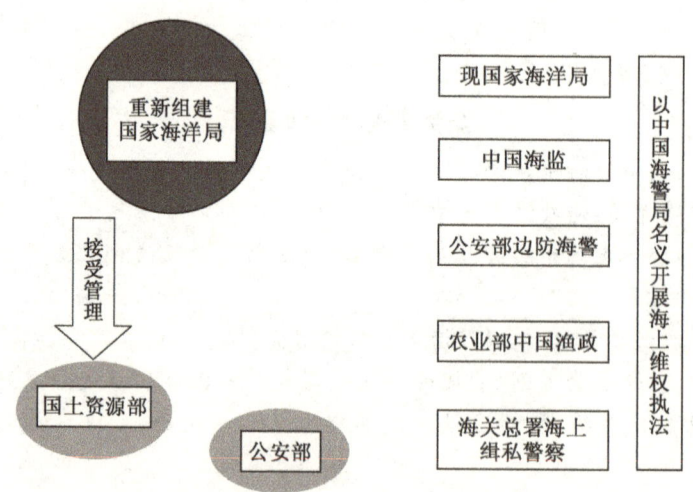

图1-2 国家海洋局重组图

今年全国两会期间,海上执法能力的加强曾是一个讨论的热点。十二届全国人大一次会议表决通过的《国务院机构改革和职能转变方案》提出,为推进海上统一执法,提高执法效能,将现有的五部门的执法队伍和职责整合,重新组建国家海洋局。重组后的国家海洋局的主要职责是,拟订海洋发展规划,实施海上维权执法,监督管理海域使用、海洋环境保护等。

根据近日公布的《国家海洋局主要职责内设机构和人员编制规定》(以下简称"三定"方案),重组后的国家海洋局将取消专项海洋环境预报服务资格认定、海洋倾倒废弃物检验单位资质认定、海洋石油勘探开发溢油应急计划审批、国家级海洋自然保护区实验区内开展参观、旅游活动审批、海岸工程建设项目环境影响报告书审核等5项职责,将省内县际海域界线勘定职责下放给省级海洋行政主管部门,同时加强在海洋综合管理、生态环境保护、科技创新制度机制建设和海上维权执法等方面职责。

新组建的国家海洋局内设11个机构,人员编制为372名。其中,新增海警司(海警司令部、中国海警指挥中心)、财务装备司(海警后勤装备部),将原有的政策法规和规划司拆分为战略规划与经济司和政策法制与岛屿权益司。人员方面,增设1名副局长兼任中国海警局局长,国家海洋局局长兼任中国海警局政委,同时增设中国海警局副局长2名、副政委1名。

根据"三定"方案规定,此次重组设置国家海洋局北海分局、东海分局、南海分局,履行所辖海域海洋监督管理和维权执法职责,对外以中国海警北海分局、东海分局、南海分局名义开展海上维权执法。3个海区分局在沿海省(自治区、直辖市)设置11个海警总队及其支队。中国海警局可以直接指挥海警总队开展海上维权执法。以上机构人员编制16 296名。

权力归位执法有力

根据"三定"方案,加强海洋综合管理和海上维权执法,是重新组建的国家海洋局最亟待加强的两项职能。尤其是在海上执法方面,连续用了"四个统一":统一规划,统一建设,统一管理,统一指挥,并强调"中国海警局可以直接指挥海警总队开展海上维权执法"。

基于上述构想,在机构设置方面最大的亮点是成立了15年的中国海监总队将由新成立的海警局替代。

国家海洋局新增设海警司,海警司同时也是海警司令部、中国海警指挥中心。该部门负责组织起草海洋维权执法的制度和措施,拟订执法规范和流程,承担统一指挥调度海警队伍开展海上维权执法活动具体工作,组织编制并实施海警业务建设规划、计划,组织开展海警队伍业务训练等工作。

在过去的海洋法律规定中,拥有大型船舶的中国海监和中国渔政虽然可以到远海开展行动,但仅有行政执法权,无法对侵犯中国海洋权益的外国船舶行使刑事执法权;而有刑事执法权的海关海上缉私警察和公安边防海警装备的大型船舶少,主要在近岸沿海执法。整合后的中国海警局将优化配置资源,为海上力量配备合理合法的执法设备,建立统一的海洋监视、通报和指挥体系,加强对沿海、近海和远海海上情况的掌握,对于危害国家海洋权益的行为能够及时发现,快速依法处理。

此外,新组建的财务装备司加挂"海警后勤装备部"名称,负责起草并组织实施海警队伍基建、装备和后勤建设的规划、计划,拟订经费、物资、装备标准及管理制度,组织实施装备物资采购。

重组后,"从行政体制上看,'三定'方案赋予新设的海警局以执法权,使执法权界清晰;执法队伍得到统一,临时性的执法行动成为历史。执法权属和人员的明确,使得执法力量得以加强。"中国海洋大学法政学院副院长刘惠荣解释道。

战略引导海洋掘金

另一值得注意的亮点是,新设立的高层次议事协调机构国家海洋委员会,该部门负责研究制定国家海洋发展战略,统筹协调海洋重大事项。

国家海洋委员会的具体工作由国家海洋局承担。中国海洋大学海洋发展研究院副院长刘曙光教授对海委会的解读是:"委员会负责统筹各个部委的关系,在战略制定和应急方案方面,就需要委员会起到一个跨部的机构作用。美韩国家等都有国家海洋委员会,协调部级之间的关系。"

刘曙光接受本报采访时指出:"海委会不是一个独立主体,而是一个协调机构机制。海洋事务方面确实需要多方协调,比如规划方面需要协调利益,灾难应急方面也需要协调。虽然目前还没有看到其运行,但未来会显示出强有力的作用。"

国家海洋局重组,将进一步强化国家海洋局对海洋经济的综合管理职能。

当前,海洋经济已成为拉动中国国民经济发展的有力引擎。国家海洋局局长刘赐贵在十八大期间表示,力争2015年海洋生产总值占国内生产总值比重达到10%。

"原先,涉及海洋经济的只有设立在政策法规司下的海洋经济处。而经过重组,成立了战略规划与经济司、政策法制与岛屿权益司,两部门相对分化,强化了海洋经济。另外,即使经济这块没单独成立司,海洋经济发展战略的合法化,使得海洋经济和战略相结合,这实际上是空前的。"刘曙光说。

海洋强国任重道远

专家表示,此次重组整合已是"向前迈出了非常不错的一步","路总要一步一步走"。而中国海洋维权接下来该如何走得更扎实、更稳妥?

机构设置方面,刘惠荣认为,中国应更重视海洋国土的维护,提升负责管理海上国土的部门的地位。对于刚刚建立的国家海洋委员会,"从当下的虚位协调机构变成实权的独立主体,或者说是实质的行政主管部门,负责海洋事务的决策,然后由海洋局去执行,可能是更好的做法。"刘惠荣说。中国海洋大学海洋法学研究所所长薛桂芳也赞同这一看法:"海委会的地位日后必须要突出,应该由'一把手'这样的角色来坐镇,从国家层面来抓治海大业,这样才能真正让我们的海上执法实权化。"

在海洋事业的具体管理上,刘曙光表示,"三定"方案在国家层面的高度上完成了一定程度的"整合"与"协调"工作,但是在下属的北海、东海、南海三大海域的统一规划及管理建设上仍有不足,缺乏区域性的海洋协调机构,这也是我国长期以来在海洋领域存在恶性竞争、资源过度开发、环境污染、与海域邻国关系难处等问题的原因之一。

"未来在各省之上,是否能够考虑有一个三大海域的管理分支机构,类似于我国当时振兴东北、西部开发时国务院在这些省设立的相关办公室,能在有事的时候对于北海、东海、南海分局及时合理地进行协调,提高维权效率和能力。"刘曙光说,"另外,此机构还可以承担起管理三大海域经济的职责。现在,北海、东海、南海这三大经济圈,都只是画了一个圈,没人管,那三大分局和经济是没关系的。也就是说,国家海洋局的经济职能到下边就没腿儿了,导致各个海域经济发展同构,出了问题都在躲,有了利益都在抢。"

谈及法律法规方面的保障,薛桂芳认为,相关的法律法规随着而今制度的变化都要进行快速地调整,以适应新的制度架构。此外,"还应该看到,我国现在的海洋法存在不完善的地方。周边国家如日本,有《海洋基本法》,是调整海洋关系的国家大法,统辖所有的海洋法律体系。而在我国,不同的海洋职能,如海洋环境保护、海域使用,对应不同的法律。在海洋维权这一块,我们确实缺乏相关的法律,非常有必要进行强化。"刘惠荣补充道。

"传统时代讲海权,是拼海上的军事力量,但现在,讲求的是综合能力,即海洋经济、生态保护和权益维护齐头并进。"刘惠荣说。实现"海洋强国"的目标,在薛桂芳看来,顶层设计是重中之重,"上面理顺了,下面自然就好办"。刘曙光则认为:"顶层设计之后是顶层运作,需要顶层和基层协同发展,实干兴海,这也是关键。"

"五龙"归一 不止是换个牌子

"我爱这蓝色的海洋,祖国的海疆壮丽宽广;我爱海岸耸立的山峰,俯瞰着海面像哨兵一样……"

《我爱这蓝色的海洋》是戍卫海疆的勇士们所喜欢的一首歌曲,优美的旋律,唱出了他们对美丽海洋、蓝色国土的深深眷恋。然而,如何更好地整合海上执法力量,维护国家海洋权益,加强蓝色国土管理,也是人们所关注的话题。

令人高兴的是,随着国家海洋局机关大楼挂上了崭新的"国家海洋局"和"中国海警局"两块牌子,"五龙治海"局面将得到终结,中国的海防建设将掀开具有历史性意义的一页。

为什么这样说呢？中国是海洋大国，在海洋有着广泛的战略利益。中华民族几千年的历史证明，海洋是安全权益、经济发展等国家核心利益的重要载体和实现途径。然而，过去，中国海洋管理体制一向被形容为"九龙治海"或"五龙治海"，指的就是海上执法力量分散，海洋管理特别是海洋执法力量分散在海监、渔政、海关、边防海警等多个部门，存在重复检查、效率不高等问题，同时，各自职能单一，执法过程中遇到非职责范围内的违法行为无权处理，影响执法效果。同时，国家的海上投入被几个执法部门分摊，每一个执法部门又面临投入不足的问题，影响了执法能力建设。当国家海洋权益受到外部威胁时，执法效能不高、维权能力不足等问题便突显出来。

根据方案，重组后的国家海洋局在海洋综合管理和海上维权执法两个方面的职责都得到了加强，"五龙归一"拧成一股合力，当然会有利于加强海洋综合管理，显著提高执法效率，更好地保障国家海洋权益，彰显了国家深耕海洋战略、强化海管机制的坚定决心和实际步骤。

中共十八大报告已经明确提出，要提高海洋资源开发能力，坚决维护国家海洋权益，建设海洋强国。在全面建成小康社会的关键时期，"建设海洋强国"首度被提升至国家发展战略高度，为今后的海洋发展战略指明了方向。而要实现从海洋大国到海洋强国的质变，理顺海洋管理体制便成为当务之急。

在2013年3月，重新组建国家海洋局，成为国务院机构改革和职能转变方案的亮点之一，4个月之后，随着重组后的国家海洋局和新成立的中国海警局同时挂牌，一个垂直、立体的海管机制将不再是蓝图。

当然，涉海部门的整合只是个开始，机构调整之后，还面临着人员调配和相关法律配套的跟进，随着整合工作渐入正轨，人们将看到"五龙"归一，并不仅仅是换个牌子、改变执法船舷号或者更换执法制服，更将带来国家海洋管控和权益维护力量体系及运行机制的深层次变革。

结合案例，请回答：
1. 我国为何要重组国家海洋局？
2. 本次海洋管理体制改革对我国的海洋事业发展将会带来哪些影响？
3. 如何评价本次整合4支海上执法力量重组国家海洋局、并成立国家海洋委员会的改革方案？

第二章
海洋行政管理的产生与发展

公共管理学(Science of Public Management)是一门新兴的学科,它作为旨在研究"公共管理"这种新型治理模式的一个研究领域,产生于20世纪80年代。欧文·E.休斯将"公共管理"视为一种不同于传统公共行政模式的典范,因为两者在理论基础、价值追求、策略安排、公共服务主体、组织形态等方面的认识和主张上都有较大的不同。[①] 整体而言,相较于公共行政重过程与程序,奉行"管理主义"的公共管理更重结果。公共管理学的发展是在解决和回应不断出现的公共事务治理问题中进行的,因而具有很大的实践性。从公共事务治理的角度,"海洋管理"是人类一项涉及海洋的"集体行动"的实践活动。从时间的维度看,我国海洋管理先后经历了"行业管理""综合管理"等管理形态,在这一过程中,尽管海洋管理的"公共性"在不断成长与发展,但上述管理形态更多地从属于"海洋行政管理"的范畴。进入后工业社会,这种管理形态下大量的治理问题也随之产生,譬如海洋综合管理中公众参与的碎片化、涉海管理公权力部门间因权责不明和权力分散导致的"九龙闹海"乱象、海洋突发危机事件的应急管理机制的匮乏等。这就需要我们借鉴公共管理学的一般基础理论并同海洋管理实践的特殊性相结合予以回应和解决这些问题。同时,公共管理学亦需要在相对具体的公共管理领域和实践中应用和检验自身理论的正当性和准确性,重视特定重要领域公共问题的研究和治理,丰富和发展自身的理论体系。

第一节 海洋行政管理的历史形态

一、海洋公共管理学的缘起

"海洋公共管理学"概念的提出和缘起既是基于对既有各种海洋管理理论形态的超越,又是基于人类对海洋管理实践认识的深化,并在吸收公共管理学一般

[①] [澳]欧文·E.休斯.公共管理导论(第三版)[M].张成福,等,译.北京:中国人民大学出版社,2007.

理论基础上而形成的。[1]

(一) 传统海洋管理形态的公共性：偏狭及其超越

海洋管理理论有一个流变的过程，而学界对"海洋管理"的概念界定缺乏严格的共识，但一般都认为海洋管理指向的是特定主体对各类海洋实践活动的决策、计划、组织、协调和控制等。本书设定将"海洋管理"置于"公共管理"的范畴中，因而剔除了海洋实践中诸如企业的逐利经营等的工商管理、企业管理因素，重点探讨围绕着公共目标（如海洋环境保护、海洋权益维护、海洋资源管理等），公共部门采用特定的手段和机制进行的海洋管理实践活动。就海洋管理中的公共性而言，学者们的研究思路、研究进程和关注点经历了一个从偏狭到广阔的过程，这个过程大致上可以从如下几个角度分析：

1. 海洋行政管理形态

整体而言，海洋行政管理这种管理形态倾向于从狭义上去认识和界定海洋管理，即将海洋管理作为一种以政府为单一主体的行政管理实践活动。例如郑敬高等编著的《海洋行政管理》便是基于这一研究视角，"所谓海洋行政管理是政府管理社会的一个方面，是政府对人的各种海洋实践活动主体的管理"，"是国家海洋行政机关及其授权的职能部门依据法律行使国家权力，对各种海洋实践活动和国家海洋事业实施管理"。[2] 这本著作同时对海洋行政管理的特征、目标、任务、行业化及区域化管理、实现手段、原则、实施对象等进行了探讨，但均围绕传统公共行政的范式进行。

滕祖文的《海洋行政管理专题研究》一书将海洋管理内嵌于"行政管理"的框架中，认为"海洋行政管理的边界指国务院（国家海洋局）与企业法人之间的行政管理关系"，并认为"国家与国务院间（此处国务院指政府，笔者注）的管理，企业法人内部组织和自然人的管理以及自然人或组织对自然物质和自然现象的管理"不能称其为"海洋行政管理"。[3] 美国学者 J.M. 阿姆斯特朗和 P.C. 赖纳的《美国海洋管理》将海洋管理解释为"政府对海洋空间和海洋活动采取的一系列干预行动"，并结合美国的政治生态确定了海洋管理中政府的十项职能，包括海洋研究、资源收集、财政赞助等。[4] 上述学者在研究海洋管理理论的过程中将海洋管理定位于"海洋行政管理"，其共同的一个特征是在内地把政府列为海洋实践中垄断一切公共事务治理的主体，这更多地具有"形式公共性"的特征，与工业化时代的"管

---

[1] 王琪,孙立坤.海洋公共管理学:缘起及其框架体系设想[J].中国海洋大学学报(社会科学版),2013(1).

[2] 郑敬高,等.海洋行政管理[M].青岛:中国海洋大学出版社,2002.

[3] 滕祖文.海洋行政管理专题研究[M].北京:海洋出版社,2003.

[4] J.M. 阿姆斯特朗,P.C. 赖纳.美国海洋管理[M].北京:海洋出版社,1986.

制行政"模式相适应。海洋行政管理理论和实践中两种重要的管理形态是"行业部门管理"和"综合管理"。

"行业部门管理"主要指的是专业性的海洋行政管理机构对海洋公共事务进行的归口管理,比如海洋渔业、海上交通、海洋矿业、海洋油气业等均属于行业部门管理的范畴;而"海洋综合管理"很大程度上是为了加强政府对海洋的宏观管理和克服行业管理导致的行业间的矛盾和中央与地方政府在海洋管理中的矛盾,它指的是"国家和地方海洋行政部门依据法律法规,综合运用行政、经济、法律、科技和教育等手段对海洋权益、海洋资源和海洋环境等事关全局的、影响到海洋可持续发展的公共问题进行决策、规划、组织、协调、控制的一系列活动及行为过程"。[1] 海洋综合管理的主体仅限于综合协调性的政府行政管理机构,因而具有较强的传统公共行政色彩,作为这种治理模式下的"民主"实现形式是"民主参与"而非合作治理。综合来讲,尽管行业管理和综合管理均属于行政管理的范畴,但是正如《中国海洋21世纪议程》中指出的:"综合管理与行业管理有相辅相成的作用,都是海洋管理体系不可缺少的组成部分,而且不能互相代替。"在特定的涉海公共事务范围内、特定的发展时期两者均具有无可比拟的优势,不能简单地对两者予以否定。

2. 海洋区域管理理论

海洋区域管理(也称区域海洋管理)理论是超越传统海洋行政管理中的海洋综合管理形态的一种理论形态。传统海洋综合管理的主体单一、严格依据既有行政区划进行涉海公共事务管理,尽管可以发挥其超越行业部门管理的优势,一定程度上克服海洋管理纵横交错、条块分割的弊端,但是鉴于海洋的流动性、生态性、关联性、系统性以及与行政区划无关联等,海洋事务很难被严格框定在特定某一行政区域内,在这样的状态下,基于生态系统的海洋管理(Ecosystem-Based Management,EBM)理论兴起,而海洋区域管理便是在这一理论之上而提出的。

王刚、王琪《海洋区域管理的内涵界定及其构建》一文认为海洋区域管理的内涵囊括了以下四点:海洋区域管理是综合管理;海洋区域管理是基于生态的管理但不是唯一的;海洋区域管理是公共管理;海洋管理是多种手段结合的管理。之后该文进一步论述指出海洋区域管理具有一定的适用性,并不是所有海域都适用于海洋区域管理。在应用海洋区域管理的时候需要设计其适用原则、考察目标海域特性、划定海域范围等。[2]

周鲁闽将海洋区域管理的概念界定为"以特定生态系统区域为地理单元,综合运用法律、政策、计划和传统文化等手段,统筹协调解决区域内主要海洋问题的

---

[1] 王琪.海洋管理:从理念到制度[M].北京:海洋出版社,2007.
[2] 王刚,王琪.海洋区域管理的内涵界定及其构建[J].海洋开发与管理,2008(11):43.

过程和机制"。① 从这里可以看出,海洋区域管理与海洋综合管理具有一定的相似性：比如两者均涉及多区域、多部门、多行业、多学科的协调与整合,具有整体性治理的色彩。但是海洋区域管理的主体更加多元和广泛,包括政府、涉海社会组织、企业、公众、科研机构等,至少从这一方面来看,海洋区域管理的公共性的外延远大于海洋综合管理。

在研究海洋区域管理的过程中,一个核心的问题就是研究协调各个治理主体(包括国家与国家之间、中央政府与地方政府、综合管理部门与行业管理部门、政府与社会组织和公众、政府与企业等)间、涉海行业间、人类社会与海洋环境之间的关系等。在这里,相较于海洋行政管理范式(政府垄断一切涉海公共事务),海洋区域管理理论无论是从治理主体、治理价值取向、治理结构、治理手段等角度来看都超越了既有的主体性和交互主体性而具有了"实质公共性"和合作治理的韵味。从学理基础来看,海洋区域管理的核心理念和策略安排均属于公共管理学的范畴,比如其综合协调机制与公共管理学的整体性治理思潮在思维和机制上高度一致;又如海洋区域管理所主张的政府与社会组织的合作治理理念也来自于公共管理学的"治理理论";海洋区域管理的很多技术机制如绩效评估、电子政府等也必须参考公共管理学的既有研究成果,因而尝试着将海洋管理纳入到"公共管理学"的范畴中是必要的。

从涉海公共事物治理的角度,将海洋管理纳入到公共管理学的视角中去研究具有一定可行性,并且这在学界已有较多但同时又不成体系的探讨。笔者认为,"海洋公共管理"概念的提出至少可以从如下四个方面进行建立依据：

其一,是"海洋"的公共物品属性和外部性。海洋无论是从其经济价值如交通价值、资源价值,还是从政治价值如空间价值、军事价值以及科学文化价值,如科研等角度还是从生态环境、国土等价值角度,都由于其产权的模糊性而具有公共物品的性质,再加上海洋生态环境系统的开放性使得其负外部性极易被放大,因而对涉海事务的治理以及涉海公共服务的提供需要多元公部门主体来加以呈现。

其二,是"海洋"的独特重要性。在 21 世纪,海洋被视为人类的"第二生存空间",21 世纪也被称为是"海洋世纪"。目前全球一半人口居住在海岸线以内 60 km 处,而且预计到 2020 年,这一比例将达到 3/4。所有这些的根本原因在于继陆地之后海洋逐渐成为人类能量、空间、资源等需求的新来源,人类对海洋的依赖程度正空前地稳步增大。人类已经认识到海洋是"全球生命支持系统的一个基本组成部分,也是一种有利于实现可持续发展的宝贵财富"。从我国涉海国际事务来看,我国在黄海、东海、南海均面临着与相关当事国严峻的海洋权益维护问题,在这些过程中,我国长期以来面临的一个痼疾就是公共性治理的不足,例如民

---

① 周鲁闽.区域海洋管理模式框架研究[D].厦门：厦门大学,2006.

间组织力量的薄弱等。因此针对海洋进行专门的公共管理学的探讨和建构,有助于摆脱涉海的诸如"公地悲剧""囚徒困境"等公共事务治理的顽症,同时亦有助于丰富海洋管理理论体系和公共管理理论体系。除了海洋管理具有浓厚的"公共管理"色彩这一向度之外,尽管在诸如湖泊、草原、湿地等领域也存在着"公共管理"的因素,比如我国太湖治理中就涉及产业、环境、水利等纵向管理部门和两省一市,需要从公共性出发进行整体性治理,但这并不意味着在湖泊治理、草原治理、湿地治理等领域均要同等地建立起"湖泊公共管理学""草原公共管理学""湿地公共管理学"等概念和理论体系。很显然,建立海洋公共管理学是由海洋在21世纪的独特重要地位而决定的——海洋承载了21世纪我国在能量、空间、资源、地缘政治、国际秩序等多重维度的重要价值。

其三,是海洋公共管理学者社群、学者社区的广泛存在。"工业社会人类社会产生了公共领域、私人领域、家庭日常生活的领域分化,而走向后工业社会诸领域的融合成为社会发展的一个必然趋势,因此在社会治理中也出现了合作治理的要求"。[①] 从我国的国情看,我国东部沿海地区整体上已经进入工业社会,甚至有些地区已经进入后工业社会,在后工业社会的治理体系中,公私合作治理、跨部门合作、协同治理、多中心治理、网络治理、整体性治理等理论流派都体现着公共管理生活中"实质民主"的色彩。在这样的语境中,显然学者们已经认识到在海洋管理中,需要用"公共管理"这种新的治理范式去解释、解决、回应海洋公共事务的治理问题。在这方面,很多学者的专著和论文已经进行了积极的探讨。另外,我国涉海院校公共管理学科及其相关学科下存在着一大批研究海洋公共事务治理的学者,尽管没有明确围绕"海洋公共管理"这一主题进行系统研究和探讨,但对于"海洋公共管理"的一些重大问题都进行了有益的启蒙研究。

其四,是公共行政学研究范式从传统的"行政管理"向"公共管理"的转变。尽管关于公共管理学还有一些基本的问题存在争议,比如其研究边界不明确、不存在统一的理论基础等,但是相较于传统"行政管理"模式下的"管制行政",作为治理公共事务的一种新模式,它在价值追求、治理主体、治理流程、治理手段、治理工具、治理效果等方面追求的是"服务行政",更具有实质的合理性和公共性。用后现代公共行政的话来说便是传统的"环式民主"行政方式已经丧失了合法性,我们需要在"公共能量场"中构建起正当性的"话语",改变公共政策制定领域政府的"独白"局面,走向政策"对话"。[②] 种种因素已经表明,公共管理学科和理论体系的繁荣与发展为我们构建海洋公共管理提供了一个重要的理论基础、前提和技术可能性。伴随着公共管理范式和学科的确立与发展,"中国公共管理领域的研究

---

① 张康之.行政伦理的观念与视野[M].北京:中国人民大学出版社,2008.
② [美]福克斯,米勒.后现代公共行政——话语指向[M].楚艳红,等,译.北京:中国人民大学出版社,2002.

应当密切结合中国改革与发展的实际,解决改革与发展中的重大现实问题;在实际研究中应当更多地采用规范的研究方法,并坚持客观性和中立性,力争超越简单的观察评述,揭示问题的本质,从而为中国政治经济发展提供可靠的理论指导。"[1]这意味着在一些重大的领域公共管理学需要建立相应的子学科或者称之为"领域学科"去回应和解决那些重大的公共管理问题。海洋公共事务的治理是我国公共管理领域一个新生的重要场域,在理论上面临着自身构建不足、指导实践不足等问题,客观上迫切需要构建成一个有机的理论体系。

(二)作为"公共管理实践"的海洋管理:碎片化及其整合

实际上,在传统的海洋管理中已经存在着很多"公共管理"的公共性实践。譬如我国成立于1996年的民间保钓组织"中国民间保钓联合会"十几年来一直致力于联合全球华人保钓组织保护我国对钓鱼岛的主权。成立于2007年6月1日的民间公益性海洋保护组织"蓝丝带海洋保护协会"将"推广海洋保护理念、提升公众海洋意识和普及海洋科学与保护知识"作为最重要的任务之一,成立几年来在社会上开展了一系列有意义的活动,获得了良好的口碑。又如2008年夏季奥运会期间为了保证青岛奥帆赛的顺利举行,整治附近海域的大规模浒苔,青岛市政府动员了大量的市民来配合清理潮间带和附近海岸上的浒苔,将公民参与作为既有海洋管理体制的一个重要辅助支撑。再比如2011年蓬莱"19-3"油田溢油事故发生后,包括"自然之友""达尔文自然求知社"在内的诸多环保NGO(非政府组织)就曾联名向中海油和康菲公司提起公益诉讼,显示了尚处在公民社会启蒙阶段的中国涉海事务NGO的力量。2015年浙江省出台《浙江省社会力量参与海上搜救奖励管理办法》,此办法的实施鼓励社会力量参加海上搜救行动,将不断推动海上搜救社会力量步入正规、健康的发展轨道,显示了社会力量对海洋管理的推动作用。2016年12月,为落实海洋强国战略,构建全球分布式协同创新平台,海洋国家实验室与澳大利亚联邦科学与工业研发组织与12月15日在青岛签署"南半球海洋研究中心协议书"。澳大利亚联邦科学与工业研发组织(CSIRO)成立于1916年,是澳大利亚最大和最重要的研究机构,也是世界10大科研机构之一,在南半球海洋观测与研究、南极科考方面一直居于世界领先水平。这一协议书的签署将提高我国对国际海洋科研领域的话语权和影响力,深度参与全球海洋创新治理,拓展蓝色经济发展空间,也标志着我国政府将最大限度综合集成国内外优势创新力量,努力促进全球海洋观测研究合作伙伴关系建设,建设国际一流海洋研

---

[1] 薛澜,彭宗超,张强.公共管理与中国发展——公共管理学科发展的回顾与前瞻[J].管理世界,2002(2):53.

究中心和开发式协调创新平台。① 可见,随着对蓝色疆土不断的深入开发及海洋危机管理难度系数较普通公共管理难度系数高,仅凭政府一方力量往往难以对海洋危机进行全方位的预警、控制和善后。NGO 作为公众力量的结合体,能够充分利用其公益性、专业性和民间性等特性有效地调动社会资源与理论进行海洋危机管理。

  在治理工具的向度上,作为公共管理的海洋管理有着积极的同时又不成体系的实践。例如在海洋环境的治理中,海洋排污权交易、海洋生态税等市场机制措施已经在很多国家包括我国得到了一定程度的实施。又如在海洋公共事务治理中,民营化等一些治理理念和公共服务提供机制也得到了一些积极的探索与实践:近年来,舟山市政府为加强对数量众多的无人海岛的开发,广泛采用 BOT(Build-Operation-Transfer)项目融资模式。这一模式的核心要义在于为了发展本地公共事业,像开发无人海岛、建设灯塔等涉海公共基础设施,政府对项目的建设和经营提供一种特许权协议作为项目融资的基础,由私营企业作为项目的投资者和经营者安排融资、承担风险、开发建设项目并在有限的时间内经营项目获取商业利润,经营期结束后,依据既有的协议将该项目转让给相应的政府机构。从新公共管理理论及民营化的内涵来看,诸如此类的公私合作治理涉海公共事务的实践,无论是从政府职能、政府行为、政府决策、政府权力还是治理主体的多元性来看都具有更多的"公共性",作为公共管理实践的海洋管理符合大的趋势所向。同时应该看到,诸如涉海公共事务治理中的治理工具如志愿服务、凭单、补助等以及更多融资机制如 TOT(Transfer-Operation-Transfer)模式、PPP(Public-Private-Partnership)模式等也需要我们去认真研究相关的适用性问题。

  上述两个方面表明我国海洋管理中存在着一定的"公共管理"色彩的实践,这是一个可喜的现象,因为它为我国海洋公共管理事业的发展做出了有益探索,正如《中国海洋 21 世纪议程》所指出的:"合理开发海洋资源,保护海洋生态环境,保证海洋的可持续利用,单靠政府职能部门的力量是不够的,还必须有公众的广泛参与。"这既是对我国海洋管理中长期存在的公共管理实践的一个肯定,同时也是对未来海洋公共管理实践的一个战略规划。但是同时应该指出,无论是在公共性还是在工艺性上,这些海洋公共管理实践还是低层次的、碎片化的、不成体系的。公共管理的一个前提假设在于权力、资源、信息在社会的适度分散可以提高整个社会治理公共事务的效率。从我国海洋管理的"公共管理"视角来看,尽管已经存在一些积极的公共管理实践,但是应该看到这些实践存在着"碎片化"的倾向,表现在:(1) 公民参与缺乏流程化的机制,在实践中更多的是处于非正规化的、临时

---

① 中澳成立南半球海洋研究中心参与全球海洋治理[EB/OL]. 青岛晚报,2016-12-19. http://wx.nxing.cn/ceping/7184456.html.

的参与,公民参与的形式或者说途径是单一的,与真正意义上的"公民治理"相去甚远;(2)海洋公共事务治理中的NGO发育及其作用路径不够健全,既有的涉海NGO无论是在数量上、质量上,还是在参与方式、资源汲取能力、自我生存能力、业务能力等方面都存在明显的不足;(3)海洋公共事务治理中多个治理的主体缺乏协调、整合、信任机制,多个涉海主体之间无论是体制内还是体制外都缺乏一种实质有效的机制整合成一股正向的力量去治理海洋公共事务。同时,海洋公共事务治理的工具、手段和方法论也是相对单调。这就需要在理论层次上创新研究海洋公共管理的相关基础理论问题和热点、关键问题,因此构建起一个"海洋公共管理学"理论体系是题中应有之义、应有之举。

(三)海洋行政管理的"公共性发展"

海洋行政管理的公共性发展,具有区别于传统行政管理的突出特点。它包括:

1. 管理主体公共性

传统海洋行政管理机制,政府为管理主体,亦可细化为沿海各级政府及海洋行政主管单位。海洋管理的公共性,主要是为了达成管理主体多元化,在以政府为主体的同时,要求沿海公众、非政府组织等参与进海洋各项管理活动中,参与制定海洋政策及管理事务的"处理与协商",即力求达成主体多元化发展,使之充分发挥公共管理中的应有效能。[①]

2. 管理客体公共性

海洋行政管理,依其公共性管理特质,公共环境即为其管理客体,海洋公共"资源滥用、环境污染"等皆为其管理范围内的负外部性行为。

3. 管理目标公共性

其目的是提供有效合理的公共产品及服务,确保公共利益的合理分配。海洋公共管理以维护海洋权益为前提,为促进社会、海洋的可持续发展提供良好的生态环境。海洋环境治理所需费用较高,易发生"搭便车"等不良现象,传统海洋管理目标侧重于部门利益及攫取地方政绩,偏离了"公共价值"取向。以维护公共环境为重点的海洋管理模式,需将管理目标锁定于海洋环境,关注公共价值取向,重视及推动海洋环境保护及经济的可持续发展。

二、海洋行政管理的基本问题探讨

海洋行政管理的基本目标是执行国家的意志,调整海洋实践活动主体的利益关系,规范各种涉海行为,提供发展海洋事业的公共产品。海洋行政管理体制是

---

① 金太军.论政府公共管理责任的承担[J].行政论坛,2008(1):11-15.

指政府海洋管理机构设置、职权划分及运行等各种制度的综合。海洋行政管理体制改革涉及方方面面,牵一发而动全身,海洋是由海底、水体、岛屿等组成的立体空间,海水又具有流动性,海洋生物之间彼此又形成生物链组成生物生态系统。海洋行政管理又涉及海洋经济、海洋环境、海洋开发、国家战略等,涉及政府的多个部门,使得海洋管理有别于一般的陆地管理。海洋行政管理体制是否合理、健全,对海洋行政管理的效果会产生深刻的影响。海洋行政管理的未来发展应围绕如下基本问题展开:

(一) 提高行政管理效能

行政管理统一化是国际通行的产业管理体制。我国要实行行政管理统一化必须对行政管理体制进行整体改革,这是我国海洋行政管理体制改革成功与否的决定因素,其重点是打破海洋产业的分割局面,改变海洋管理政出多门的状态,实现统一管理、统一市场。统一综合的管理模式是在新形势下发挥海洋行政管理体制竞争力的前提条件。国家要进一步加强海洋事业发展的综合协调管理,设立权责层次较高的海洋行政管理部门,沿海各级政府、涉海各部门要积极做好配合工作。在中央,建立国务院直属的国家海洋行政管理机构,统一行使海洋行政管理职责,协调海洋行政管理行为;地方上,提高对海洋行政管理的认识,建立相应的海洋统一综合管理机构,配合和协调中央与地方的海洋行政管理工作,维护国家海洋权益,开发利用海洋资源,保护海洋生态环境,发展沿海地区海洋产业。权力清楚、责任明确,是使海洋行政管理体制发挥其竞争力的重要保证。国家海洋局要继续深入推进海洋行政管理体制改革,建立海洋综合管理的高层次协调机制,调整和完善内部机构设置,强化涉海部门间的协调配合,理顺管理职能与权责分工,各司其职,提高行政管理效能,形成促进海洋事业发展的合力。

(二) 建立统一的海洋管理执法体系

统一的海洋管理执法体制,是一种科学而先进的海洋管理制度。现在,许多沿海国家都在建立统一和高效的海上执法队伍。建立统一的海洋执法体制,可集中财力建设现代化的强大的海洋综合执法队伍,提高执法效能,加大执法力度;可统筹使用执法资源,提高执法效率,降低执法成本;可增强立法和执法的统一性,提高立法质量,减少执法矛盾,从而加强海洋行政管理,促进国民经济发展和社会稳定。2013年3月,为推进海上统一执法,提高执法效能,将现有的海监、港监、渔政、海上公安和海上缉私等五部门的执法队伍统一整合成立中国海警局,并重新组建国家海洋局,由国土资源部管理。国家海洋局以中国海警局名义开展海上维权执法,并接受公安部业务指导。重组后的国家海洋局的主要职责是,拟订海洋发展规划,实施海上维权执法,监督管理海域使用、海洋环境保护等。同时为加强海洋事务的统筹规划和综合协调,还设立了高层次议事协调机构国家海洋委员会,其具体工作由国家海洋局承担。同年7月,《国家海洋局主要职责内设机构和人员编制规定》(简称"三定"方案)公布,中国海警局正式挂牌成立,这是我国在海洋行政管理和执法机构设置上的重大突破;至此,我国海洋行政管理体制迈入改革新阶段。

尽管中国海洋管理和执法力量的整合具有重大的现实意义,但整合后也面临许多新问题,同时旧有矛盾依然存在,因为旧体制在向新体制转换中受惯性影响会有一个较长磨合和统一的过程。同时目前改革方案只是一个大的原则框架,要落到实处还有大量具体工作要做,有些问题还需进一步通过深化改革来解决。如:(1)新成立的国家海洋委员会的职能和权限需要明确;(2)各涉海部门内部关系与相互之间关系面临进一步协调问题;(3)相关涉海的配套法规需要制定或修订;(4)新组建的中国海警综合素质和执法能力以及装备水平有待提高。充分发挥整合后的中国海洋管理和执法力量,特别是建立一支结构合理、权责明晰的海上执法力量,是海洋行政管理需解决的重要问题。

(三) 规范海洋行政管理秩序

海洋立法是海洋综合管理体系的前提,管理机构只有借助立法才能有效地实现对海洋和海岸带的综合管理,同时也只有借助于科学、合理的规范与标准才能实现综合管理的科学化。海洋法是沿海国家管理所辖海域及海上活动的法律基础和保障。[①] 可见,海洋立法在海洋行政管理中起着重要作用,它不仅是维护国家主权和其他海洋权益的法律保障,还是管理机构实施管理行为的法律依据,对依法行政无论在程序上还是在实体上都有至关重要的意义。今后,应当在整体海洋综合管理价值链中,把海洋立法、海洋权益和海洋功能区划作为管理的前提和基础,为其他具体管理环节活动和整个管理价值链的顺畅运转提供保证。同时要研究出台海洋产业发展、海水利用研究和应用、促进海洋自主创新等一系列海洋事业全面发展的政策;建立健全海洋行政管理法律法规,尽快完善海域使用管理法、海洋环境保护法、海上交通安全法、渔业法等的配套法规,深化领海及毗连区法、专属经济区和大陆架法的配套制度研究;全面推进海洋行政管理依法行政,贯彻落实行政许可法,建立健全海洋管理行政复议、听证制度,推进海洋管理行政执法责任制建设;加强海洋执法监察体系建设,创新管理体制,规范海洋开发、保护和管理秩序;积极开展海洋普法工作,努力建立符合海洋行政管理特点和体现体制竞争力的综合管理体制,为海洋综合管理提供外在的体制保证。

(四) 推进"数字海洋"建设,提高海洋信息化水平

加强海洋基础数据的统一管理,有序推进海洋信息共享,是海洋行政管理决

---

① 张辉.国际海洋法与我国的海洋管理体制[J].海洋开发与管理,2005(1):27-30.

策和实施的基本手段。我国海洋行政管理信息系统的建设,由于体制上和具体组织上的原因,不仅有部门之间的分散性,还有部门内部的分散性,加之海洋资料信息统一管理未能实现,造成资料、数据、信息的采集、存贮、加工再现及其用户服务等系统性的问题也无法实现。中央海洋行政管理部门要进一步健全海洋信息化标准规范体系,加快海洋数据、档案、文献等信息化建设,统一规划和建设海洋监测、管理和服务数据安全传输与通信网络;以真实性检验为基础,深度开发环境仿真、科学视算、虚拟现实等海洋信息适用技术,促进海洋信息资源的有效利用,健全信息发布制度,提高对海洋的认知能力;在国家安全、海洋管理、科学研究和公共服务等领域,开发海洋信息产品和业务化应用系统,重点建设海洋行政管理基础信息系统、重点海区环境保障基础信息系统、海洋科学研究和公众服务基础信息系统;加快沿海地区各级政府海洋电子政务建设,统一构建国家海洋电子政务信息平台,加强海洋基础数据的统一管理,促进海洋信息交流与综合应用,全面提高海洋行政管理和服务的信息化水平。

(五)弘扬海洋文化,建设海洋强国

从海洋国际竞争的特点及未来发展趋势中可以看出,世界各海洋国家间展开的海洋竞争即是其综合国力的竞争,而作为综合国力竞争重要领域的海洋经济、海洋科技、海防力量以及海洋资源等方面的竞争,归根到底,是海洋国家各自海洋文化力量的竞争。在国家海洋事业方面,各海洋大国为了在未来的海洋竞争中抢占先机,取得优势,希望民众积极参与配合,因此加大了对民众海洋意识的普及程度,广泛开展海洋科普教育,这些都为海洋文化的普及和发展创造了机遇。此外,在经济全球化背景下,世界大多数国家纷纷加入到海洋国际竞争的大舞台中,在竞争的同时也存在广泛的交流与合作,联系的紧密性、频繁性让各地海洋文化相互借鉴、相互学习、相互影响,并通过不断吸收消化外来海洋文化形成本土化的海洋文化,促进了海洋文化的创新与繁荣。在当代海洋国际竞争中,海洋国家更加注重意识形态、社会制度等精神层面的渗透和控制,海洋综合能力的实质就是海洋文化力的竞争,正是海洋国际竞争对海洋文化的这种强大需求为海洋文化的繁荣发展创造了平台,提供了动力,从而有力促进海洋文化的发展。

近年来,我国海洋综合管理取得了不小的成绩,但同时也遇到了如何同传统的部门管理间关系的协调问题,管理职能相互制约,造成其发展困难重重。因此,如何建立起有效的协调机制、不断完善综合管理体制是促进海洋综合管理深入发展的关键问题。各级政府要充分认识海洋对促进经济社会可持续发展的重要作用和意义,努力把增强全民海洋意识与爱护生存环境、拓展发展空间结合起来,把构建海洋强国与现代化建设结合起来,把弘扬海洋文化与建设文明社会结合起来;把普及海洋知识纳入国民教育体系,在中小学中开展海洋基础知识教育;加快海洋职业教育,培养海洋职业技术人才;紧密结合海洋事业和海洋经济发展需要,

调整海洋教育学科结构,建设高水平的海洋师资队伍,努力办好海洋院校,提高海洋高等教育水平;加强海洋文化遗产的保护和挖掘,开展海洋文化基础设施建设;充分发挥各种媒体和宣传渠道的作用,加强海洋知识宣传教育和普及,提高公众海洋意识,建立和完善海洋管理的公众参与机制。

第二节 海洋行政管理的理论基础

行政管理体制发展的历史源远流长,海洋行政管理作为行政管理的一个组成部分,也有其相应的理论基础,由此促进了海洋行政管理体制研究的不断深入。

一、新公共管理理论

20世纪70年代末以来,西方发达资本主义国家实行的政府改革,引起了极大的社会反响。"重塑政府运动""企业型政府""政府新模式""市场化政府""代理政府""国家市场化""国家中空化"等,只是对这场改革的不同称谓。人们普遍认为,区别于传统公共行政典范的、新的公共管理模式正在出现。赫克谢尔(C. Heckscher)指出,政府改革打破了单向的等级指挥关系,建立了互动交流和导向管理,并开始向"后官僚组织"变迁。[①] 而巴扎雷(Michael Barzelay)说,摒弃官僚制的时代已经到来,公共管理由重视"效率"转而重视服务质量和顾客满意度,由自上而下的控制转向争取成员的认同和争取对组织使命和工作绩效的认同。"重塑政府"运动的积极倡导者奥斯本和盖布勒总结美国改革地方政府和联邦政府的经验,宣扬政府管理的新方式。胡德(Christopher Hood)总结美国改革地方政府和联邦政府的经验,宣扬政府管理的新方式。胡德把西方国家的政府改革所体现出来的政府管理新模式称作新公共管理典范。[②]"新公共管理"实践催生出不同于传统公共行政理论的理论新范式。这就是新公共管理理论。新公共管理作为一种新的管理模式,其理论基础与以往的行政理论有很大的区别。如果说传统的公共行政以威尔逊、古德诺的政治——行政二分论和韦伯的科层制论为其理论支撑点的话,新公共管理则以现代经济学和私营企业管理理论和方法作为自己的理论基础。

首先,新公共管理从现代经济学中获得诸多理论依据,如从"理性人"(人的理性都是为自己的利益,都希望以最小的付出获得最大利益)的假定中获得绩效管理的依据;从公共选择和交易成本理论中获得政府应以市场或顾客为导向,提高服务效率、质量和有效性的依据;从成本—效益分析中获得对政府绩效目标进行

[①] Marshall E Dimock, Gladys Ogden Dimock, Douglas M Fox. Public Administration 5th Edition. New York: Saunders College Publishing, 1953.

[②] Orum Authony M. Introduction to Political Sociology. New Jersey: Prentice-Hall, Inc. 1983.

界定、测量和评估的依据等。

其次，新公共管理又从私营管理方法中汲取营养。新公共行政管理认为，私营部门许多管理方式和手段都可为公共部门所借用。如私营部门的组织形式能灵活地适应环境，而不是韦伯相对僵化的科层制；对产出和结果的高度重视，而不是只管投入，不重产出；人事管理上实现灵活的合同雇佣制和绩效工资制，而不是一经录用，永久任职等。

总之，新公共管理认为，那些已经和正在为私营部门所成功地运用着的管理方法，如绩效管理、目标管理、组织发展、人力资源开发等并非为私营部门所独有，它们完全可以运用到公有部门的管理中。同时，在公共选择和交易成本理论与新管理主义理论的基础上，发展出不同方向的新公共管理的理论。

二、小政府理论

小政府理论作为西方国家的一种意识形态，源自西方人对自由、权利、平等追求的天性，并对其政治、经济、社会、文化等产生了重要的影响，而其对政治影响集中的表现就是西方国家对小政府模式的青睐。要求政府是个职能少、规模小、机构小、干预少的"守夜人"政府。以至于西方国家虽历经政府改革，但是市场化取向与民主政治却一直是政府不变的执政理念，同时对我国的政府改革也生了重大的影响。

西方对小政府理论的阐释主要是从四个方面进行的，即政府的理性是有限的、政府是必要的恶、政府的权力必须是有限的和政府的职能必须是有限的。综上可以得出西方小政府理论的基本含义：为了克服自然状态的欠缺与不足，政府是必要的，但是由于政府本身不是万能的，其理性是有限的，因此为了保障公民的权利和自由最大限度的实现，就必须对政府的权力、职能、规模进行制约和限定，使其保持在最小的范围内。弗里德曼和哈耶克提出了"小政府理论"。在"政府失灵论"蔓延的背景下，这两位学者指出，政府应缩小管辖的空间范围，其活动内容只是提供那些市场做不了也做不好的服务，即提供具有非排他性的公共产品和服务。当然，政府的"小"只是空间范围上的小，并不意味着政府能力以及竞争力的弱小。

综合国外理论及我国政府实践管理理论，我们可以看出小政府理论具有丰富的内涵。而其内容体系可概括为三点：即权力小、职能小和规模小。具体来说，一是政府权力的小，即小政府理论要求政府的权力不仅要受到法律的严格限制、受到上级主管的约束，更要受到其权力的来源下级乃至公民和社会的约束。因而要求政府要严格依法行政，依法办事，不得专权和越权。也即政府权力要以实现公共利益为目的和出发点，要真正体现权为民所用、利为民所谋的思想。二是政府职能的小。小政府理论要求政经分开、政企分开、政事分开，政府职能有限性的原则,也即是"市场和社会自治的领域就是政府职能的边界。政府应明了私人权利的不可侵犯性,市场机制的不可替代性。政府应当知道'有所为有所不为',在无需公共权力的地方,政府最好不要伸手"。① 因而政府的职能从某种意义上说,体现在弥补市场的缺陷和不足以及弥补公民社会自治能力的缺陷和不足,为经济和社会的发展提供良好的软硬环境、解决市场失灵的问题以及促进社会的公平与正义。三是政府规模的小:小政府理论的规模小主要是体现在政府机构的设置要合理,政府编制要适宜,人员要精干。否则政府规模过大就会带来许多的不利影响,诸如腐败、效率低下和财政支出过大等问题。因此,小政府模式是市场经济和社会自治发展后的必然选择。综上,本书认为小政府理论的涵义是指在市场经济较为发达,公民社会较为完善后实施的,是一种权力小、职能小、机构小、人员少能充分发挥社会自治能力保障公民权利和自由的政府理论。

三、"流程再造"理论

业务流程再造(Business Process Reengineering)简称流程再造,是 20 世纪 90 年代兴起于西方的组织发展理论,指对企业的经营过程做根本性的重新思考和彻底性的改革,以便在成本、质量、服务和速度等方面取得显著改善。随着西方各国行政改革浪潮的兴起,一些国家开始将"业务流程再造"引入政府部门,作为政府再造的工具,在提高行政绩效,降低行政成本等方面取得了显著的成效。哈默和钱皮则发展出"流程再造"理论,主要针对官僚制,强调对官僚制进行重新改造和超越。其理论内容主要有:对工作流程进行重新设计,以提高效率,效能和质量;以业务流程为改造对象和中心,以顾客需求和满意度为目标、对现有业务流程进行根本的再思考和彻底的再设计,以打破传统的职能型组织结构,建立全新的过程型组织结构,从而实现组织在成本、质量、服务和速度等方面的目标优势。

影响政府流程再造成功的关键性因素有哪些?这也是国外政府流程再造实践和研究中的一个重要问题。因为在现行流程再造影响变量中,总存在着多个变量影响再造目标的实现,其中若干个因素是关键的和主要的(即成功变量),其重要性在其他所有目标、策略和目的之上,甚至决定了流程再造是否能够成功。通过对这些关键成功因素的识别,找出实现目标所需的关键信息集合,可以确定政府流程再造影响变量的优先次序。归纳目前西方关于流程再造关键因素的分析研究,我们发现大致有 14 种因素对流程再造能否成功影响较大,包括:(1) 高层管理者的支持;(2) 一个训练有素的、高效的再造团队;(3) 正确定位目标流程;(4) 评估有关绩效/基准、顾客满意度的特定结果;(5) 信息技术和流程重新设计等相关技术的协调使用;(6) 确保流程再造项目开展的深度和广度;(7) 重视人的

---

① 王甲成."小政府"渊源、意义及其向度[J].江南社会学院学报,2005(6).

因素,特别是对单个流程负责者的授权;(8)再造的努力应当是直接又有实践意义的;(9)组织具有再造的能力和意愿;(10)现存的组织文化应当能适应变化;(11)预先进行团队会议;(12)同时计划和执行流程再造项目;(13)新流程设计试点;(14)确保执行的能力等。[①]

四、"政府绩效"理论

政府绩效是指政府在社会经济管理活动中的结果、效益及其管理工作效率、效能,是政府在行使其功能、实现其意志过程中体现出的管理能力,它包含了政治绩效、经济绩效、文化绩效、社会绩效四个方面。经济绩效是政府绩效的核心,在整个体系中发挥着基础性的作用。维持经济持续发展,社会财富稳定增长,是政府绩效的首要指标。社会绩效是政府绩效体系中的价值目标。实现经济绩效的目的,就是为了实现社会绩效,保持国家安全、社会稳定,居民安居乐业。政治绩效是整个政府绩效的中枢。实现经济绩效和社会绩效需要政治绩效作为法律和制度的保证和保障。

国内外许多学者专家对绩效作了种种归纳,结论不尽一致,但有一点却达成了共识:绩效要素是一个结构。"3E"即经济、效率和效果,曾被西方学者认为是绩效的"新正统学说"。随着新公共管理运动的深入,质量也日渐成为评估的主流范畴,围绕质量形成的指标数量不断增加。尽管说,经济、效率特别是效果的提法都蕴含有质量的内容,但明确把质量的概念单列出来、凸显出来是前所未有的,这是改革的成果,是新时期绩效的重要标志。此外,公平、责任等指标,也逐渐成为建构绩效体系的基本要素。

政府绩效评估是西方发达国家行政体制改革过程中逐渐形成和发展起来的,涉及政府管理的各个方面,并经历了一个较长的发展时期。以效率政府、顾客至上、追求公共责任为核心,政府绩效评估正在以多样的功能影响着世界各国的政府体制改革进程。最早的政府绩效评估实践可以追溯到一百年前,其发展过程大致可以分为萌芽、起步、发展、深化四个阶段。另有学者——霍哲把政府绩效作为切入点,提出把绩效评估作为改进绩效的一种管理工具。他设计了一整套具体的绩效评估流程,同时还强调,在绩效评估的过程中要提高公民的参与度,因为这样的绩效评估结果和绩效信息将会对政府政策和项目管理有更大的意义。

[①] McAdam R, Donaghy J. Business Process Re-engineering in the Public Sector—A Study of Staff Perceptions and Critical Success Factors. Business Process Management Journal,1999(5).

> **本章思考题**
>
> 1. 请简述行政管理学、海洋行政管理学、海洋公共管理学的区别与联系。
> 2. 海洋行政管理学的理论基础有哪些?

> **案例分析 2**

渤海湾蓬莱 19-3 油田溢油事故

材料 1:(康菲石油公司简介)

康菲石油公司是全球最大的独立专营勘探与开采石油及天然气的公司之一(就产量和探明储量而言),是美国第三大能源公司。康菲石油公司在全球勘探、生产、运输并销售原油、天然气及沥青等。康菲石油公司在 19 个国家开展探勘作业,在 13 个国家生产碳氢化合物,截至 2011 年 12 月 31 日,在 15 个国家拥有探明储量。康菲石油中国有限公司,是一家跨国综合性能源公司,以资本、已探明的油和气储量及产量排名,康菲石油中国有限公司是 2007 年世界财富 500 强企业第九名,是美国第一大炼油企业。在全世界非政府控制的公司中,康菲石油中国有限公司拥有的已探明的油气储量名列第八,并且是世界第四大炼油企业。在中国渤海湾,康菲石油中国有限公司与中国海洋石油总公司共同开发中国海上最大油田——蓬莱 19-3 油田。目前,康菲石油中国有限公司在北京、塘沽和蛇口等地设有办公室。

材料 2:(事故简介)

渤海蓬莱油田溢油事故也称蓬莱 19-3 油田溢油事故(或"2011 年渤海湾油田溢油事故"),是指中海油与康菲石油中国有限公司合作开发的渤海蓬莱 19-3 油田自 2011 年 6 月以来发生的油田溢油事件,这也是中国内地第一起大规模海底油井溢油事件。据康菲石油中国有限公司(以下简称"康菲")统计,共有约 700 桶原油渗漏至渤海海面,另有约 2 500 桶矿物油油基泥浆渗漏并沉积到海床。国家海洋局表示,这次事故已造成 5 500 平方公里海水受污染,大致相当于渤海面积的 7%。

2011 年 9 月 5 日,事发近 3 个月后康菲宣布油田全部停产。国家海洋局北海分局则表示已完成四次大规模的生态调查工作,基本上掌握此次溢油对水质、沉积物和生物生态的影响。国家海洋局初步调查结果认为这是一起完全可避免的责任事故。国土资源部地质勘查司副司长陈先达等多位权威专家指出,这起事故完全是责任心缺失下的低级人为失误。C平台的海上钻井数量太多（多达29口），进一步增加油层压力，导致井涌发生。

材料3：（事故经过）

2011年6月4日，康菲发现并报告国家海洋局，蓬莱19-3油田东北方向650米的海面发现少量油膜带，相应的海底出现溢油点。国家海洋局方面经过化验分析等鉴定结果显示，溢油源于蓬莱19-3油田。

6月17日，C平台发生井涌，平台及附近海域发现大量溢油。

6月21日，微博上出现漏油事故的消息，引起了媒体的关注和报道。

7月1日，中海油首次证实漏油事故，称渗漏点已得到控制，并称泄漏范围只涉及200平方米左右，遭到专家及媒体质疑。

7月3日，据中海油内部人士透露，渤海湾漏油事故已基本处理完毕，由于泄漏范围比较小，只涉及200平方米左右，对事故海域及相关环境影响较小，没有人员受伤，没有任何关于野生生物、渔业或航运不利影响的报告。

7月4日，康菲已回收含油水混合物近70立方米，事故导致840平方公里的海域一夜之间从1类水质变为4类水质。

7月5日，国家海洋局召开发布会通报漏油事故。漏油致840平方公里海域水质被污染，对周边海域造成危害，已对涉事公司立案。

7月13日，B、C平台被令停产，中海油的原油净产量每天减少约2.2万桶。

7月15日，漏油事故海域出现赤潮。

8月13日，康菲表示，在蓬莱油田C平台周边海底进行潜水探查时，发现还有剩余的来自6月17日井涌事故所溢出的矿物油油基泥浆，这使得矿物油油基泥浆溢出总量增加到2 500桶，远超此前1 500桶的预期。

8月19日，国家海洋局联合国土资源部、环境保护部、交通运输部、农业部、安监总局、国家能源局组成联合调查组，并在北京召开专题会议，分别听取康菲公司和中海油总公司关于蓬莱溢油事故情况汇报。康菲（中国）当日向国家海洋局北海分局承认，在蓬莱19-3油田C平台北侧15米范围内发现9处海底油污渗漏点。"中国海监15""中国海监18"船和"海监B-3807"飞机巡航监视发现，蓬莱19-3油田海域有3处油膜覆盖区域，油膜长度从5公里到10公里不等，宽度50米到100米，分布的海域范围达1.35平方公里，总体呈现银灰色和彩虹色、局部呈蓝/棕色。蓬莱19-3油田附近海域表层海水石油类浓度平均为53.0ug/L，较前几日监测结果有所升高。C平台附近海底油污清理现场海水环境受到石油类污染，石油类浓度较前几日有所升高。国家海洋局北海分局属各中心站、海监支队和环渤海三省一市地方海监、监测机构，继续对环渤海岸线及近岸海域巡视，未发现新油污登陆。

8月24日，由中华环保联合会、盈科律师事务所联合举办渤海溢油污染专题研讨会。盈科律师事务所发起成立了"环渤海水产养殖维权律师团"，为当地的养殖户提供法律援助，开展公益维权活动。继2011年8月初取得乐亭县一百多位海参养殖户授权委托维权之后，2011年8月13日，盈科律师团赵京慰律师、文蔚冰律师、刘宏辉律师在中央电视台社会与法制栏目记者的现场见证下，接受了昌黎县、团林乡五十余位扇贝养殖户授权委托维权。盈科律师团已经取得了河北乐亭、昌黎两地近200养殖户的委托授权，为其免费代理养殖户维权活动。

8月25日，被国家海洋局北海分局相关设备抓住"现行"后，康菲被迫承认，C平台附近海床又发现新的油污（含油基泥浆）渗漏点，前后共16个。

8月28日，财新《新世纪》记者在河北昌黎采访养殖户时发现，当地政府并不十分支持渔民的索赔行动。

8月30日，接受国家海洋局委托的四家律师事务所的相关律师，拿到了国家海洋局提供的相关书面资料。律师们未来的主要职责是为国家启动的生态索赔提供法律帮助。面对民间的呼声，国家海洋局罕见地表态称，除了国家海洋局，其他有关各方，包括沿海16个省市政府和当地的养殖业户、渔民个人，都有权利向事故责任方索赔。

8月31日，康菲公关人员称，公司已经完成"两个彻底"，并向国家海洋局提交报告，B、C平台的溢油原因已经查明，同时彻底封堵了溢油源。截至8月31日，B平台附近海域集油罩内液体累计回收总量约305立方米，累计污油量约28升。C平台累计清理海底油基泥浆406.5立方米。

9月2日，国家海洋局下达了蓬莱19-3油田全面停产的通知，责令全油田停止回注、停止钻井、停止油气生产。

9月5日，康菲称已完成停止蓬莱19-3油田的钻井、注水及生产作业的程序，共计231口井停止作业。北京华城律师事务所律师贾方义向山东省公安厅、山东省人民检察院和国家海洋局分别递交公开信，要求国家海洋局向刑事司法机关对康菲公司提出控告，启动刑事司法调查程序，使刑事司法机关迅速介入该起事故调查。

材料4：（事故原因）

中海油一人士证实，郯庐断裂带的确从蓬莱19-3油田下经过。资料显示，北东向的郯庐断裂带活动较为频繁，曾在1975年引起海城地震、1668年引起郯城大地震。除郯庐断裂带，渤海底部还有另外一条著名地震带，即曾引发香河大地震的北西向断裂带。此次溢油事故，最棘手的即是B平台附近原本呈天然闭合状态的海底地层断裂带，在采油压力之下突然裂开，真正溢油点难以寻找，进而难以准确封堵。

材料5：(事故影响)

中海油和康菲成立了一个联合管理委员会，由双方成员组成，康菲为油田作业方。根据分成合同，油田的作业方可以掌握采油进度，全面负责油田的开发生产管理。非作业方中海油，只参与工作计划和年度预算的制定、大型投资及重大变更的审批。对于中海油来说，对油井的采油规划，更看重长期价值；而对外资方（康菲）来说，由于有合同限制，其更看重短期价值，还没有很好的办法来规范其行为。中国石油勘探开发研究院专家则认为，这次渤海溢油事故，可能对中海油广泛使用的"中外合作开发模式"形成挑战。有韩国媒体抱怨中国政府在此事故中的态度"过于秘密性和不顾邻国""可以与日本政府在福岛事故中的态度相比"。

仅河北省乐亭、昌黎两县的水产养殖户遭受的经济损失就有约13亿元。昌黎县的新开口渔港渔民李秀亭称，从6月中旬开始，其养殖的2万笼扇贝苗出现大量死亡，捞上来的时候发现有油花。昌黎养殖协会会长王有祥与其他养殖户正在收集证据和联系律师，准备适时起诉康菲（中国）和中海油。王有祥8月29日告诉财新《新世纪》记者，他已经不准备起诉了。"图个啥呢？接待律师已经花了2 000多块钱了。再说局里县里都不让上诉，副县长找我不让接。"

材料6：(责任赔偿)

国家海洋局曾表态代表国家向溢油事故责任方康菲（中国）索赔。提起索赔的不仅是官方，部分养殖户和渔民同样在聘请律师，并开展了初步的证据收集工作。

2011年9月6日，北京华城律师事务所召开了康菲漏油事故刑事责任新闻发布会。律师贾方义称，9月5日向山东省公安厅、山东省检察院、国家海洋局递交了要求追究康菲公司渤海漏油重大环境污染事故刑事责任、介入刑事调查的公开信。贾方义表示，声讨康菲公司的刑事责任有充分的法律依据。《中华人民共和国环境保护法》第四十三条规定：违反本法规定，造成重大环境污染事故，导致公私财产重大损失或者人身伤亡严重后果的，对直接责任人员依法追究刑事责任。《中华人民共和国刑法》第三百三十八条规定了重大环境污染事故罪。

材料7：(司法程序)

2013年8月6日，北京德和衡律师事务所律师王海军、山东德恒（北京）律师事务所徐红亮接受了东营市河口区新户镇郭局村民委员会、东营市顺和水产有限责任公司、东营鑫海水养殖有限责任公司的法律代理，向北京市第一中级人民法院提起对国家海洋局的行政诉讼。诉讼申请要求，法院依法确认国家海洋局未能及时获赔的渤海生态损害赔偿款进行规划使用的行为违法，且侵犯其合法财产权利，并要求判决国家海洋局将此前康菲石油公司和中海油赔付的"渤海环境补偿款"投入使用。

然而,德和衡律师集团代理律师透露,山东东营海洋渔业局正在对起诉国家海洋局的原告进行"威逼",要求其撤销对国家海洋局就蓬莱19-3油田复产批复的起诉。

2013年8月,北京市第一中院已接受了这一行政起诉状并进行立案,但对是否受理本案尚未明确答复。而在北京第一中院称"需进一步请示、研究后再确定"是否受理本案时,原告方的压力也随之而来。

据北京德和衡律师事务所律师徐红亮透露:"北京市第一中院说要进行请示,但把起诉信息转告给了国家海洋局,国家海洋局又告知了山东地方部门,最后由东营市主管部门对原告进行劝说。"

2015年10月30日,栾树海等21名养殖户诉康菲石油中国有限公司、中国海洋石油总公司海上污染损害责任纠纷一案,天津海事法院依法作出判决,判令被告康菲石油中国有限公司对栾树海等21名原告承担赔偿责任,赔偿原告1 683 464.4元。

参考资料:

1. 康菲溢油案一审宣判原告获赔1 683 464.4元

http://news.xinhuanet.com/legal/2015-10/30/c_1116988480.htm

2. 康菲公司漏油事故属明显过错

http://news.hexun.com/2011-09-07/133171788.html

3. 渤海漏油赔偿款3年未到位,海洋局威逼渔民息事宁人

http://stock.sohu.com/20130807/n383561008.shtml

结合案例,请回答:

1. 谈谈海洋综合管理的概念及做法。

2. 我国海洋生态环境污染的防治对策是什么?政府、企业、社会团体应该承担哪些责任?

第三章
海洋行政管理的基本范畴

依法行政是我国法制建设的关键。国家政府机关及其所属职能部门是代表国家行使行政权的执行机关,一定要维护国家和人民的利益。海洋行政管理是政府部门的行政行为,依法治海、依法管海,实施法制化管理是现代海洋行政管理的基本方式,海洋行政管理的基本范畴需要加以明确。

第一节 海洋行政管理的主体和客体

海洋行政管理是政府管理社会的一个重要方面。随着海洋开发利用步伐的加快,对各种涉海行为的监督,海洋资源开发利用的规范,海洋生态环境的保护,海域使用的管理,海洋权益的维护等方面都给海洋行政管理工作提出了更高的要求。海洋行政管理体制在海洋行政管理中发挥着重要的制度保障作用,海洋行政管理体制是否合理、健全,对海洋行政管理的效果会产生深刻的影响。而海洋行政管理的效果直接影响着各项海洋事业的发展,从而最终影响了海洋经济的发展。改革开放以来,随着我国海洋经济的不断发展,作为上层建筑的海洋行政管理体制不断步入科学化、法制化和人性化的轨道,对我国海洋事业的发展起到很好的促进作用。明确海洋行政管理的主体和客体,有助于海洋事业和海洋经济的高速发展,有助于我国 21 世纪"海洋强国"战略目标的实现。

一、海洋行政管理主体的概念

海洋行政管理主体问题是海洋行政管理学研究的重要内容。严格地讲,海洋行政管理主体,也称海洋行政主体,是指依法享有国家海洋行政管理职权,能以自己的名义实施海洋行政管理活动,并能够独立地承担由此产生的法律责任的行政组织。通过行政委托的途径而获得特定海洋行政管理权力的法人组织,只能够以委托机关的名义从事海洋行政管理活动,不能够独立承担行政法律责任。

海洋行政管理主体是海洋行政管理学的一个基本概念,可以从四个方面理解。第一,它必须是依法设立的,这是海洋行政管理法治原则的客观要求。海洋行政管理所依据的法律涉及了《宪法》《国务院组织法》《地方各级人民代表大会和地方各级人民政府组织法》《行政处罚法》《海洋环境保护法》《海域使用管理法》《海洋行政处罚实施办法》《渔业法》《联合国海洋法公约》《21世纪议程》《全国海洋经济发展规划纲要》以及其他有关的法律法规等。目前，虽然我国在海洋领域的法律法规数量不少，但仍偏重于政策方面。随着我国法治社会建设的不断深入，正在制定中的相关法律法规陆续出台将为改善我国的海洋行政执法现状以及海洋执法法制环境的改善奠定坚实基础。第二，它有权依法管理海洋公共事务，能够独立地作出影响海洋管理利益相关者权利和义务的行政行为，一般不需要预先从其他组织获得具体指令。第三，它能够独立地承担因其采取的行政行为而可能引起的行政法律责任，有能力独立地参加行政复议和行政诉讼活动。第四，它是公共管理组织。这意味着海洋行政管理主体只能为了社会公共利益之目的而依法活动，不能够利用公权力为组织的私利益从事任何活动。政府的权力来自公众的赋予，因而其权力应该被用来服务公众，为社会大众提供公共服务，而海洋公共服务主要包括以下几项：一是海洋调查与测绘，承担我国管理海域的各项评估与调查工作；二是海洋的观测和监测，构建全方位的立体海洋监测网络，提升海洋监测的能力；三是要实现海洋公共服务信息化，促进信息的公开与流通；四是完善海洋预报系统，形成国家、区域以及地方的多层次、全方位的海洋预报体系，增强海洋预报能力等，以实现海洋管理职能转换，优化公共服务能力，完善海洋行政管理体制。

二、海洋行政管理主体的历史演变及分类发展

目前，我国设有规模、级别和职责不一的海洋行政主管部门和机构。[①] 我国是世界上最早开展海洋管理的国家之一，海洋管理集中在两个方面：一是渔政，二是盐业。早在3000多年前，周文王就设置了主管渔政的机构，并且规定了禁渔期。汉代皇室设有鱼官，隶属少府。明清工部设衡司部中等官，专司渔政。清代在沿海府县设渔团局。对盐业生产的管理也有2 000年的历史。[②] 公元前119年，汉武帝曾下诏没收私人煮盐工具，由官府直接组织盐业生产，在全国设置30多处盐业管理机构，实行专卖制度。新中国成立后，我国继续加大对海洋的管理，设立了海洋管理的行政机构，对海洋的管理逐渐由行业管理向综合管理迈进。

（一）新中国成立后海洋行政管理主体的历史演变[③]

1. 萌芽期（20世纪60至70年代）

成立国家海洋局是我国海洋事业发展的需要，也是全国海洋形势发展的必然

[①] 参见：《中华人民共和国国务院组织法》《中华人民共和国宪法》。
[②] 王刚，王琪. 我国的海洋行政组织及其存在的问题[J]. 海洋信息，2010(3).
[③] 此部分参考：王琪，等. 变革中的海洋管理[M]. 北京：社会科学文献出版社，2012.

结果。新中国成立后,最早设立的海洋行政机构可以追溯到 20 世纪 60 年代。1963 年 3 月,国家科学技术委员会海洋专业组在青岛召开会议,研究讨论我国海洋科学十年(1963—1972 年)发展规划期间,与会一些专家建议:为加速发展我国海洋事业,统一管理国家的海洋工作,应成立国家海洋局。5 月 6 日,国家科委海洋专业组组长袁也烈、副组长于笑虹、刘志平组织了 29 名专家,联名上书国家科学技术委员会并中共中央和国务院,提出:鉴于当前海洋工作中亟需解决的问题较多;海上活动安全没有保证;海洋水产资源没有充分合理利用;海底矿产资源储量和分布状况了解很少;国防建设和海上作战缺乏海洋资料等原因,建议成立国家海洋局,以加强对全国海洋工作的领导。专家们的意见得到了党中央和政府的认可,经过第二次全国人大审议批准,1964 年 7 月,国家海洋局正式成立。国家海洋局的成立标志着我国从此有了专门的海洋工作领导部门,标志着我国开始了专门的海洋管理,海洋工作体制开始走向一个新阶段。

成立之初的国家海洋局,其职能包括:统一管理海洋资源和海洋环境调查、资料收集整编和海洋公益服务。此外,海洋局还在地方组建了北海分局、东海分局、南海分局及海洋科技情报研究所,接管建设了 60 多个沿海观测站、海洋水文气象预报总台、海洋仪器研究所以及第一、第二、第三等三个海洋研究所和东北工作站(后改为海洋环境保护研究所)等机构。[①]

在这个阶段,海洋管理分散在各个涉海行业,被称为海洋管理的行业管理阶段;海洋事业也逐步成为一类具有相对独立性的事业,国家海洋管理体系逐渐形成(详见表 3-1)。

表 3-1　1949—1979 年海洋行政管理方面出台的法律法规及机构设置概况

	名称	发布日期/成立时间
法律法规、政策文件	《中华人民共和国海港管理暂行条例》	1954 年 1 月 23 日
	《中华人民共和国国务院关于渤海、黄海及东海机轮拖网渔业禁渔区的命令》	1955 年 6 月 8 日
	《中华人民共和国政府关于领海的声明》	1958 年 9 月 4 日
	《水产资源繁殖保护条例》	1979 年 2 月 10 日
机构设置	国家海洋局	1964 年 7 月
	北海分局、东海分局、南海分局	1965 年

2. 形成期(20 世纪 80 至 90 年代)

这一时期,我国海洋行政机构建设有两个特点:一是地方海洋行政管理机构

---

① 鹿守本,艾万铸.海岸带综合管理——体制和运行机制研究[M].北京:海洋出版社,2001:127-128.

逐渐具备了成立基础。早在20世纪80年代初,当时的五部委联合在沿海省市开展了全国海岸带和海洋资源综合调查,为了更好地配合这次调查,沿海各省市都成立了"海岸带调查办公室"。就是这样一个临时性机构,成为当今沿海地方海洋行政管理机构的雏形。在历时8年的联合调查后,在国家科学技术委员会(下简称科委)和国家海洋局的倡议下,海岸带调查办公室改为沿海各省市科委下面管理本地海洋工作的海洋局(处、室)等机构,接受国家科委和海洋局双重领导。我国地方海洋行政管理机构初步形成。

另一个典型特点就是进一步加强了涉海行业管理。这一时期,我国的涉海行业管理在四个方面开始得到加强和完善:(1)海洋渔业管理。国家除了加强对海洋渔业的立法之外[1],在机构建设上,设立了主管渔业和渔政的渔业局,隶属农业部。渔业局下设渔政渔港监督管理局[2]、渔业船舶检验局[3],并在黄海与渤海、东海、南海设立了三个直属渔业局的海区渔政局。此外,沿海各省市和地县也都设立了水产行政主管机构和相应的渔政管理机构。(2)海洋港口和交通运输管理。交通部下设港务系统、航道系统和港务监督系统,进行海上航运管理。成立了港务监督局[4],主管水上交通安全,到1987年,我国在沿海主要港口组建了14个交通部直属的海上安全局,沿海港监队伍扩大到一万多人。(3)海洋油气生产管理。早在1964年,我国就开始了海洋油气勘探。自1979年我国实行对外合作勘探开发海洋石油天然气政策,形成了两大系统:中国海洋石油总公司、中国石油天然气总公司,每个部门下面都设有若干个海区公司。[5](4)海盐生产管理。当时,我国将盐业生产统一归属到国家轻工业局进行管理,在全国成立了中国盐业协会和中盐业总公司。在国家的统一规划下,进行盐业的生产与销售。这一时期的海盐生产,更多的是突出盐业的统一管理,没有彰显海洋管理在盐业管理中的特性。

这一阶段我国海洋管理制度在层次、体系等方面处于全面建设状态,中央层面海洋综合管理和法制化管理得到不断强化,地方海洋行政管理体制改革也开始启动并进行了积极的尝试(详见表3-2)。

---

[1] 1986年,我国颁布了渔业的基本法《渔业法》,随后又颁布了《渔业法实施细则》和《野生动物保护法》。

[2] 参见:《渔业法实施细则》第六条。根据《渔港水域交通安全管理条例》,渔港监督机构对渔港水域交通安全和沿海水域渔业船舶之间交通事故调查处理等享有广泛的行政管理权。

[3] 根据《渔业船舶检验条例》,渔船检验机构行使渔业船舶检验及其监督管理职能。

[4] 现在称为"海上安全监督局"。

[5] 《中华人民共和国对外合作开采海洋石油资源条例》于1982年1月30日由中华人民共和国国务院发布;根据2001年9月23日《国务院关于修改〈中华人民共和国对外合作开采海洋石油资源条例〉的决定》第1次修订;根据根据2011年1月8日《国务院关于废止和修改部分行政法规的决定》第2次修订;根据2011年9月30日《国务院关于修改〈中华人民共和国对外合作开采海洋石油资源条例〉的决定》第3次修订,根据2013年7月18日《国务院关于废止和修改部分行政法规的决定》第4次修订。

表 3-2 1980—1990 年海洋行政管理方面出台的法律法规及机构设置概况

		名称	发布日期/成立时间
法律法规	海洋法律及涉海法律	《中华人民共和国海洋环境保护法》	1982 年 8 月 23 日
		《中华人民共和国海上交通安全法》	1983 年 9 月 2 日
		《中华人民共和国矿产资源法》	1986 年 3 月 19 日
		《中华人民共和国渔业法》	1986 年 1 月 20 日
	海洋行政法规	《海洋石油勘探开发环境保护管理条例》	1983 年 12 月 29 日
		《海洋倾废管理条例》	1985 年 3 月 6 日
		《防拆船污染环境管理条例》	1988 年 5 月 18 日
		《铺设海底电缆管道管理规定》	1989 年 2 月 11 日
政策文件		《中国海洋开发战略研究报告》	1984 年
机构设置		"海岸带调查办公室"	1980 年
		地方海洋行政管理机构	1990 年开始

3. 成熟期(20 世纪 90 年代至 21 世纪初)

1998 年,国务院进行机构调整和改革。其改革的一个重要内容就是合并机构,精简人员,压缩部委的数量。国家海洋局由隶属于国务院的直属局,整合为隶属国土资源部的独立局。国家海洋局的基本职能也进行了调整,确定为海洋立法、海洋规划和海洋管理三项职能,其基本职责发展为海域使用管理、海洋环境保护、海洋科技、海洋国际合作、海洋减灾、维护海洋权益六个方面。这一时期,除了调整完善海洋局的职能外,另一个重要的机构就是于 1999 年成立的中国海监总队,负责海洋监察执法,与国家海洋局合署办公。随后,国家海洋局的三个分局也分别成立了北海区海监总队、东海区海监总队、南海区海监总队(详见表 3-3)。

这一时期,地方海洋管理机构得到了进一步发展,其职能调整、机构隶属、人员配备等方面得到完善。综合而言,目前我国地方海洋管理机构主要有三种模式。一是海洋与渔业管理模式,即地方政府成立海洋与渔业厅(局),其职能兼有海洋与渔业管理,受海洋局和农业部的双重领导。我国大部分沿海省市实习这种模式。二是国土资源管理模式,即遵循 1998 年中央机构的改革模式,将地矿、国土、海洋合并,成立国土资源厅(局),其中海洋部门负责海洋综合管理和海上执法。河北省、天津市、广西壮族自治区等实行这种模式。三是分局与地方结合模式,即将隶属海洋局的分局与地方海洋管理机构合并,加大地方政府与海洋局的沟通和协调力度。目前只有上海市实行这一模式,将上海市地方海洋管理机构纳入东海分局(详见表 3-4)。

表 3-3 国家海洋局机构设置(截至 2010 年)

国家海洋局			
机关直属部门			
办公室(财务司) 海域海岛管理司	海洋环境保护司 海洋预报减灾司	政策法规和规划司 国际合作司(港澳台办公室)	海洋科学技术司 人事司
局属部门			
中国海监总队 海洋局极地考察办公室 中国大洋矿产资源研究开发协会办公室 海洋局学会办公室海洋标准计量中心 海洋局北海分局 中国极地研究中心 第一海洋研究所 海口海洋环境监测中心站	中国海洋环境预报中心 卫星海洋应用中心 国家海洋技术中心 中国海洋报社 海洋局东海分局 海洋局机关服务中心 第二海洋研究所 国家海洋信息中心	海洋局海洋发展战略研究所 海洋局海洋咨询中心 海洋出版社 天津海水淡化与综合利用研究所 海洋局南海分局 北京教育培训中心 第三海洋研究所 海洋环境监测中心	

资料来源:王琪,王刚,等.变革中的海洋管理[M].北京:社会文献出版社,2012:150.

表 3-4 地方海洋管理机构模式一览表(截至 2010 年)

模式	海洋与渔业模式	国土资源模式	分局与地方结合模式
实行省市	辽宁、山东、江苏、浙江、福建、广东、海南	河北、天津、广西	上海

在此阶段,海洋管理逐步从行业管理迈向综合管理,国家对海洋在政策上充分重视,出台了相当多的海洋发展规划、海洋战略以及涉海法律,相关法律法规政策文件处于一个大爆发的时期,这使得海洋管理在政策方面有了充分的发展;海洋管理机构进行了一些调整,但没有实质性的改变(详见表 3-5)。

4. 发展期(2010 年至今)

这个时期最重大的事件就是国家海洋局的重组(详见 3-6),标志着我国海洋管理体制从半集中型向集中型过渡,我国的海洋行政管理体制进入新的发展和完善阶段。在这个阶段,"海洋强国"正式成为国家战略之一,随着海洋地位的不断上升,国家关于海洋的政策方面体现出不断完善海洋立法,推进海洋综合执法的特点(详见表 3-7)。

表 3-5　1991—2010 年海洋管理方面出台的法律法规及机构设置概况

		名称	颁布日期
法律法规	海洋法律及涉海法律	《中华人民共和国领海及毗连区法》	1992 年 2 月 25 日
		《中华人民共和国海商法》	1992 年 11 月 7 日
		《中华人民共和国专属经济区和大陆架法》	1998 年 3 月 19 日
		《中华人民共和国海域使用管理法》	2001 年 10 月 27 日
		《中华人民共和国港口法》	2003 年 6 月 28 日
		《中华人民共和国海岛保护法》	2009 年 12 月 26 日
	海洋行政法规	《海洋功能区划管理规定》	2007 年 8 月 1 日
	海洋地方法规	《福建省海域使用管理条例》	2001 年 5 月 14 日
		《福建省海域环境保护条例》	2002 年 9 月 29 日
		《宁波市无居民海岛管理条例》	2008 年 8 月 1 日
政策文件		《90 年代中国海洋工作的基本政策和工作纲领》	1989—1994 年
		《全国海洋功能区划》	1991 年
		《全国海洋开发区划》	1993 年
		《海洋技术政策》	1996 年
		《中国海洋 21 世纪议程》	1998 年
		《中国海洋事业发展》	2003 年 5 月
		《全国海洋经济发展纲要》	2008 年
		《国家海洋事业发展规划纲要》	1999 年
机构设置		中国海监总队	1999 年
		中国海监北海总队、中国海监东海总队、中国海监南海总队	1999 年

表 3-6 国家海洋局机构一览表（2013 年国家海洋局重组后）

国家海洋局			
机关部门（由 8 增至 14 个部门）			
办公室	海警司 （海警司令部、中国海警指挥中心）	财务装备司 （海警后勤装备部）	国际合作司 （港澳台办公室）
生态环境保护司	纪委、监察局	预报减灾司	战略规划与经济司
海域综合管理司	科学技术司	人事司（海警政治部）	政策法制与岛屿权益司
机关党委	离退休干部局		
局属单位（由 24 增至 25 个部门）			
国家海洋局极地考察办公室	国家海洋局学会办公室	国家深海基地管理中心	
国家海洋环境预报中心	国家卫星海洋应用中心	中国极地研究中心	
中国大洋矿产资源研究开发协会办公室	国家海洋技术中心	国家海洋信息中心	
国家海洋标准计量中心	国家海洋环境监测中心	国家海洋局北海分局	
国家海洋局南海分局	国家海洋局东海分局	国家海洋局第一海洋研究所	
国家海洋局第三海洋研究所	国家海洋局发展战略研究所	国家海洋局宣传教育中心	
中国海洋报社	国家海洋局机关服务中心	国家海洋局第二海洋研究所	
国家海洋局海洋减灾中心	国家海洋局海洋咨询中心	海洋出版社	
国家海洋局天津海水淡化与综合利用研究所			

资料来源：国家海洋局网站 http://www.soa.gov.cn/zwgk/bjgk/jgsz/.（截至 2017 年）

表 3-7 2010 年以来的海洋行政管理方面出台的法律法规及机构设置概况

	名称	发布日期/成立时间
法律法规	《海洋观测预报管理条例》	2012 年 3 月 1 日
	《浙江省无居民海岛开发利用管理办法》	2013 年 3 月 18 日
	《海南省经济特区海岸带保护与开发管理规定》	2013 年 3 月 30 日

续表 3-7

	名称	发布日期/成立时间
政策文件	《国际海域资源调查与开发"十二五"规划》	2012 年 2 月
	《重点河流域水污染防治规划(2011—2015 年)》	2012 年
	《全国海洋功能区划(2011—2020 年)》	2012 年 4 月
	《全国海岛保护规划》	2012 年
	《全国海洋经济发展"十二五"规划》	2012 年
	《海洋事业发展"十二五"规划》	2013 年
	《国家适应气候变化战略》	2013 年 11 月
	《山东省渤海海洋生态红线区划定方案》	2013 年 11 月
	《山东省海洋生态补偿管理办法》	2016 年 2 月
	《中华人民共和国深海海底区域资源勘探开发法》（简称《深海法》）	2016 年 2 月
	《区域建设用海规划管理办法(试行)》	2016 年 2 月
机构设置	国家海洋委员会	2013 年
	中国海警局	2013 年

通过对我国海洋行政管理主体及发展历程梳理，可以发现随着海洋管理范围日益扩大和对象的日益复杂，海洋管理经历着由从陆地行业管理到海洋行业管理、从海洋行业管理到初步的海洋综合管理的历程。在这个历程中，我国日益开始注重对海洋的利用与保护，不断完善涉海法律法规，健全海洋管理机构和机制，并且能够站在宏观立场上对海洋事业的发展进行规划，更重要的是将"海洋强国"上升为国家发展战略。

（二）我国海洋行政管理主体存在的问题

目前，国务院将国家海洋局重组，并以中国海警局名义开展海上维权执法，标志着我国的海洋管理机构和海洋行政主体得以不断调整与完善，但依然存在一些问题。具体表现在如下方面：

1. 中央政府与沿海地方政府的海洋管理权限划分不明确，二级管理区域划分范围过大

迄今为止，我国尚未对中央政府与沿海地方政府的海洋管理权限进行明确的划分，在海上也没有进行行政区划。[①] 沿海省、自治区、直辖市的行政区划界限涉

---

① 海南省除外。

及海岸线向内一侧的陆地及向海一侧的界限没有进行划分。随着海洋在我国经济发展中的地位日益凸显,沿海地方政府都不约而同地将目光转向海洋。"十二五"规划中提出,"科学规划海洋经济发展,发展海洋油气、运输、渔业等产业,合理开发利用海洋资源,加强渔港建设,保护海岛、海岸带和海洋生态环境。"这是"海洋经济"作为产业体系中一个单独的组成部分首次写入五年规划。福建省提出"念山海经";山东省和辽宁省分别提出"科技兴海,建设海上山东"和"海上辽宁"的口号。"十三五"规划中再次提出:"拓展蓝色经济空间。坚持陆海统筹,壮大海洋经济,科学开发海洋资源,保护海洋生态环境,维护我国海洋权益,建设海洋强国。"可见,方兴未艾的"海洋经济热"已经成为国家科学发展和产业转型升级的新思路。但根据现行的法律法规,我国的海域由国家进行统一管理,沿海地方政府对所属的沿海区域并没有明确的管理权限,这就大大限制了沿海地方政府对沿海区域的保护和开发。目前,我国只在海洋行业管理方面对中央与沿海地方政府的管理权限作出比较明确的划分。例如,《渔业法》对中央政府和沿海地方政府的海洋渔业管理进行了划分,规定机动渔船底拖网禁渔区区线外侧,属国家管理,由国家渔业行政主管部门监督管理;机动渔船底拖网禁渔区区线内侧海域的渔业,由毗邻海域省、市、自治区的渔业主管部门监督管理。许多国家的法律都对中央政府与沿海地方政府的海洋管理权限做出了全面明确的划分。例如,美国应沿海各州的要求,早在1953年就出台了《外大陆架土地法》《水下土地法》等法律,规定3海里之内的水下土地及其资源属沿海州所有,3海里以外归联邦政府管理,形成了联邦政府与州政府分区域分级管理海洋的制度。

同时,目前大多数国家对海洋的管理都采用了海洋区域管理的模式,中国按照海洋区域管理的模式设置了北海分局、东海分局和南海分局[①],每个分局负责其所辖海域内的海洋管理事务。以北海分局为例,其管辖区域是苏鲁交界的绣针河口以北的中国海域,这当中包含了渤海海域和黄海北部海域,涉及的省市有辽宁、河北、天津、山东,可见北海海域管辖海域宽广。加之海洋的多样性和各个省市经济发展状况的不同,就造成了区域内部各地方政府海洋管理的效果存在差异,过宽的管辖区域削弱了海洋管理的成效。

2. 沿海地方政府的海洋行政组织存在多头领导

我国沿海地方政府大部分实行海洋与渔业模式,即成立海洋与渔业厅(局),主管海洋管理事务与海洋渔业事务,分别接受国家海洋局与农业部渔业局双重管理。这种多头领导的管理模式,使得沿海地方海洋机构职能交叉,难以有效深化海洋管理。如韩国最早的海洋管理机构是1955年设立的海务厅,海务厅是负责

---

① 北海分局负责管辖苏鲁交界的绣针河口以北中国海域,东海分局负责管辖北起江苏连云港南至福建东山诏安头的中国海域,南海分局负责管辖其余的中国海域。(资料来源:国家海洋局网站http://www.soa.gov.cn/)

海军、港口、水产、造船、海洋警察等业务的综合行政管理机构。1961年海务厅解体后,由13个部门构成的涉海行业管理体系延续了近30年;韩国政府为了加强海洋力量,结束由于涉海行业管理部门的分散管理而导致效率低下的管理局面,韩国政府认识到必须对海洋资源进行综合管理,必须建立海洋综合体制化的管理方式。1996年韩国海洋水产部应运而生,水产部根据韩国海洋行政管理的具体情况,形成了新的组织构架。设立海洋水产部长官、次官、安全管理官、国际合作官,设立若干个机关职能部门,同时,海洋水产部还设立了2个研究机构和2个业务指导所,在全国各地方还设立了12个地方海洋厅。韩国自从设立海洋水产部后,将分散的行政管理整合起来,由一个部门统一管理海洋,这样在空间上不会出现管理真空,管理效率会大大提高,值得我国借鉴。

3. 海洋管理职能设置过于笼统

从纵向上看,中国海洋管理机构共分为三级,每一级管理机构都相应地设有政策性职能(如制定海洋发展规划)和事务性职能(如开展海洋环境保护工作)。在实践中,其政策性职能发挥功能的强弱由上到下递减,而事务性职能发挥功能的强弱由上到下递增,各层级并没有根据海洋管理机构的特点进行合理划分,从而造成各级海洋管理机构在开展管理活动过程中所发挥的功能不充分。

从内部上看,中国地方海洋管理机构主要是地方海洋局,根据海洋管理的具体工作内容,各海洋局又内设了一些专业职能的海洋管理处,但在职能分配的过程中,对海洋处的职能只是进行了笼统的分配,缺乏具体细则。职能分配的不明晰导致职能运用流于表面、出现问题之后各部门相互推诿等现象。

4. 地方海洋行政管理机构差异较大

我国沿海省市的地方海洋行政管理机构在名称和级别上存在差异,就全国而言,大部分的地方海洋机构为海洋与渔业厅、海洋与渔业局、海洋局等名称。名称的不同,表明其管理职能的差异,名称为海洋与渔业厅(局)的兼有海洋管理与水产资源管理双重职能,而称为海洋局的则一般没有后一项职能。此外,沿海省份所辖的地方海洋行政机构也是参差不齐。这种中央与地方、地方与地方不对应的海洋行政管理主体,阻碍了海洋综合管理的有效开展。

5. 地方之间海洋管理缺乏协调机制

中国海洋管理实施的是统一监督管理与分部门、分级管理互补的机制,由国家海洋局进行海洋管理相关事务的统一监督管理,各地方海洋管理机构根据地方的实际情况进行分级管理。然而海洋具有流动性,相邻海域的海洋资源管理事务存在着一定的关联性。以渤海海域为例,由于各区域自然状况具有相似性,因而无论是海洋资源开发,还是海洋环境保护等,沿岸各个地方海洋管理机构都具有合作的契机。而实际上,各个地方大多是各自发展自己的海洋管理,即使有合作,也多为经济方面的合作,合作力度和深度不够。在面对海洋管理当中的突发问题时(如海洋污染),各地区本应加大合作,但是由于平时这种合作协调的机制没有长期稳定地建立起来,导致突发问题面前各地方海洋管理机构措手不及。

6. 海洋管理职能的法律界定不明

自新中国成立以来,多部涉海法律法规陆续出台,时至今日,海洋执法领域的基本法律框架已经形成。但是,综合性的海洋立法工作相对滞后,导致各项涉海法律、法规之间存在着较为明显的脱节现象。同时,针对目前在海洋执法管理方面不断出现的新问题,相关的海洋立法工作进展较为缓慢。由于目前分散性的海洋执法体制,我国在海洋立法方面的进程和质量均受行业和部门利益的影响,而地方执法部门在行政执法规范化方面也缺乏统一性,致使海洋执法效率相对较低。从总体上讲,现已出台的涉海法律、法规尚不能完全覆盖海洋执法工作的各个方面,而目前我国在海洋立法方面的工作明显滞后于我国海上治安形势复杂多变的现实情形、海洋维权的需求以及海洋开发事业的快速发展的需求,是影响海洋执法水平得以提升的难题。

中国海洋法律法规从20世纪70年代开始发展,当前中国海洋法律法规主要分为资源类、环境保护类、涉外海洋活动管理类和国家基本行政程序类。例如,海洋资源类法规中的《中华人民共和国海域使用管理法》(以下简称《海域法》),其中《海域法》第三条规定"海域属于国家所有,国务院代表国家行使海域所有权"[1],然而整个《海域法》及其相关法律并未提及海洋管理机构在具体活动中职能的界定问题。缺乏法律的界定,使得各级海洋管理机构在履行职能的过程中无法可依,容易导致职能滥用、职能运用无序化等不良后果。

并且,在我国海洋立法体制中仍存在着一些问题。第一,各项涉海法律法规制定的出发点不尽合理。许多海洋法律、法规的制定和出台往往是海洋管理部门根据自身管理工作的需要,并针对各单项海洋管理和海洋执法工作制定的,属于行业性法律法规,缺乏能规范各涉海行业和部门的日常管理工作且能与国际公约进行必要对接的综合性法律。由于该方面存在的缺陷及在法律、法规适应性方面存在的不足,极易导致现实中的海洋执法管理工作的混乱与不便现象的发生。第二,现行的海洋立法体制缺少对我国海洋执法队伍的执法资格和执法权限进行客观界定的法律条文,此种体制缺失所导致的直接后果即为执法主体的多元化。与此同时,由此引起的行业矛盾、部门纠纷、权属之争等管理混乱现象层出不穷,海洋执法管理工作中产生的冲突和争议不断,直接影响我国海洋执法管理水平的进一步提高。第三,目前的涉海法律及配套法规条文的覆盖范围尚不完善,造成许多现实执法工作无法可依或有法难依。

---

[1] 国家海洋局:中国海洋发展报告(2010)[M].北京:海洋出版社,2010:130.

三、我国海洋行政管理部门的沿革

新中国成立以来,我国政府和行政机关的设置一直处于不断的调整和改革中,正逐步走向成熟与稳定。自 1949 年到 2013 年,我国经历了十余次较大的政府机构改革,海洋行政管理部门和机构的设置自然也是政府机构改革的一项内容,表 3-8 列举了我国海洋行政管理部门沿革的主要情况。[①]

表 3-8 中央海洋行政管理机关和机构的沿革

1949 年 9 月	中国人民政治协商会议第一届全体会议通过《中华人民共和国中央人民政府组织法》,决定组建政务院,为国家政务的最高执行机关,对中央人民政府委员会负责,并报告工作,在中央人民政府委员会休会期间,对中央人民政府的主席负责,并报告工作
1949 年 11 月	政务院各机构正式对外办公,水产工作由政务院的组成机构——农业部负责
1949 年 12 月	水产工作由农业部划归食品工业部渔业组负责
1950 年 12 月	政务院决定撤销食品工业部,成立轻工业部,渔业工作划入轻工业部;随后,又移交回农业部。农业部下设水产处,具体主管水产工作
1953 年 1 月	农业部在原水产处基础上设立水产管理局
1954 年 9 月	第一届全国人大第一次会议通过"五四宪法",决定设立国务院,即中央人民政府,是最高国家权力机关的执行机关,是最高国家行政机关,对全国人民代表大会负责并报告工作,在全国人民代表大会闭会期间,对全国人民代表大会常务委员会负责并报告工作
1955 年 10 月	农业部水产管理总局划归商业部领导
1956 年 5 月	水产部成立,负责水产工作
1958 年 4 月	水产部设置渔政司,标志着"中国渔政"的成立
1958 年 9 月	黄海区渔业生产联合指挥部在青岛成立
1959 年 3 月	东海区渔业生产联合指挥部在上海成立;1966 年 5 月,"文革"开始后停止工作
1970 年 3 月	黄海区渔业生产联合指挥部演化为常设机构,驻烟台,由国务院和中央军委领导

[①] 刘新山. 渔业行政管理学[M]. 北京:海洋出版社,2010:33-35.

续表 3-8

时间	内容
1970年5月	国务院决定成立农林部，同时撤销国务院农林办公室、中共中央农林政治部、农业部、林业部、水产部、农垦部。农林部下设水产组
1973年12月	东海区渔业指挥部恢复，由国务院和中央军委领导
1974年4月	南海区渔业指挥部成立，由国务院和中央军委领导
1978年3月	国务院决定设立国家水产总局，直属国务院，由农林部代管
1979年2月	国家农业委员会成立，撤销农林部，12月25日国家水产总局由国家农委代管
1982年5月	农业部、农垦部、国家水产总局合并组建农牧渔业部，下设水产总局、渔政渔港监督管理局，负责渔业管理
1982年7月	农牧渔业部水产总局改为水产局
1985年2月	农牧渔业部发出《关于调整海区渔业指挥部机构、任务的通知》。根据国务院国发〔1983〕134号文，黄海、东海、南海三个海区渔业指挥部改为农牧渔业部直属单位，加挂海区渔政分局的牌子，代表国家管理各海区的渔政工作。黄海区渔业指挥部更名为黄渤海区渔业指挥部和黄渤海区渔政分局
1988年4月	农牧渔业部更名为农业部，下设水产局、渔政渔港监督管理局（中华人民共和国渔政渔港监督管理局）。各海区渔政分局，也随之更名为农业部各海区渔政局
1988年12月	农业部水产局更名为农业部水产司
1993年	农业部水产司更名为农业部渔业局
1994年12月	南海区渔政局更名为农业部南海区渔政渔港监督管理局
1995年6月	农业部东海区渔政局更名为农业部东海区渔政渔港监督管理局
1996年	农业部黄渤海区渔政局更名为农业部黄渤海区渔政渔港监督管理局
2000年7月	农业部组建中国渔政指挥中心，三个海区的渔政检查大队也随之更名为中国渔政黄渤海总队、中国渔政东海总队、中国渔政南海总队，业务工作接受中国渔政指挥中心指导
2008年7月	根据《农业部主要职责内设机构和人员编制规定》（国办发〔2008〕76号），中华人民共和国渔政渔港监督管理局和三个海区渔政渔港监督管理局，分别更名为中华人民共和国渔政局和海区渔政局

续表 3-8

2013年7月	根据党的十八大提出的"深化行政体制改革"总体思路,十二届全国人大一次会议通过的《国务院机构改革和职能转变方案》,启动了国务院新一轮机构改革。重新组建国家海洋局。国家海洋局以中国海警局名义开展海上维权执法,接受公安部业务指导;设立高层次议事协调机构国家海洋委员会,国家海洋委员会的具体工作由国家海洋局承担

资料来源:

1. 聂俊华:"新中国成立初期政务院的设立与撤销",载《党史博览》,2009(6).
2. 中华人民共和国农业部渔业局:《中国渔业五十年大事记(1949.10-1999.9)》,中国农业出版社,1999.
3. 青岛市水产局:《青岛市水产日志》,青岛出版社,1994.
4. 山东省地方史志编纂委员会:《山东省治·水产志》,山东人民出版社,1991.
5. 河北省地方史志编纂委员会:《河北省治·水产志》,天津人民出版社,1996.
6. 《上海渔业志》编纂委员会:《上海渔业志》,上海社会科学院出版社,1998.
7. 《农业部主要职责内设机构和人员编制规定》(国办发[2008]76号).
8. 易林:"中国渔政继往开来——写在'中国渔政'成立日确定之际",载《中国渔业报》,2009年7月13日第1版.
9. 农业部黄渤海区渔政局:农业部黄渤海区渔政局50年大事记(初稿),2008.
10. 《农业部南海区渔政渔港监督管理局大事记》编辑委员会:《农业部南海区渔政渔港监督管理局大事记》,2004(12).
11. 国家海洋局重组:"五龙治海"时代终结.http://news.xinhuanet.com/politics/2013-07/26/c_116691429_4.htm.人民日报海外版,2013年07月26日.

四、我国海洋行政管理的客体

海洋行政管理的客体是各种人类的海洋实践活动。它是以海洋为劳动对象和以海洋为活动媒介的人的实践活动。政府在这种实践活动中的作用是去引导和支持人们去研究、利用和改造海洋,而不是直接去从事对自然海洋的开发利用活动,也不是海洋研究、海洋开发利用活动的内部管理活动。因此,海洋行政管理的客体可以分为三类:一是组织和个人进行的海上活动。海上活动是指行为发生地点在海洋上的一切人类活动,包括开发和利用海洋资源的经济活动和以海洋为媒介的其他活动,如航海、海港作业、海洋旅游、海洋商业、海上犯罪和走私等。二是相关组织和个人的海岸涉海活动。人类在陆上的一切活动都与海洋存在某种关系,可以理解为涉海的活动,但不可能也没有必要全部纳入海洋行政管理范围。因为海洋行政管理的有效性决定它只能对直接利用海洋资源或对海洋环境有重大影响的行为进行管理,那些间接利用海洋资源或间接影响海洋环境的活动,海洋行政管理部门是管不了的。再者,沿海活动对海洋的影响,许多情况下仅是诸多行为后果的一部分,甚至是比较次要的一部分,由谁来管以及怎样管的职能分工不明确,往往会出现对同一个被管理者争管、漏管的现象。通常列入海洋行政管理范围的海岸活动主要有工业和农业生产造成的海洋水体污染、城市废水和垃圾的排放,出于各种目的的围海造地、河口淤积、港口和其他海岸工程建设、破坏海域岸线资源等。三是海洋行政管理机关及其工作人员的管理活动。管理者如果没有对自身的管理,则无法保证管理队伍的廉洁和管理效率的提高,这是现代政府政治民主化和管理科学化的必然要求。以海洋行政管理机关及其工作人员管理活动为对象的管理活动,其基本内容包括海洋管理体制的建立、海洋行政机构的设置、机关职能的配制、运行机制、决策及管理程序、公务员的录用和考核培训等。

第二节 海洋行政管理的任务与目标

一、为海洋行政管理提供法律保障

在进行海洋行政事务的管理过程中,只有不断完善各项海洋管理相关法律法规,才能够为地方政府加强能力建设提供有效的法律保障。在一个健全、完备的海洋法律法规的规范和指引下,各沿海地方政府才能在遇到各项海洋行政管理的问题时做到有法可依,提升自身处理各项海洋事务的能力。

(一)尽快制定一部海洋管理的基本法

虽然早在1958年我国就发布了《关于领海的声明》,并且五十多年来先后出台了涉及海洋的法律法规多达八十多部,但这些法律法规都是规范各行业涉海行为的专项法律法规,缺乏能够在纵向上统筹管理海洋事务基本法,因此现行海洋法律法规体系难以完全覆盖《联合国海洋法公约》赋予我国的权利和义务。伴随着改革开放以来,我国的各项海洋立法工作取得了举世瞩目的成就,大量涉海法律、涉海行政法规、涉海部门规章、国务院的相关涉海法规性文件以及地方性海洋法律法规的相继出台,填补了我国海洋法律各方面的空白,使得我国的海洋开发和管理工作走向了法制化、程序化和正规化。然而,现有的涉海法律法规大都是伴随着我国海洋行业管理的发展而制定的,很少有关于海洋行政管理的相关法律法规。即使存在那么几部,也是以地方性法规和规章为主,主要包括针对海域使用的江苏、上海、山东等地的海域使用管理条例和针对海洋环保的辽宁、山东、江苏等地的海洋环境保护条例,没有一部权威的区域海洋管理基本法对地方政府的各项海洋管理行为进行系统的指导和约束。随着我国区域海洋管理的兴起和迅速发展,许多在管理过程中的问题和矛盾日益凸显,仅靠学者们在学理和理论层面的分析和阐释是不够的,亟需一部权威法律的出台。这部基本法必须以特定的程序和法律条文确切地规定我国海洋管理的总体目标、整体规划和管理原则,以及区域海洋管理中所涉及各地方政府的各种权利、义务和法律责任。法律的制定过程中可以借鉴美国、韩国等沿海国家的《海岸带管理法》、加拿大《海洋法》《加拿大海洋战略》《英国海洋法》等相关内容,学习发达国家在区域海洋管理中的先进经验,使这部区域海洋管理基本法成为促进我国区域海洋管理有序、健康发展的指导性法律条文,从而为各地方政府加强区域海洋管理中的各项能力提供有力的法律保障。

(二) 完善各项区域性海洋法律法规

在我国当前区域海洋管理过程中,每个海洋区域都有各自的特点,各个不同的海洋生态区域构成的海洋生态系统为人类的各项海洋生产活动提供了前提和基础。随着国家对海洋开发程度的日益提高和对海洋的依赖程度逐渐加深,区域海洋管理的有效实施仅靠一部区域海洋管理基本法是不够的。各地方政府在本区域实施区域海洋管理的过程中必然会遇到许多针对各地方海洋区域的问题,这就需要完善各项区域性的海洋法律法规。而且由于在区域海洋管理中地方政府处于主导地位,加强对海洋管理的能力建设更需要有效地区域性海洋法律法规作保障。在现阶段,我国针对区域性海洋管理的相关法律法规还比较少,必须加快区域性海洋法律法规的制定步伐。例如,青岛市1995年就制定了《青岛市海岸带规划管理规定》,对胶州湾及青岛市其他近岸海域和毗连的相关陆域、岛屿进行系统的生态保护和可持续利用从法律层面加以规定。2003年厦门市针对厦门海域的海洋管理问题出台了《厦门市海域使用权拍卖租赁转让规定》《厦门市海域征用拆迁补偿管理办法》等区域性海洋法律法规,对地方政府在加强区域海洋管理能力从法律层面提供了支撑。2016年国家海洋局印发《区域建设用海规划管理办法(试行)》,进一步加强区域建设用海规划编制实施管理,要求各地要将依法用海、生态用海理念贯穿于规划编制和实施的全过程,着力打造海洋生态文明建设的典范。

(三) 加快制定《海洋基本法》

从国外海洋管理体制的先进经验来看,各主要海洋强国都非常重视海洋法制建设,并且大都以《联合国海洋法公约》的内容为依据创设了本国综合性的海洋法律法规,如:加拿大1997年实施了《海洋法》;韩国于1990年颁布了《海洋开发基本法》,2000年又颁布了《海洋水产发展基本法》;美国2000年颁布了《2000年海洋法案》。另外,这些国家相应的配套法律法规也比较完善,海洋法律法规体系完善。相比而言,我国的海洋立法工作比较滞后,海洋法律法规不完善。因此,我们应当借鉴国外先进经验,加强我国海洋法律法规建设,抓紧制定一部能够约束各行业各部门的综合性海洋基本法;同时,完善相应的配套法规,以早日形成完善的海洋法律法规体系。

同时,制定海洋基本法是全面、深入履行《联合国海洋法公约》及其他国际法权利义务的重要措施。我国是《联合国海洋法公约》等一系列有关海洋的国际公约的缔约国。这些公约赋予我国诸多国际法权利和义务,但需转化为国内法,通过国内机制执行,否则就难以履行国际法赋予的相关权利和义务。比如,《联合国海洋法公约》之后通过的一系列国际文件中规定的以生态系统方式管理与海洋有关的人类活动的原则和制度,关于国家管辖以外海域的资源环境保护和利用以及对有关事项的管辖权等。在我国现有的海洋立法远未健全的情况下,以海洋基本法的形式将国际公约的相关法律原则和制度在我国国内立法中确立下来,弥补空白或缺陷,以后再逐步发展和完善,这是很有必要的。

2013年4月11日,国家海洋局发布的《国家海洋事业发展"十二五"规划》第十六章第一节强调:支持沿海地区出台地方性海洋法规与政府规章,健全上下协调的法律法规体系。对于我国海洋法律制度的发展方向,国家海洋局发布的首部《中国海洋发展报告2013》(2013年5月8日发布)指出,应推动"海洋基本法"的出台。"海洋基本法"是为国家整个海洋活动和其他海洋立法提供基本准则的法律,可有机协调海洋法律体系,为维护海洋权益、促进海洋经济发展提供强有力支撑。在国家立法的引导下,地方海洋立法也应为促进国家海洋法律制度的完善发挥重要作用。《海洋基本法》也于2015年列入国务院立法工作计划研究项目。2015年6月23日发布的《中国海洋发展报告(2015)》提出,依法建立海洋生态损害赔偿制度、责任终身追究制度和依法追究刑事责任制度,以刚性的制度约束人的行为,实现对海洋生态文明建设的制度保障。可见,自国务院重组国家海洋局后,海洋监管执法任务强化,《海洋基本法》呼之欲出。[①]

二、维护海洋权益

海洋权益是海洋权利和海洋利益的总称,一般表现为国家在开发、利用和管理海洋及其自然资源过程中所拥有的权利和获得的利益。根据权威的《联合国海洋法公约》有关规定,我们认为海洋权益的本质内涵包括:沿海国的海洋利用和需求、各国之间关系、海域划界的实践活动等。海洋权益的主体是海洋利益的承担者、实践者、归属者或者拥有者,它包括国家、区域国际组织、国际社会,但主要指的是主权国家。海洋权益的客体是海洋权益主体需要指向的对象,包括内水、领海、毗连区、大陆架、专属经济区和公海等海域。我国的"海洋国土"由渤海、黄海、东海和南海组成,除渤海属于内水不存在争议外,其他3个海区都需要按《联合国

---

① 从国家海洋局独家获悉,由国家海洋局牵头起草的《海洋基本法》目前正在制定当中,起草阶段将汇集海洋领域专家进行评审。(2015年9月)

海洋法公约》与邻国合理划分。黄海的主要问题是中朝、中韩专属经济区划界问题；东海的主要问题有钓鱼岛主权、中日大陆架划界问题，中日、中韩专属经济区划界问题；南海的主要问题包括岛礁主权争端和海域划界以及历史性捕鱼权等问题。

历史发展经验表明，海权是决定国家前途命运和发展的重要因素；对我国而言，海洋权益联系着我国的领土主权、资源开发、经济腾飞、科学研究等重要领域，是解决我国经济、能源、人口、环境等问题的关键，是我国不断发展的不竭动力，更是我国实现伟大复兴的重要基础。因此，要从战略高度认识和规划海洋权益，进一步维护和发展中国特色海权，推动建设和谐、合作、共赢的世界海洋权益新格局。[①]

可见，维护海洋权益有两个方面的含义。一方面是代表国家行使领海主权，防止来自境外的侵犯、侵占、损害和境内外人员对主权海域的非法利用；推动国际海洋事业的发展以及国际海洋法的制定与完善，支持本国有关部门对国际公海的科学考察与开发利用。另一方面，海洋行政管理机关行使政府权威，公正处理在海洋资源开发利用中的各种矛盾冲突，维护各海洋活动主体的正当权益。

三、协调各种海洋活动主体的利益关系

对海洋资源开发利用的主体，是以政府为主导的同时包括非政府组织、企业、公民和社会团体参与的多元化主体，途径是运用各种手段协调各管理主体之间的关系，共同开发和利用海洋资源，最终目标是实现海洋资源的开发利用维护和海洋经济的可持续发展。对海洋资源的利用是互相影响和互相联系的，但海洋资源的开发利用总是一个一个的利益主体的具体行为，不同利益主体因共同的海洋对象而发生矛盾冲突。比如围海造地或修筑码头港口等，就会影响捕捞养殖以及晒盐等传统形式的海洋经济，甚至剥夺一些人世世代代"靠海吃饭"的权利。解决不同利益主体间的纷争，自然的方式是靠冲突各方实际力量的角逐；自由主义的方式是通过博弈来达到关系各方利益平衡的某种制度安排；理性的方式是通过凌驾于冲突各方利益之上的公共权威——主要指国家机关——用法律或行政的手段来解决。姑且不论哪一种方式在理论上更有说服力，从海洋实践活动的特殊性来看，在强调海洋资源归国家所有，强调"依法治海，科学管海"的今天，国家海洋行政部门行使解决海洋利益冲突的权威，是义不容辞的。[②]

海洋资源的利用是可以交叉进行的。一片海域，可以作为航道或者旅游资源来开发，也可以作为海上养殖或渔业基地来建设，还可能是因为海洋环境、生态资

---

① 刘洋.蓝色疆土之维和与维权[J].人民法治，2015(1).
② 郑敬高，等.海洋行政管理[M].青岛：中国海洋大学出版社，2002.

源、历史文化遗迹等需要特别加以保护的区域。对海洋资源的开发利用需要维持海洋资源的再生和生态与环境的平衡，这已是当今世界的共识。但追求直接利益的海洋活动具体行为主体，对诸如此类的问题大多不会考虑或不愿考虑。这就形成了海洋行政管理机关的任务，即站在公共利益的立场，运用公共权威去合理确定海域的功能区划，控制海洋产业的布局和规模，制定涉海活动的行为规范和准则，防止污染海洋环境和对资源的破坏性开发。以辽宁省海洋管理机构设置为例，辽宁省海洋与渔业厅是管理海洋与渔业事务的省政府组成部门，设置主要业务处室有生态环境保护处（预报减灾处）、渔政处、渔业处、科技教育处（外事外经处）等，渔业处有提出渔业产业化经营、渔民专业合作组织发展的政策措施，指导全省水产养殖业、捕捞业和加工业发展等方面的职责，更注重的是渔业经济效益，而生态环境管理处则肩负组织渔业水域环境监督管理、质量评价和污染事故调查处理等方面的使命，出于对本部门利益的维护，两者必然产生难以调和的矛盾。因此，海洋行政管理的任务之一在于有效协调各种海洋活动主体的利益关系，促进海洋综合管理工作的顺利开展。

四、保护海洋环境

我国是一个海洋大国，涉海行政管理部门较多，海洋环境保护的任务很重。因此，根据海洋环境保护法的规定，我国的海洋环境保护工作是一个由相关涉海行政管理部门各司其职、分工协作、紧密配合的监督管理体制。具体包括：

第一，国务院环境保护行政主管部门作为对全国环境保护工作统一监督管理的部门，对全国海洋环境保护工作实施指导、协调和监督，并负责全国防治陆源污染物和海岸工程建设项目对海洋污染损害的环境保护工作。国务院环境保护行政主管部门有权对其他有关部门的海洋环境保护工作予以指导，对各部门在海洋环境保护工作中的合作和统一行动需要协调时予以协调，对其他有关部门的海洋环境保护工作进行监督。

第二，国家海洋行政主管部门作为海洋的专业管理部门，负责具体的海洋环境监督管理工作，包括组织海洋环境调查、监测、评价和科学研究，海上巡航监视及对海洋环境污染事故的调查处理，防治海洋工程建设项目和海洋倾倒废弃物对海洋环境的污染损害等。海洋行政主管部门具有管理海洋环境的专业技术优势和一定的海上执法力量，赋予其海洋环境监督管理权，有利于维护国家海洋整体利益，有利于海洋科学技术研究成果向海洋环境管理转化，为海洋环境保护提供科学手段和有效保证。

第三，国家海事行政主管部门在海洋环境保护方面的职责：一是负责其管辖的港区水域内除军事船舶以外，所有其他船舶污染海洋环境的监督管理及其对污染事故的处理；二是负责其管辖的港区水域外非渔业、非军事船舶污染海洋环境的监督管理及其对污染事故的调查处理;三是对在我国管辖海域内航行、停泊和作业造成污染事故的外国籍船舶登轮检查,并对污染事故调查处理。还需要说明的是,对船舶造成的渔业污染事故,海事行政主管部门在调查处理时要吸收渔业行政主管部门参与。

第四,国家渔业行政主管部门在海洋环境保护方面的职责:一是负责渔港水域内非军事船舶和渔港水域外渔业船舶污染海洋环境的监督管理。渔业船舶是指从事渔业生产的船舶以及属于水产系统专门为渔业生产、科研、管理服务的船舶。二是负责保护渔业水域生态环境工作。渔业水域是指鱼虾类的产卵场、索饵场、越冬场、洄游通道和鱼虾贝藻类的养殖场。三是调查处理渔业污染事故。渔业污染事故是指由于单位或者个人将某种物质和能量引入海域,损坏渔业水域使用功能,影响渔业水域内的鱼虾贝藻类等海洋生物繁殖、生长或者造成该生物大量死亡以及造成该生物有毒、有害物质积累、质量下降等,对渔业资源和渔业生产造成损害的事件。

第五,军队环境保护部门负责军事船舶污染海洋环境的监督管理,并负责对军事船舶造成的海洋环境污染事故进行调查处理。军事船舶大多用于军事目的,涉及军事秘密,由军队负责管理。对于军事船舶污染海洋环境的监督管理和其造成的污染事故的调查处理,只能由军队环境保护部门负责,这样规定也有利于军队承担起保护海洋环境的责任。

第六,沿海县级以上地方人民政府海洋环境监督管理部门的设立及其海洋环境监督管理的职责,由沿海省、自治区、直辖市人民政府确定,但必须依据海洋环境保护法和国务院的有关规定,或者不与海洋环境保护法或国务院的有关规定相抵触。

五、提供海洋公共服务和海洋公益服务

(一)海洋公共服务

"海洋公共服务"作为一种新的海洋管理理念,其提法开始在规划和报告中出现。国务院颁布的《国家海洋事业发展规划纲要》(2008年)指出"实现海洋管理体制、机制创新,拓宽海洋公共服务领域",《全国科技兴海规划纲要(2008—2015年)》的奋斗目标中提出"海洋公共服务能力显著提高",《2016中国海洋发展指数报告》指出,公共服务子指数为109.8,海洋公共服务为海洋发展提供有力保障。[①]真正意义上的"海洋公共服务"出现在2009年,崔旺来教授在其著作《政府海洋管

[①] 中国海洋发展指数是对一定时期中国海洋发展水平的量化评价,以2010年为基期,基期指数设定为100,旨在全面客观反映中国海洋事业发展水平。中国海洋发展指数指标体系包括经济发展、社会民生、环境生态、科技创新、综合管理、公共服务和国际事务与合作7个子指数,涵盖38个评价指标。

理研究》一书中首次从公共行政的角度对"海洋公共服务"的内涵作了初步的阐述。① 海洋公共服务业的一般性概念可概括为"为沿海居民所共同享用,满足海洋发展、海洋生产和公众海洋权利需要的具有非排他性和非竞争性的有形产品或无形服务"。随着海洋经济的快速发展,以海洋相关产业为依托发展起来的海洋公共服务业也空前繁荣,成为海洋服务产业的一个组成部分。

由于公众海洋利益需求多种多样,必然要求公共组织提供的海洋公共服务内容也相应丰富多彩。海洋公共服务的内容根据性质可分为有形产品(如海洋公共基础设施、海洋科技产品等)和无形产品(如海洋法规制度、海洋公共政策)两大类;根据不同公共产品的非竞争性和非排他性程度可分为纯海洋公共产品和准海洋公共产品。纯海洋公共产品具有完全的非竞争性和非排他性,主要包括:一是海洋公共政策类,如海洋法规、海洋政策、海洋行政管理体制等;二是海洋公共安全类,如海防、海洋权益、国际海洋事务等;三是海洋基础服务类,如海洋科学技术研究、海洋基础设施、海洋教育等。准海洋公共产品具有不完全的非竞争性和非排他性,主要包括:一是在性质上近乎纯公共服务的准公共产品,如海洋环境、海洋产业相关的公共设施、海岛公共卫生、海岛社会保障等;二是中间性准公共服务,如国民海洋教育、海洋信息服务、海洋生态修复、海上交通安全、海洋电力设施等;三是性质上近乎私人产品的准公共产品,如海上通信、有线电视、海水淡化等。② 以上这些公共服务的内容既有纯公共产品,也有私人公共产品,还有部分准公共产品,实践中那些具有准公共物品性质的混合公共产品更符合人们的现实需求。因此,海洋公共服务的供给主体必须充分认识到我国海洋公共服务内容的多形式化,采取多样化的手段保障海洋公共服务的供给,加快海洋公共服务的供给侧结构性改革进程。

(二) 海洋公益服务

"公益服务是指不以营利为目的,为全体人民提供有偿服务的行为",因此,公益服务具有准公共产品的特性。而公共服务是建立在一定社会共识基础上的,为实现特定公共利益,全体公民不论差异,都应公平、普遍享受的服务,既包括纯公共服务也包含准公共服务。《国家海洋事业发展规划纲要》也对海洋公益服务作了专门分类,海洋公益服务包含海洋调查与测绘、海洋观监测、海洋信息化、海洋预报、海上交通安全保证、海洋防灾减灾、海洋标准计量。《纲要》还明确了政府海洋事业发展方向,包含海洋资源可持续利用、海洋生态环境保护、海洋经济统筹协调、海洋公益服务、海洋执法与权益维护、国际海洋事务和海洋科技与教育,这些政府行为理应成为政府的公共服务。同时,作为政府的公共责任,也应包括《纲

---

① 崔旺来.政府海洋管理研究[M].北京:海洋出版社,2009.
② 崔旺来.政府海洋管理研究[M].北京:海洋出版社,2009:215.

要》未指出而现实存在的一般公共服务,如海岛社会保障、海洋公共卫生等。显而易见,海洋公益服务是海洋公共服务的一个方面。① 本书认为,海洋公益服务主要包括:其一,协调。协调好从事海洋开发的各部门、各地方、各利益主体的利益关系;其二,咨询。现阶段海洋开发活动是知识密集型的,政府应组织海洋科学研究;从事海洋资料的收集,应向开发者提供咨询服务,帮助他们解决开发活动中的技术活管理问题;其三,建设。海洋基础设施建设,海洋基础设施建设的重点是海洋防灾减灾系统,这是减轻海洋产业受灾害影响程度,促进海洋产业可持续发展的有力保障。

第三节　海洋行政管理的基本原则

完善我国海洋行政管理体制,应当立足国情,建立维护国家海洋权益、海洋防灾减灾、海洋资源开发与保护、海洋环境保护与治理的统一管理与分行业分部门管理相结合的管理体制。具体而言,海洋行政管理应遵循以下基本原则。

一、理论联系实际原则

相对于海洋管理而言,海洋行政管理的对象不包括自然海洋和海洋实践活动中带有经营性质的私人管理,其管理对象主要是人们涉海实践活动中所引致的国家海洋公共事务以及海洋行政机构内部事务。海洋行政管理的任务与目标在于对海洋领域的公共事务有科学的总体认识和管理,这一科学的总体认识不仅包括感性认识,即对海洋行政管理主体、海洋行政管理组织、海洋行政管理手段、海洋行政管理对象等直观的把握;也包括深层次的理性认识,即海洋行政管理的理论基础。相对于传统的行政管理而言,海洋行政管理既有传统公共管理的特点也有其海洋特色,因此海洋行政管理要遵循理论联系实际原则,具体表现在两个方面:首先海洋行政管理从学科角度构建体系而言,本身就属于理论研究的范畴,理论研究应坚持的首要原则就是理论联系实际。将海洋行政管理定位于一门学科的出发点是通过构建一整套的海洋行政管理理论来更好地指导海洋行政管理实践,单纯就学科论学科是没有任何意义的,即从实践中来到实践中去,从实践的第一手经验修正和完善海洋行政管理理论,是我们从事理论研究的出发点和归宿。在海洋行政管理的体系构建上,应遵循理论密切联系实际这一原则。与此同时,也要注重对理论的实际应用,理论实际应用的基础在于理论必须是正确的。

---

① 叶芳."海洋公共服务"概念厘定[J].浙江海洋学院学报(人文科学版),2012(12).

二、海洋特色原则

海洋行政管理本身就是行政管理的一个重要组成部分,但这并不意味着海洋行政管理学科体系的构建过程中必须严格套用传统行政管理体系构建的原则。由于海洋领域的特殊性,要求我们在进行海洋行政管理的过程中必须要突出海洋特色。第一,海洋行政管理的出发点和归宿是维护国家海洋权益,推动国家海洋事业的发展,建设海洋强国,具体涉及维护国家海洋权益、海洋防灾减灾、海洋资源开发与保护、海洋环境保护与治理等职能。因此,以此为目标,在构建海洋行政管理体系的过程中,要研究行政管理系统中海洋行政管理的海洋特色性,把握通过构建海洋行政管理理论体系推动我国海洋事业发展这一理论目标。第二,海洋行政管理学突出海洋特色性还表现在,海洋行政管理涉及的具体研究领域的特殊性。海洋有其自身的特殊性。一是多层次、复合性、多功能性等特征决定了开发利用的多行业性。同一海域,海底是油气田,水体是渔场,水面是船舶航道,具有多种价值、多种功能。多行业的立体化开发以及对同一海区某种资源的竞相开发,如果缺少强有力的制约监督和协调力量,必将导致无序开发状态,破坏海洋环境。二是流动性、关联性等特征决定了开发和利用的连带效应。流动的海水可把不同的海域联结起来,某一海域的开发利用必然影响到邻近海域甚至更大范围内的海洋生态环境,一处污染将对本处和其他地区海域海洋环境质量、资源生存条件产生直接或间接的影响,并有可能危及海岸带资源。而企业或个人则往往从自身利益、眼前利益出发,不会或根本不考虑全局和长远利益,一味进行破坏性开发,造成了严重的环境污染和资源浪费。尽管海洋有巨大的稀释、扩散、氧化、还原、生物降解能力,可容纳一定的污染物,但其净化能力也有一定限度。无节制地向海洋倾倒废水废物不仅会造成海洋环境的污染和损害,而且会导致其环境系统产生不可逆转的变化,使治理和恢复变得十分困难。因此,政府必须介入海洋开发管理,通过制定相关的政策法规,规范海洋开发行为,强化行政执法和行政管制,强行限制开发主体的排污行为,将污染控制在许可的范围之内,实现海洋环境的可持续利用。[①]

三、法治化原则

海洋行政管理的客体是以海洋为劳动对象和以海洋为活动媒介的人的实践活动。政府在这种实践活动中的作用是引导和支持人们去研究、利用和改造海洋,而不是直接去从事对自然海洋的开发利用活动,也不是海洋研究、海洋开发利

[①] 耿相魁.实施海洋行政管理战略的几点思考[J].浙江海洋学院学报(人文科学版),2008年3月,第25卷第1期.

用活动的内部管理活动。海洋行政管理最主要的特征之一就是法制化原则。海洋行政管理级机关在管理过程中要做到依法行政必须遵循一些基本原则和一些特殊原则。一般原则主要有海洋行政法治原则、海洋行政公正原则、海洋行政公开原则、海洋行政效率原则;特殊原则主要有合法性原则、合理性原则和应急性原则。

海洋行政管理法治原则:法治(Rule of Law)的基本涵义是依法办事。法治要求政府在法律范围内活动,依法办事;法治要求政府在法律范围内活动,依法办事;政府和政府工作人员如果违反法律,超越法律,应承担法律责任。法治的实质是人民高于政府,政府服从人民。因为法治的"法"反映和体现的是人民的意志和利益。在这里法治不等于"用法来治"(Rule by Law)。"用法来治"是把法单纯作为工具和手段。其实质是政府高于人民,人民服从政府,因为政府以治者自居,人民被视为消极的被治者。法治的主要要求包括:行政合法、适当,即依法行政,依法办事;控制滥用自由裁量权。

海洋行政管理公正原则:海洋行政公正(Fairness)的基本精神是要求行政主体及其工作人员办事公道,不徇私情,平等对待不同身份、民族、性别和不同宗教信仰的行政相对人。而实现这种要求的重要保障是公正的行政程序。

海洋行政管理公开原则:海洋行政公开(Openness)的基本涵义,是政府行为除依法应保密的以外,应一律公开进行;海洋行政法规、规章、行政政策以及行政机关作出影响行政相对人权利、义务的行为的标准、条件、程序应依法公布,让相对人依法查阅、复制;有关行政会议、会议决议、决定以及行政机关及其工作人员的活动情况,除依法应保密的以外,应允许新闻媒介依法采访、报道和评论。海洋行政公开的要求,包括行政立法和行政政策公开;行政执法行为公开,行政裁决和行政复议行为公开;行政信息、情报公开。

海洋行政管理效率原则:海洋行政管理效率(Efficiency)的涵义,是行政机关在行使其职能时,要力争以尽可能快的时间,尽可能少的人员,尽可能低的经济耗费,办尽可能多的事,取得尽可能大的社会、经济效益。现代海洋行政管理不仅要求与法治相联系,依法行政,而且要求尊重科学、按科学办事。海洋行政机关进行任何行政决策,实施任何行政行为,都必须考虑客观规律,做必要的可行性研究和一定的成本—效益分析,使相应决策和行为具有最大可能的合理性,尽可能给国家、社会、行政相对人带来益处和尽可能避免或减少对国家、社会、行政相对人利益的损害。海洋行政效率原则的要求,包括严格遵循行政程序和时限;海洋行政组织精干;加强行政决策、行政行为的成本—效益分析。

四、生态性原则

海洋行政管理的生态性原则,是指政府按照统筹人与海洋全面、协调、可持续发展的要求,遵循海洋生态规律与经济社会规律,依法行使对海洋生态环境的管理权力,全面确立行政主体加强海洋生态建设、维持海洋生态平衡、保护海洋生态安全的职能,并实施海洋综合管理的行政行为。海洋行政管理学的生态性原则体现在两个方面:一方面,海洋行政管理的主体和客体自身不仅是由具有特定功能的生态系统,而且主客体的交互作用也形成特定的生态系统。这些生态系统中的各要素既相互独立又相互作用,可以起到"1＋1＞2"的功效,也可以产生"1＋1＜2"的效果。同时,海洋自身是一个流动的、不稳定的、边界模糊的生态体系,单纯依靠某一特定职能部门、特定执法力量、特定管理手段等难以管理好这个生态系统。正是在这样的背景下,海洋行政管理的生态性原则重要性日益突出。另一方面,把握海洋行政管理学的生态性还应该立足中国特定的政治生态环境进行构建。中国的传统文化、政治体制、市场发育程度、公民社会发育程度、政府能力和职能、行政管理体制等因素与西方有着较大的差异性,因此需要立足于我国行政管理的客观生态环境,与我国行政管理体制改革相衔接起来,探索符合我国发展阶段和发展特色的"海洋行政管理学"。

五、系统性原则

构建海洋行政管理体系要遵循系统性原则是指海洋行政管理理论体系的各个组成部分要相互联系、符合逻辑性,构成一个不可分割的有机体。系统性的原则要求是具有逻辑性,即海洋行政管理体系应有内在的一致性,按照一定的逻辑结构形成一个有序的体系。应该按照这一个逻辑结构来分析,即:海洋行政管理既然是一种涉及具体区域——海洋的管理,其定义是什么?管理的主体是谁?管理的对象是什么?在什么样的环境下进行管理?管理中应遵循的基本理念是什么?这就涉及海洋行政管理的定义、主客体、管理环境以及所遵循的基本理论。以上问题可以概括为海洋行政管理的基本理论,这是我们进行研究的起点。概言之,海洋行政管理体系的构建要解决管理主体及机制问题,管理对象及工具问题,管理环境及管理效益评价问题。

六、服务性原则

"服务精神"是行政管理的本质和灵魂。"服务"之所以成为行政管理的灵魂,根本在于服务本身与政府管理密不可分,二者血脉相连:"管理就是服务""服务是政府职能的必然选择"。政府是公民间契约的产物,在本质上是一种为公民和社会共同利益服务的组织;服务是政府的首要职能。海洋行政管理视阈下,政府服务的对象是公民、国家与社会。一要为公民服务。政府一定要为公民服务,反映公民的意愿,为公民利益尽心工作,完全是应有之义,应有之举。二要为国家和民众提供公共服务。三要为社会服务。现代民主社会,国家要为社会服务,政府则代表国家执行这种海洋行政服务职能；并且在行使服务职能时，还应注意遵循维护国家海洋权益的原则。围绕海洋所开展的一切活动，都必须以维护国家海洋权益不受侵犯为准则。保卫国家安全、维护国家的海洋权益，是海洋行政管理的神圣职责。因此，涉海的有关单位和部门都应自觉地将本单位、本部门的局部利益服从于维护国家海洋权益这一总体利益。

七、经济效益、社会效益与生态效益相统一的原则

该原则体现在对海洋资源的开发和利用上。首先，海洋资源与其存在的空间是一个统一体，为使海洋综合价值能得到充分、有效的应用，必须对海洋进行综合开发利用，对各种海洋开发活动进行统筹规划、综合平衡。其次，在对海洋资源的综合开发利用过程中要兼顾各方利益，对各种相关的开发利用活动进行统一协调和管理，使海域资源的应用价值与合理开发利用达到有机统一。当然，海洋资源的开发利用首先是为了获取经济利益，但各相关单位、部门在海洋开发中如果只以获取最大经济利益为目标和出发点，而对社会影响和环境保护不重视，就会使海洋开发活动产生极大的负效应。因此，在海洋综合管理工作中，必须坚持开发与保护相结合，经济效益、社会效益与生态效益相统一的原则。海洋资源的开发利用在追求经济效益的同时，要以不破坏海洋的生态平衡、不破坏人类社会生存和发展的空间环境为前提，将海洋开发利用活动控制在科学合理的范围内。

本章思考题

1. 海洋行政管理的主体有哪些？海洋行政管理的客体有哪些？
2. 海洋行政管理的任务与目标是什么？
3. 海洋行政管理应遵循哪些基本原则？

案例分析 3

"海洋国情咨文"——中国海洋发展报告

材料 1：

2013 年 5 月 8 日，被称为"海洋国情咨文"的《中国海洋发展报告（2013）》发布。报告指出，2012 年我国维护海洋权益斗争取得重大胜利，以"蛟龙"号载人潜水器、海洋卫星等为代表的海洋高新技术发展有了重大突破，以海洋新兴产业为代表的海洋经济显示出强大的后劲。报告称，2013 年中国海洋事业将要迎接更

为严峻的挑战,海洋权益斗争日益艰巨,海洋空间争夺日趋激烈,改善海洋环境任务愈加紧迫。

黄岩岛维权斗争掌握主动权

海洋维权是去年海洋最大热点之一。报告指出,去年,钓鱼岛巡航执法取得了阶段性胜利,黄岩岛维权斗争掌握主动权,有力反制了越南公布海洋法的侵权行为,编制和提交了我国东海部分海域200海里以外大陆架划界方案。

作为海上维权力量的各海上执法队伍忠实履行了自己的职责,在中国管辖海域内开展维权巡航执法。在黄岩岛和钓鱼岛专项维权巡航执法行动过程中,中国海监与渔政紧密配合,通过灵活机动的海上战术,取得了维权执法的阶段性胜利。

多省市出台地方海洋环保规定

与前五版报告相比,此次报告首次关注到了地方海洋立法问题。报告执行主编、国家海洋局海洋发展战略研究所副所长贾宇认为,这是由于近年来近岸海域水质污染严重,海洋环境和海洋生态系统遭受破坏,引起了沿海地方立法机构的重视。

目前,海南、天津、大连、宁波等省市共出台了7部海洋环保方面的规定。整体来看,这些新的规定设立的海洋环境保护制度更加严格,保护措施更加有效。

深海"蓝色圈地"竞争激烈

报告指出,海洋新兴产业是近10年来海洋经济中增长速度最快的产业,整体年均增长速度超过28%。2012年中国海洋生产总值达到50 087亿元,增长7.9%。海洋生产总值占国内生产总值的9.6%。目前沿海11个省、市、区都有了自己的海洋发展规划。

报告预测,未来5年将是中国海洋经济发展的关键时期和重要战略机遇期。到2020年,海洋生产总值占GDP比重可望超过12%,到2030年这一比重将超过15%。海洋高技术产业基地和科技兴海基地将成为海洋经济发展的重要模式。

报告认为,中国的海洋科考与资源调查正向深度与广度拓展,深海是极其重要的领域,必须大力发展深海技术。当前,以多金属硫化物和富钴结壳资源申请为主的新一轮"蓝色圈地"已呈激烈竞争之势。

中国大洋协会在太平洋和西南印度洋国际海底区域分别获得了7.5万平方千米的多金属结核勘探合同区和1万平方千米的多金属硫化物勘探合同区。此外,我国建立了海洋微生物菌种资源库,构建了第一个深海沉积物大片段宏基因组文库。

材料2:

2014年4月29日《中国海洋发展报告(2014)》(以下简称《报告》)在北京发

布。来自国家海洋局、中国社科院等编撰单位以及外交部、海军等部门的代表应邀出席了《报告》的首发仪式。

据了解,《中国海洋发展报告(2014)》是2013年国家海洋局重组后的首部海洋发展报告。与以往的海洋发展报告相比,2014年的《报告》首次以建设海洋强国为主线,首次专门强调海洋综合管理,前所未有地对中国海洋事业发展的方方面面都进行了系统而翔实的描述,充分体现了终结"九龙治海"之后中国海洋事业统筹程度的空前加强。

据《中国海洋发展报告(2014)》主编、国家海洋局海洋发展战略研究所所长高之国介绍,由国家海洋局牵头起草的海洋基本法正在制定中,国家对海洋从分散管理到综合统筹管理的整合工作在加速,这一切都在标明中国建设海洋强国的口号正在一步步地扎实迈进。

"现在国家各部门在建设海洋强国上已经形成了广泛的共识,这使得原有的各种分散管理带来的阻碍瞬间荡然无存。"高之国表示,"从经济角度看,近两年的中国海洋经济增长开始放缓,由高速增长阶段向中高速阶段转换;但从海洋综合管理的角度看,目前的中国海洋事业正处在历史上最好的发展时期。"

据《中国海洋发展报告(2014)》指出,在国家海洋委员会设立的基础上,海洋综合管理得到了实质性加强,海洋经济结构合理,海洋资源的可持续开发深入人心,海洋生态环境恢复已经出现可喜的进展。

另一方面,中国海洋事业同样存在明显的问题。主要表现在:在海洋安全方面,我国在维护海洋权益方面的斗争形势仍然尖锐复杂;而在经济和开发上,我国海洋开发利用能力不足,对海洋资源过度依赖,单位产出的资源投入量远高于发达国家,给海洋环境带来巨大压力的粗放式发展尚未得到根本改变。

据国家海洋局海洋发展战略研究所副所长贾宇表示,近年来日益高发的海洋灾害作为非传统的海洋安全问题已经成为制约中国沿海发展的重要因素。近期MH370空难和韩国沉船事件的发生,更引起了我国对海洋灾害问题的思考。随着我国沿海区域经济发展战略的实施,核电、石油储备、化工等产业加快沿海布局,人口进一步向沿海聚拢,我国的海洋灾害风险进一步加强,迫切要求我国提升海洋灾害的应对能力,建立健全海洋防灾减灾法律体系。

今年的《报告》从中国海洋发展的宏观环境、加强海洋综合管理、发展海洋经济、提高海洋资源开发能力、保护海洋生态资源、维护国家海洋权益和建设海洋强国七个部分展开论述,并对社会关注的海洋热点和难点问题进行了评述,是2013年中国海洋事业发展最为权威的总结。

值得关注的是,今年的《报告》首次增加了对海洋强国的理论思考,提出要探索和构建中国特色海洋强国的理论体系和发展模式。

《报告》强调中国建设海洋强国是实现"两个百年"发展目标和中国梦的必由

之路,中国建设美丽、和谐的海洋强国的条件已经具备。但《报告》同时指出,开发利用海洋能力不足、海洋经济大而不强、海洋生态环境安全面临严重威胁已成为中国建设海洋强国的三大主要障碍。只有坚持和平发展、统筹协调、全面深化改革、可持续发展、科技创新的五大原则,中国的海洋强国梦才会更好更快实现。

材料3:

2015年6月23日发布的《中国海洋发展报告(2015)》指出,虽然近年来我国海洋资源开发、利用能力有所提升,但利用质量、效率、效益较低的局面仍未得到根本扭转,当前要积极推动海洋经济向质量效益型转变。

海洋经济已成为我国经济发展的蓝色引擎。有关统计显示,近10年,全国海洋生产总值(GOP)年均增长率以高于同期GDP增长率0.59个百分点的增速持续领跑。不过,这一增速目前正明显趋缓。

"当前我国海洋经济已由高速增长期过渡到增速'换挡期'。"在6月23日举行的《中国海洋发展报告(2015)》发布会上,国家海洋局海洋发展战略研究所副所长贾宇指出,近年来我国海洋资源开发、利用能力有所提升,但利用质量、效率、效益较低的局面仍未得到根本扭转,当前要积极推动海洋经济向质量效益型转变。

海洋经济:新兴产业成新增长极

尽管2014年我国海洋经济发展速度仍高于同期经济整体水平,但海洋生产总值增速与同期国内生产总值增速相比,仅高出0.3个百分点。数据显示,2013年海洋生产总值增速为7.6%,这低于"十一五"期间年均13.5%的增速。

"我国海洋经济连续多年保持良好发展态势,成为国民经济特别是沿海地区经济新的增长点。但'十二五'以来,海洋经济增速已经趋缓。"贾宇坦陈。

令人担忧的不只是增速。有关统计表明,当前世界主要海洋产业总产值约为2万亿美元,其中我国主要海洋产业增加值约为2.2万亿元(折合3700亿美元),对世界经济的贡献率将近20%。"虽然如此,但是我国海洋产业竞争力总体偏弱,高新技术产业在全部海洋产业中占比不到20%,与世界先进水平差距明显。"贾宇指出。

不过,她同时强调,眼下我国海洋战略性新兴产业规模尽管较小,但正成为我国海洋经济的重要组成部分和新的增长极。"由于科技附加值高,海洋战略性新兴产业占海洋生产总值的比重近年来稳步提升,发展势头强劲、潜力巨大,对海洋经济的拉动作用不断提升,对海洋经济的增长贡献不断增加。"海洋发展战略研究所经济室主任、研究员刘容子说。

《中国海洋发展报告(2015)》显示,"十二五"期间,我国海洋战略性新兴产业年均增速达20%以上。以海洋工程装备制造业为例,2014年全球海洋工程装备新接订单规模为340亿美元,中国以139亿美元的订单总额位居榜首;市场份额由2013年的24%上升到2014年的41%,首次超过韩国,位列世界第一。

海洋战略性新兴产业大踏步向前的直接成果就是海洋产业结构进一步优化。在海洋发展战略研究所编写的这份报告中我们看到,2003至2014年,海洋第一产业占比由24.1%下降到17.1%,第二产业占比由15.8%上升至25.8%,第三产业占比由50.1%上升至57.4%。

贾宇认为:"近年来,海洋渔业、海洋船舶工业等传统资源和劳动密集型产业面临更加严峻的挑战,而成长潜力大、综合效益好的海洋新兴产业和未来海洋产业逐步显示出良好的成长性。'十三五'期间,围绕海洋经济的提质增效,要逐步将海洋经济增长点从传统产业转向新兴产业,积极推动传统产业的技术转化和优化升级,加快绿色转型步伐。"

海洋资源:可持续开发面临挑战

辽阔的海域蕴藏着丰富的海洋资源。近年来,我国海洋资源开发领域及规模不断扩大,为海洋经济发展提供物质基础的能力逐步增强。

"我国虽是海洋资源利用大国,却不是资源利用强国,资源利用质量、效率、效益有待进一步提高,海洋资源可持续开发利用面临重大挑战。"国家海洋局海洋战略研究所助理研究员朱璇指出。

现实的确不容回避。我国绝大部分的海洋开发活动集中在海岸和近岸海域,深海开发利用不足。海岸带地区承载了港口和临海工业区建设、油气勘探、养殖等多种功能,岸线资源过度开发,自然岸线比例不断降低,大陆岸线的人工化比重已达60%,但岸线经济密度远低于美国、日本等国。

远洋渔业、深水油气勘探开发等远海开发利用活动因为起步晚、技术支持不足等原因,也落后于世界海洋经济发达国家。以深水油气开发为例,世界深水钻井和深水油气田开发能力的作业水深已分别达到3052米和2905米。虽然中国在深海工程装备及关键技术方面也有突破性进展,但从总体上看仍不能满足海洋油气资源的开发需要。

"总体而言,深远海开发活动对海洋产业发展贡献有限,对国民经济发展支持不足。"朱璇表示,要促进海洋资源的可持续开发利用,除进一步优化现有开发活动布局外,还需充分发挥科技创新的支撑引领作用。

"科技成果转化是实现科技转化为现实生产力的有效途径,目前我国海洋科技成果转化率高于50%,但仍明显低于发达国家。"国家海洋发展战略研究所研究员刘明说。他建议加大科技创新力度,推动资源开发向创新引领型转变,围绕传统海洋资源开发产业的产业升级需求和新兴产业的发展需求,加大科技创新力度,重点在深水、绿色、安全的海洋高技术领域取得突破。

海洋生态:损害赔偿等制度亟需建立

阳光、碧海、沙滩,是大自然对人们的馈赠。然而,由于近年来不合理的海洋资源开发利用活动加剧,让一些地方的海景不再美丽。

报告显示,目前我国80%的近岸海洋生态系统处于亚健康和不健康状态,自然岸线保有率不足40%。有关数据显示,我国近岸海域污染严重,2014年全海域劣四类海水水质面积约为5.7万平方公里,相比2000年严重污染海域面积增长了近1倍,严重污染(劣四类海水水质)海域主要分布在辽东湾、渤海湾等近岸区域,并呈现从局部区域向大部分近岸海域扩散的趋势。

为何海洋环境污染不断加剧?专家指出,陆源污染是"罪魁祸首",对近岸海域污染的贡献率达80%左右。"污染严重海域多集中在大型入海河口和海湾,这些区域大多为沿海经济发达地区。先污染后治理的发展之路,使得这些地区背上了沉重的环境债务。此外,大型围填海活动、流域大型水利工程等,也是影响我国海洋生态环境的重要因素。"国家海洋发展战略研究所副研究员丘君分析说。

在丘君看来,我国近海海洋环境污染呈交叉复合态势,危害加重。"未来10至15年,既是建设海洋强国的关键时期,也是海洋生态环境保护和海洋生态文明建设的关键时期。为此,必须加快海洋生态文明制度建设。"

海洋生态文明制度建设却面临诸多制约。"我国海洋环境保护制度不少,可在海洋环境保护中居核心地位的陆源污染物排海许可制和陆源污染物排放总量控制制度还很不健全,没有建立起严厉的责任追究和赔偿制度。对那些不法企业偷排、超排污染物入海,甚至造成严重海洋生态灾难的,未完全追究责任和履行赔偿义务。"国家海洋发展战略研究所研究员刘岩表示。

鉴于此,《中国海洋发展报告(2015)》提出,依法建立海洋生态损害赔偿制度、责任终身追究制度和依法追究刑事责任制度,以刚性的制度约束人的行为,实现对海洋生态文明建设的制度保障。

结合案例,请回答:

1. 综合2013—2015的《中国海洋发展报告》内容概要,请简述我国海洋管理的发展趋势和重点领域。

2. 为什么将《中国海洋发展报告》称为"海洋国情咨文"?

第四章
海洋行政管理体制

海洋行政管理体制决定了海洋行政组织的机构设置和运行,是海洋行政组织的重要内容。世界各国的海洋行政管理体制不尽相同,我国实行统一管理与分散管理相结合的海洋行政管理体制。这一体制尽管在以往的海洋行政管理中发挥了重要的作用,但是随着海洋开发与保护的深入,也衍生出一些问题。进一步理顺我国的海洋行政管理体制,是海洋行政组织改革的重要内容之一。

第一节 海洋行政管理体制概述

一、海洋行政管理体制的含义

行政管理体制是有关行政机关机构设置与管理权限划分的具体制度,主要指为保证行政管理顺利进行而建立的一切规章制度的总称。所以,从本质上说,行政管理体制就是一个国家的政体及其管理制度的集中反映;从运行状态上说,它就是种行政管理机构、管理权限、管理制度、管理工作、管理人员等有机构成的一个管理系统。行政管理体制往往通过一定的组织结构体现出来,正是因为不同的组织有不同的要素和不同的结构方式,才形成不同的体制类型和不同的管理模式。

因此,我们可将海洋行政管理体制概括为:海洋行政管理体制是有关海洋行政组织系统化和体系化的组织制度,是建立在国家政府行政体制之上的海洋行政管理的组织制度。它决定着国家海洋行政管理机构设置、职权划分和活动方式、方法。它决定着海洋行政组织的机构设置、职权划分。具体而言,可以从如下角度理解海洋行政管理体制:

(1)海洋行政管理体制的核心是各级海洋行政机构的权力和职责的划分。任何行政管理体制的建立、改革与完善,都是围绕着行政政权的划分或分配进行的。所以,行政职权是构成行政管理体制的基本要素,行政职权的划分或分配在行政管理体制中占有重要地位。

(2)海洋行政机构是海洋行政管理体制的载体或组织形式。如果没有一定的海洋行政机构,行政人员就无法施行行政职权,行政管理职能就不能发挥作用,行政管理体制也就失去了存在的形式。因此,海洋行政管理体制的建立、改革和完善,总是伴随着海洋行政机构的建立、改革和完善而进行的。

(3) 一定的规章制度和法律程序是海洋行政管理体制不可缺少的组成部分。没有一定的规章制度和法律程序,海洋行政职权就不能很好地使用,海洋行政机构就不能很好地运行,海洋行政管理体制也就失去了意义。因此,建立健全必要的规章制度和法律程序是建立和完善海洋行政管理体制不可缺少的一环。

(4) 海洋行政管理体制具有明显的社会属性。同时又受其他许多因素的影响,因而不同社会制度的国家海洋行政管理体制具有明显的本质区别。即使相同的社会制度的国家,由于国情的不同,也不一定采取同一模式。

具体而言,海洋性管理体制应包含人、财、物、机构设置、职位设置、权责划分、规章制度、组织设计等要素(详见表4-1)。

表4-1 海洋行政管理体制构成要素

人员	是海洋行政管理体制的核心,包括作为海洋行政管理主体的工作人员与作为海洋行政管理客体的目标对象
财务	包括维持海洋行政管理组织存在所需的经费、海洋行政管理活动日常运营的开支、人员工资薪酬
物质	包括海洋行政管理组织赖以存在的物质载体,如场地、房屋办公用品、通讯器材等
机构设置	指承载海洋行政管理权力的一系列特定的机构的确定,如国家海洋委员会、国家海洋局等
职位设置	指一定机构内职位、职级、职数和职责的确定
责权划分	指海洋行政管理组织中各个部门、层次、成员之间的若干从属、并列等相互关系的确认
规章制度	包括海洋行政管理组织的构建、运行程序的各种法律法规、各项工作制度
组织设计	主要指海洋行政管理机构的构造、创新组织结构过程中的分化与整合工作。组织设计是海洋行政管理体制构成因素中最为复杂的部分

资料来源:王琪,等.海洋行政管理学[M].北京:人民出版社,2013.

二、海洋行政管理体制的类型

世界上沿海国家社会制度不同,海洋地理位置、自然环境和资源状况也不同,从而使得海洋行政管理的组织构建也存在差异,形成各自的海洋行政管理体制。概括而言,这些海洋行政管理体制大致可分为三类:即集中管理型、半集中管理型和松散管理型。三类海洋行政管理体制体现出海洋管理权限从集中到分散的逐渐变化。①

(一) 集中管理型海洋行政管理体制

集中管理型海洋行政管理体制是海洋行政管理职权最为集中的一类海洋行政管理体制。这类海洋行政管理体制的历史并不长,实行的国家也不多,但是它适应了海洋行政管理的需要,代表了海洋行政管理体制发展的趋势。集中管理型海洋行政管理体制具有如下特征:

(1) 有职权较高的海洋综合管理机构,这一管理机构拥有较大的海洋行政管理权限,对海洋事务实施统一管理,或有权对海洋事务相关管理机构进行协调。

(2) 有统一的海上执法队伍,即实现了海洋执法的集中和统一。

(3) 有健全、完善的海洋行政管理体系。集中型海洋行政管理体制一般都是由分散性、半集中型体制过渡而来,一般建立了从地方到中央,从行业到综合的健全、完善的海洋行政管理体系。

(4) 有较为系统和完善的国家海洋法律法规及海洋政策。实现集中型海洋行政体制的国家一般非常重视海洋事务,出台了相关国家海洋法律法规及海洋政策。

(5) 将海域与海岸带统一管理。集中型海洋行政管理体制下的海洋行政组织的管辖范畴不仅仅局限于海域,还包括海岸带,从而实现海陆统筹。

其中,(1)和(2)特征是核心特征,拥有了上述两个特征的海洋行政管理体制就可以称之为集中型海洋行政管理体制。目前,实现这类海洋行政管理体制的代表国家是美国。美国的海洋行政管理体制历经三个发展阶段:行政区划海洋管理体制阶段、部门管理海洋体制阶段、集中型海洋行政管理体制阶段。早在1970年,美国就成立了专门的海洋行政管理机构——国家海洋与大气管理局(National Oceanic and Atmospheric Administration,缩写为 NOAA),隶属商务部。海洋与大气管理局下设五个二级局:国家海洋局、国家气象局、国家海洋渔业局、国家海洋环境卫星资料局和海洋与大气研究局。进入 21 世纪,美国开始实行海洋综合管理,其海洋行政管理体制从部门管理体制迈向集中型海洋行政管理体制阶段。这一转变体现在三个方面:①成立高规格的海洋政策委员会。2004 年 12 月时任美国总统的布什签署命令,正式成立新的内阁级海洋政策委员会,以协调美国各部门的海洋活动,全面负责美国海洋政策的实施。② 新成立的海洋政策委员会负责向总统和政府部门首脑提供海洋事务相关政策的制定和执行方面的咨询和建议,制定国家解决海洋问题的战略原则,协调联邦各涉海部门的海洋活动。

---

① 王志远,蒋铁民.渤黄海区域海洋管理[M].北京:海洋出版社,2003:331-341.
② 石莉.美国的新海洋管理体制[J].海洋信息,2006(3).

2010年7月,奥巴马政府颁布《政府部门间海洋政策特别工作组最终报告》,决定对小布什政府的海洋政策委员会的结构进行一系列整合,建立新的国家海洋委员会,以发挥更强有力的指导作用,实现更高水平的管理;明确国家海洋委员会的角色,强化决策与争端解决的程序;加强国家海洋委员会与国家安全委员会、国家经济委员会、能源与气候变化办公室、环境质量委员会、科技政策办公室、管理与预算办公室以及白宫其他机构之间的协调。国家海洋委员会的成员包括:国务卿、国防部长、内政部长、农业部长、商业部长、交通部长、能源部长、国土安全部长、国家环保署署长、环境质量委员会主席、国家航天与航空管理局局长、国家科学基金会主任、总统国家安全事务助理、国家海洋与大气管理局局长等,职能主要是统筹和协调联邦各部门的涉海工作,以便有效地贯彻落实国家海洋政策。① ②提升国家海洋和大气局(NOAA)的权限。除了成立新海洋政策委员会,以提升海洋管理在整个国家权限中的位置,美国还积极提升NOAA的现有权限。布什政府起草了《NOAA组织法》,并于2004年获得美国国会通过。新的组织法增强了NOAA作为国家海洋职能部门的科技实力,提升了有效履行海洋可持续利用的管理职责。③进一步提升海岸警备队的统一执法。美国是世界上最早成立海岸警卫队的国家。2003年3月,海岸警卫队转属新成立的国土安全部,成为美国第五大军事力量。美国海上执法管理集中于海岸警卫队,由它全面负责执行海洋管理的法规条令。美国海岸警卫队的三大基本任务是:海事安全、海域治安和海上管理,其具体职责包括海事安全、海洋环境保护、海上应急、国际、海上缉私、缉毒等。

(二) 半集中管理型海洋行政管理体制

半集中型海洋行政管理体制处于集中型海洋行政管理体制和分散管理型海洋行政管理体制中间,其海洋行政管理体制具有集中型海洋行政管理体制的某些特征,但是还没有实现海洋综合管理。

半集中管理型海洋行政管理体制具有如下特征:

(1) 全国没有统一的海洋行政主管部门,海洋行政管理职能分散在多个管理部门。

(2) 尽管没有建立专门的海洋行政主管部门,但是建立了全国的海洋行政管理事务协调机构或政策。

(3) 已经建立了统一的海上执法队伍。

由于半集中型海洋行政管理体制介于集中型和分散型之间,因而表现形式也最为多元。上述的三个特征只是半集中管理型海洋行政管理体制的表现形式之一。半集中型海洋行政管理体制还会通过其他形式表现出来。例如有的国家建

---

① 夏立平,等.美国海洋管理制度研究[J].美国研究,2011(4).

立有专门的海洋行政主管部门,但是没有建立统一的海上执法队伍。

目前,实现这类海洋行政管理体制的代表国家是日本。日本政府没有设立专门负责海洋事务的综合职能部门,涉海部门众多,其中最主要的是国土与交通省和经济产业省。过去也没有设立全面负责协调海洋事务的机制,因此,部门间职权重叠或冲突等现象比较突出,一旦发生涉海问题,"有关部门间协调费时费力,反应迟缓"。2007年7月20日,日本政府宣布正式实施《海洋基本法》,同时成立综合海洋政策本部由首相任部长,由国土交通省、产业经济省等8个省厅的37名人员组成,负责拟定和推进日本的中长期海洋政策和海洋基本计划,并协调各涉海部门间的涉海事务,海洋政策担当大臣由国土与交通省大臣担任。《海洋基本法》的正式实施和综合海洋政策本部的成立,标志着日本的海洋管理工作已从分散型向高层协调与部门分工负责相结合的模式转变。[1]

1. 高层协调

日本的海洋事务高层协调机制主要体现在以下几个方面:(1)综合海洋政策本部。2007年4月20日,日本国会通过《海洋基本法》,2007年7月20日正式实施。该法第四章内容为"综合海洋政策本部"。(2)海洋权益相关阁僚会。为了解决各部门的协调问题,日本政府于1980年成立了"海洋开发关系省厅联席会",通过此机构在各涉海部门之间进行协调,统一制定和落实海洋管理政策,由内阁官房长官牵头,组织国土与运输、农林等各省长官进行决策。2004年,日本政府将海洋开发关系省厅联席会进行改组,设立了海洋权益相关阁僚会,由首相牵头,相关省厅大臣参与,下设专门的干事会,通过共享信息和共同制定政策的方式实现部门间的沟通与协调。日本综合海洋政策本部成立后,海洋权益相关阁僚会的诸多决策工作移交给综合海洋政策本部。(3)海洋开发审议会。1969年,日本成立了海洋科学技术审议会,由内阁总理和当时的14个省厅官房长官组成,负责协调制定各省厅海洋开发推进规划,并提出了发展海洋科学技术的指导规划。为了把发展海洋科学技术与建立新兴海洋产业和发展海洋经济更紧密地结合起来,1971年,日本把海洋科学技术审议会改组为海洋开发审议会,负责调查、审议有关海洋开发的综合性事项和制定海洋开发规划与政策措施。该审议会先后提出"日本海洋开发远景规划构想"和"基本推进方针咨询报告",明确了海洋开发目标,并提出了《21世纪海洋开发远景规划构想》。(4)大陆架调查及海洋资源协议会。为推动日本大陆架调查工作,2002年6月日本内阁成立了由内阁官房、外务省、国土交通省、文部科学省、农林水产省、环境省、防卫厅(现防卫省)、资源能源厅、海上保安厅等组成的省厅大陆架调查联络会。2004年8月,大陆架调查联络会改组,扩大为以官房副长官为议长的相关省厅与大陆架调查、海洋资源等事宜

---

[1] 李景光.国外海洋管理与执法体制[M].北京:海洋出版社,2013.

有关的联络会议,并制定了《划定大陆架界限的基本构想》,分阶段、按步骤地实施外大陆架战略。在该构想的指导下,日本在 2007 年 12 月完成了大陆架地理数据勘测,2008 年对数据资料进行分类和整理,2009 年 5 月向联合国递交了详尽的日本大陆架调查书面资料。

2. 部门分工负责

第二次世界大战后,日本将国家战略的重心调整到经济建设上来,越来越重视与海洋资源、海洋环保和海洋科技等有关的事业。在海洋管理方面,日本战后很长一段时间均是根据海洋自然资源的属性及其开发,按行业部门职责进行分工管理,采取松散型的海洋管理模式,没有设立专门负责海洋事务管理的政府机构。2007 年日本根据《海洋基本法》成立综合海洋政策本部后,海洋战略与政策方面的重大事务有了管理与协调机制,具体的涉海管理工作由相关职能部门承担,主要包括国土交通省、文部科学省、农林水产省、经济产业省、环境省、外务省、防卫省等。

(三) 松散管理型海洋行政管理体制

实行松散管理型海洋行政管理体制的国家,更多地延续了以往海洋行政管理的经验,其海洋行政管理权限和职能分属于不同的管理部门。松散管理型海洋行政管理体制具有如下特征:

(1) 全国没有统一的海洋行政主管部门,海洋行政管理分散于多个部门。

(2) 没有统一的海上执法队伍,海洋执法分属于不同的部门。

(3) 一般而言,实行松散管理型海洋行政管理体制的国家,没有建立起系统完善的海洋法律法规及政策体系。

目前,实现这类海洋行政管理体制的代表国家是澳大利亚。澳大利亚海岸线漫长,海域辽阔,海上执法任务繁重。但过去,澳大利亚海上执法力量分散,涉及部门众多,难以形成合力。进入 21 世纪后,澳大利亚政府对边境保护和海岸监视工作进行了全面审议,希望形成一个综合、完整的海上执法体制。2005 年 3 月,由澳大利亚海关与边境保卫局和澳大利亚国防部队联合组建边境保卫指挥部 (Border Protection Command),负责协调澳大利益海洋权益与执法工作。边境保卫指挥部原名为"联合海洋保卫指挥部"(Joint Offshore Protection Command),2006 年 10 月更名为"边境保卫指挥部"。澳大利亚边境保卫指挥部与澳大利亚政府、各州和各领地的其他许多机构保持密切的合作与协调,以完成肩负的使命与任务。这些机构是:(1) 司法部;(2) 澳大利亚南极局;(3) 通信与媒体署;(4) 联邦警察;(5) 渔业管理局;(6) 海事安全局;(7) 检疫与检验局;(8) 农业、渔业与森林部;(9) 国防部;(10) 外交与贸易部;(11) 移民与运输部;(12) 总理与内阁部;(13) 资源、能源与旅游部;(14) 应急管理局;(15) 大堡礁珊瑚海洋公园管理局。其中与边境保卫指挥部工作关系最紧密的有以下部门:(1) 海事安全局;

(2)渔业管理局;(3)检疫与检验局;(4)海关与边境保卫局;(5)国防军特遣部队。

第二节 国外海洋行政管理体制

他山之石可以攻玉,考察、研究其他国家的海洋行政管理理论、海洋行政管理法律制度和政策措施是借鉴他国海洋行政管理经验、开展国际间海洋行政管理交流的必然选择,同时也是海洋行政管理学研究的重要内容。

一、美国海洋行政管理体制概述

(一)美国海洋战略基本内容[①]

一是实施海洋产业发展多样化。在海洋渔业方面,拥有丰富的海洋生物资源,渔业资源占世界渔业资源总量的20%。在海洋油气业方面,海洋油气开发生产能力占国内原油生产能力的22%,占天然气的27%,每年联邦税收和税款平均为40亿美元;在海洋交通运输业与船舶修造业方面,95%的对外贸易和37%的贸易额是通过海洋交通运输实现的。美国造船业十分发达,并在军用船只的建造上保持着世界领先水平;在滨海旅游业方面,沿海州的旅游收入占美国旅游总收入的85%。每年近18亿美国人在沿海地区度假和娱乐。仅在七大河口,旅游和海滩休闲娱乐活动带来的经济效益就超过了160亿美元。

二是海洋经济开发技术化。美国注重海洋技术的开发和研究,政府针对不同的海洋发展项目重点,有针对性地投资建设科学研究机构,并根据不同区域的海洋资源为依托兴办了不同形式的海洋科技园区。如在密西西比河口区和夏威夷开办的两个海洋科技园。美国政府采取了一系列措施加速海洋产业研究成果的商品化过程,一方面建立完善的海洋产业技术转让机制,提高科研成果上市的速度,为陆地产业涉海创造条件。另一方面,注重和私营企业主合作,将海洋经济发展一切可调动的因素联系到一起,保证开发推广的资源、资金、服务和市场。

三是发展海洋循环经济。美国在遵循海洋生态学规律基础上,把海洋经济系统和谐地纳入海洋生态系统中,以"减量化、再利用、再循环"为原则,以海洋资源高效利用和循环利用为核心,实现海洋经济的"资源→产品→废弃物→再生资源"的增长模式,以尽可能小的海洋资源消耗和海洋环境成本,获取尽可能大的海洋经济效益和海洋环境效益。通过增加政府财政拨款,设立海洋信托基金,强化渔业补贴,完善海洋环境污染责任保险制度等方式改进海洋管理工作,启动海洋资源保护政策项目,保障海洋经济和海洋循环经济发展。

---

① 本节内容参考:郁鸿胜.发达国家海洋战略对中国海洋发展的借鉴[J].中国发展,2013(6).

四是建设新海洋体制机制。美国成立海洋协调机构,建立新的内阁级海洋政策委员会及其附属机构。负责向总统和政府部门首脑提供海洋事务相关政策的制定和执行方面的咨询和建议,制定国家解决海洋问题的战略原则,协调各部门的海洋活动,全面负责美国海洋政策的实施。同时协调管理现有机构,对政府行政部门海洋科学技术问题进行协调,设立国际海洋问题跨部门协调论坛等另一方面实施新海洋政策,公布《21世纪海洋蓝图》,指明海洋政策的四项原则和主体内容,在此基础上制定《美国海洋行动计划》,作为实施海洋蓝图的具体措施。

(二)美国海洋行政管理体制

20世纪80年代以来,为了保持其海洋大国和强国地位,美国不断强化海洋工作。1983年,美国建立了200海里专属经济区。1998年6月,克林顿总统亲自出席美国全国海洋工作会议,并签署了《海洋宣言》。进入21世纪以来,美国进一步加大海洋工作力度,采取一系列促进海洋事业向纵深发展的重大举措。美国是世界上最早提出海洋综合管理概念的国家之一,也是最先尝试建立统一的海洋管理职能部门的国家。美国还首先提出大海洋生态系统管理理念和基于生态系统的海洋综合管理原则,使海洋综合管理发展成为当今世界的一股强大潮流。美国的海洋行政管理体系是,在国家层面有国家海洋委员会,政府机构中有主管海洋事务的专门机构——国家海洋与大气局,各州和地方有相应的海洋管理机制。因此,美国的海洋行政管理采用的是高层协调与集中管理相结合、中央与地方分工配合以及有关涉海部门和其他利益相关者积极参与的综合管理模式。在海洋执法方面,美国的主要海上执法队伍是美国海岸警卫队(详见图4-1)。

美国具有较为健全的海洋法律法规体系,目前联邦涉海法律法规多达100多个。根据联邦管辖权限制定的重要法规有《海岸带管理法》,对海岸带的各种海洋开发活动实施综合管理;《渔业法》,规定联邦政府管理和控制200海里专属经济区和大陆架上的生物资源;《外大陆架法》,规定联邦政府管理矿物资源,包括发放矿物资源开采许可证等;以及《深海底硬质矿物资源法》等。其他主要海洋法规还有《海洋保护区法》《海洋哺乳动物法》《石油污染法》《海洋热能转换法》《洁净水法》和《濒危物种法》等。

美国海洋行政管理工作的主要依据是:《国家海洋政策》和《国家海洋政策实施计划》。2010年7月19日,美国总统发布"关于海洋、我们的海岸与大湖区管理的行政令",批准美国海洋政策特别工作组提出的"关于加强美国海洋工作的最终建议",即美国国家海洋政策。该政策是美国开展海洋管理工作的基本的重要政策框架。

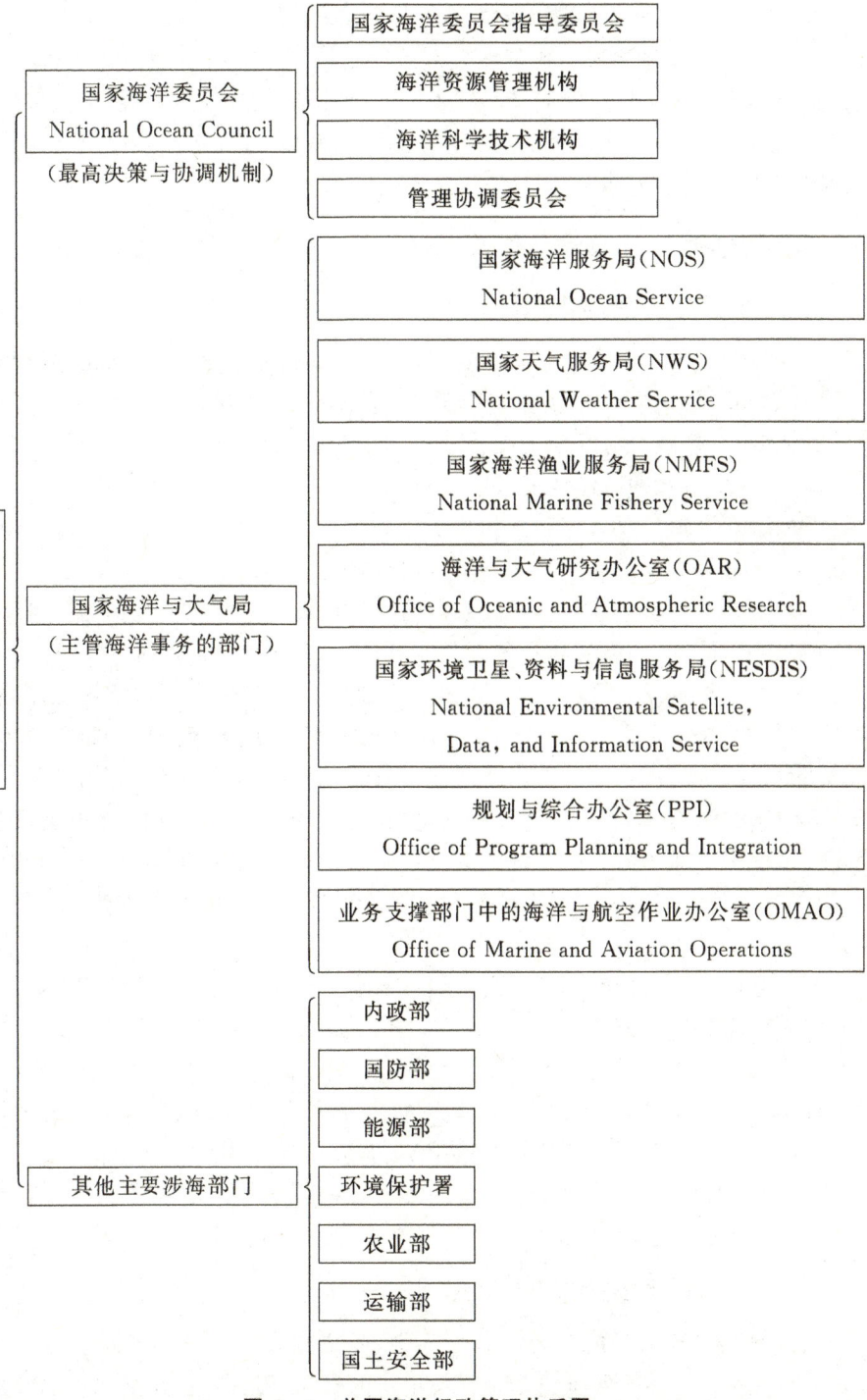

图 4-1 美国海洋行政管理体系图

2013年4月16日,美国国家海洋委员会发布《国家海洋政策实施计划》。使实施计划的重点是强化联邦政府涉海部门间的协调,完善决策程序,改进涉海审批流程,更好地管理海洋、海岸带和五大湖的资源,以促进经济发展,为决策部门、地方社会、产业界和公众提供丰富的科学知识与信息,并促进联邦政府与各州、部落、地区和地方政府的协调与合作。

二、日本海洋行政管理体制概述

(一)日本海洋战略基本内容

一是海洋经济区域化发展。2002年日本经济产业省推出《产业集群计划》,提出"知识集群创成事业",以大型港口城市为依托,以海洋技术进步、海洋高科技产业为先导,以拓宽经济腹地范围为基础,从产业集群和知识集群带动地区集群的发展,形成多层次的海洋经济区域。到2004年日本已认定19个地区建设产业集群,并在18个地区正式实施知识集群。目前,日本已形成关东广域地区集群、近畿地区集群等9个地区集群,形成了适合本地特点的特色海洋开发区等。

二是海洋开发科技纵深发展。日本的海洋科技涉及海洋环境探测技术、海洋再生能源实验研究、海洋生物资源开发工程技术、海水资源利用技术和海洋矿产资源勘探开发技术等,构筑了新型的海洋产业体系。如港口及海运业、沿海旅游业、海洋渔业、海洋油气业等四种海洋产业已占日本海洋经济总产值的70%左右,其余为海洋土木工程、船舶修造业、海底通讯电缆制造与铺设、海水淡化、海洋测量、矿产勘探、海洋食品、海洋生物制药、海洋信息等等。日本海洋卫星成为海岸观测系统和全球海洋观测系统的重要组成部分,每年通过互联网向全国和全世界提供的大量画像,为改善世界公海和沿海各国近岸海域的人类活动及经济发展服务。

三是全民共同参与的海洋保护方式。日本重视向国民宣传海洋意识,海洋经济的发展以"中央、地方政府、企业及个人共同参与"为特点。政策制定的主体不仅是自由民主党、官僚机构、大财团、内阁大臣等传统主体,也包括了非政府组织、个人议员、市民和媒体的支持。日本政府设立了海洋开发审议会作为最高咨询机构,以保证政府对海洋经济发展的主导地位以及决策的科学与正确。每年6月、11月的"海洋环保周"期间,各地举办相关海洋的报告展览会对居民进行科普教育,形成全社会关注海洋经济发展的良好氛围。

(二)日本海洋管理相关立法情况

1994年《联合国海洋法公约》开始生效,随之很多沿海的国家纷纷掀起了海洋立法的热潮。日本为了促进本国科技经济的发展,提升自己在国际上的地位和影响力,争取早日实现政治大国的梦想,也将目光放在海洋的开发上。为了更有效地开发和利用海洋,积极解决与其他国家在一些海洋问题上的矛盾和冲突,尽最大努力维护本国的海洋安全和海洋权益,日本政府高度重视海洋政策、海洋战略与有关的法律法规的制定和实施。其中,2007年4月实施的《海洋基本法》是日本海洋法律体系的核心,为开发海洋提供了法律依据和法律保障。2013年4月26日,日本内阁会议通过了第二个《海洋基本计划》,把实现新型海洋国家作为2013年至2018年日本政府海洋工作的重点。①

1.《海洋基本法》

《海洋基本法》是日本各种海洋法律的"母法",该法于2007年4月通过。该法作为统揽日本海洋发展的根本大法,强化了日本海洋政策的六项基本理念,即在海洋开发与海洋环境之间予以协调、确保海洋安全、充实海洋科学知识、健全发展海洋产业、海洋的综合管理和关于海洋的国际合作。②

《海洋基本法》再一次对专属经济区做出了确定,这是一项一定会在有争议的地区激化冲突加深矛盾的举措。《海洋基本法》再一次重申了划分专属经济区的原则,那就是根据"中间线"原则对专属经济区进行划界,对于属于日本的专属经济区和其他海域,其他国家不得以任何方式采取任何措施加以侵害。

《海洋基本法》第七条认为,日本应该承担起建设海洋国际秩序的责任,在推进海洋政策过程中发挥领导作用。对于《联合国海洋法公约》的推进,日本也要积极参与其中,这样才能保证日本能够与其他国家和国际组织开展海洋方面的合作与外交。这一规定,使日本在随后的海洋外交中表现出了比较强势的态度,此后,许多周边国家都开始高度关注日本海洋政策的动向。

《海洋基本法》通过专属经济区开发和安全保障制度、海上运输安全制度、远海孤岛保护制度、日本籍船员培养和安全保障制度等一系列重要制度的规定,构建起完整的海上保障体系。③ 对于海洋的开发和利用,国家要采取措施加以保护,要维持好海上运输秩序,保证海上运输畅通无阻和安全无虞;要保证本国的运输船舶和船员的安全,对船员进行定期培养;远海孤岛在日本的国家战略中发挥举足轻重的作用,要采取措施保证孤岛的海岸不被破坏,海上交通不受阻碍,海洋资源和海洋环境都得到保护,还要保证孤岛上居民的生产和生活顺利进行。

另外,《海洋基本法》对于如何有效地管理控制海洋作出了规定,要求建立起高度集中的统一的综合管理机制,使海洋能够掌握在国家手中;确立了综合开发利用海洋的发展战略,要求建立起完整的管理体制,依靠不断发展的海上作业技术和高素质的人才,保证日本的海洋资源和能源矿产资源都能得到有效的开发和

---

① 日本首相官邸综合海洋政策本部官方网站:"海洋基本計画(平成25年4月26日)"(2013-04-26)[2013-11-27] http://www.kantei.go.jp/.
② 杨洁,黄硕琳.日本海洋立法新发展及其对我国的影响[J].上海海洋大学学报,2012(2).
③ 周一圌,李宜良.《日本海洋基本法》系列研究——法律内容分析[J].海洋开发与管理,2007(4).

利用,提高利用效率,发展海洋产业,增强日本的综合国力。

2.《安全水域设定法》

在海洋安全方面,2007年4月,日本通过了《海洋构筑物安全水域设定法》,并于2007年7月起正式实施。① 这部法律的实施是主要针对在东海油气田开发方面与其有争议的中国。同时为日资企业开采油气资源提供方便,用法律的手段保护了在东海与中国争夺油气资源的日资企业的利益,另一方面,则限制了中国石油开采企业的开采活动,在一些有争议的水域,如果中国的石油开采企业不想被日本追究责任的话,只能望洋兴叹。

3.《海底资源开发推进法》

日本民主党、自民党于2006年分别向国会提交了《促进海底资源开发法案》和《关于在专属经济区等水域行使自然资源勘探和海洋科学调查的主权权利法及其他权利的法案》,在敦促日本实施海底资源开发的同时,防止其他国家在未经许可的情况下在日本专属经济区内勘探自然资源和进行科学考察。虽然这是两部法案,没有实际的法律效力,但前者仍是对《海洋基本法》中关于"推进海洋资源的开发利用"的政策作出了具体化的规定,对于日本坚持"中间线"原则起到了推动作用;而后者使日本有权利驱赶在专属经济区进行资源勘探和科学考察的其他国家。同样,也不利于中国开展勘探资源工作,影响了中国科学考察活动的进行。

4.《国土综合开发法》

2005年7月,日本将《国土综合开发法》改名为《国土形成规划法》,并新增了关于海域(包括专属经济区和大陆架)的利用和保护方面的规定。这是日本企图扩大其国土面积实施的举措,把专属经济区和大陆架也算在其国土面积中,想要将其完全控制在手中。2008年11月12日,日本政府接受了综合海洋政策本部的建议,根据《公约》第76条第8款的规定,向联合国大陆架界限委员会提交了日本外大陆架划界申请案。申请案中,"冲之鸟"被日本当做了岛屿,以此来扩大日本的专属经济区和大陆架的范围。然而"冲之鸟"并不符合《公约》中关于岛屿的规定,严格意义上来讲,"冲之鸟"不能称之为岛屿,只能称为岩礁。日本为此不择手段,在没有经周边国家的同意下,径自在"冲之鸟"周围搭建防护措施和观测平台。2010年4月和5月,日本众参两院相继通过了《低潮线保全和基地设施整备法案》,用法律的手段确立了"冲之鸟"的岛屿地位,扩大了其专属经济区的范围。

另外,日本还通过了《海洋资源与矿物资源开发计划》《应对海盗法案》《领海等区域内有关外国船舶航行法》《水产基本法》《海上保安厅的设置》等法律法规。日本通过这一系列法律法规的制定和实施,逐渐建立起以《海洋基本法》为核心的法律体系,为日本实施海洋开发战略、海洋安全战略等提供了法律依据和法律

---

① 金永明.海洋问题专论(第一卷)[M].北京:海洋出版社,2011.

保障。

（三）日本海洋管理的开发计划

日本政府在20世纪中叶开始推行"海洋立国"战略,把经济发展重心放在开发海洋和发展海洋产业上。进入新世纪后,海洋开发战略计划出台,日本政府在2001年提出了国家海洋开发计划的基本框架。概括日本政府的《海洋开发推进计划》有三个基本点分别为:"保护海洋""利用海洋""认识海洋"三方面。[①] 2007年,日本政府又通过了《海洋基本法》,用法律条文的形式阐述了海洋开发的理念。日本海洋开发主要体现在以下几个方面的内容:

1. 海洋资源利用

对于日本来说,海洋为国家的生存奠定了基础,具有重要的战略发展空间,如何合理地开发和利用海洋资源不仅关系到日本经济方面的发展,还与日本民众的生活息息相关。因此,在海洋资源开发利用过程中,如何合理开发和利用水产资源和能源矿物资源备受关注。为此,日本在海洋资源利用方面要做到以下几点:

第一,实现水产资源的可持续利用。在日本,海洋水产消费量占据非常大的比例,因此,日本很是注重研究怎样使海洋生物不断繁衍,以便可持续利用。日本周边海域广阔,而且有着很多的天然渔场,水产产量相当惊人,这为日本消费和加工水产产品提供了便利,沙丁鱼、秋刀鱼、金枪鱼等鱼类已经成为日本国民生活中不可或缺的食品材料。因此,如何合理的开发和利用渔业资源,是日本政府长期以来非常关注的重要问题。2001年日本制定了以保护水产资源和可持续利用为目的的《水产基本法》,修改了《渔业法》以及《渔港法》等与水产有关的法律法规,对水产资源的捕获、保存、管理和提高渔场的生产能力等都做出了具体规定。同时,政府开始注重渔业调整委员会、日本栽培渔业协会等民间组织在水产管理中的作用。

为了保护海洋生物资源的可持续利用和合理开发,维持海上正常作业秩序,避免在捕鱼海域、捕获数量上与邻国发生不必要的纠纷,日本积极缔结两国间或多国间的渔业协定。比如,1999年、2000年分别同韩国和中国协商,把《新日韩渔业协定》和《新中日渔业协定》都延长到2009年。另外,日本也非常重视远洋渔业的发展,2001年,在水产综合研究中心下设远洋水产研究所。

第二,积极推进海洋能源和矿产资源的开发利用。日本资源贫乏,所以始终把如何获取资源作为其国家战略目标之一。日本把东海大陆架看成"不可或缺的资源宝藏"。尤其是在陆地石油日渐枯竭的今天,日本认识到海底石油天然气等传统能源以及海底、深海地和海水中蕴含的非传统能源的研究和开发日渐重要,

---

[①] 李文娟.新世纪日本海洋战略的调整及对中国的影响[D].石家庄:河北师范大学硕士论文,2013.

加紧了对海洋资源能源的探查与开采。为此,日本一方面进行加大对海洋资源的探查,据20世纪80年代中期中国的调查,东海大陆架埋藏的能源和矿物资源为:石油储藏量是700亿桶到1600亿桶,排在储油量世界第三的伊拉克之后居世界第四位。按照2008年石油的价格每桶约16 500日元来计算,其市值约1 153~2 637兆日元。面对这么庞大的埋藏量,日本已经开始了发掘前的探查。为了正确把握资源量,日本政府从2004年开始对海底地形进行三维探查。日本不仅积极勘察石油和天然气等常规资源,对蕴含丰富的锡等矿物的漂沙矿床和被称为"潜在的海底矿物资源"的金属团块的探查也正在积极展开。另一方面积极着手准备进行商业采掘。日本在特定的海域集中探查海洋矿物资源的基本储备情况,并着手进行商业采掘。日本拥有在夏威夷东南侧的锰团块矿区,大规模的锰矿开发业已经进入准备阶段。另外,日本已经提交了在周边的热水硫化物矿床的采矿申请。

2. 海洋空间的开发

日本国土面积狭小,地形复杂多样,人口众多,土地越来越不能满足日本的工业发展和民众生活需要。面对这种困境,日本政府把目光放到了开发广阔的海洋空间上。

日本在海洋上建设了一些基础设施,比如海上机场、跨海大桥,还在海洋底部建设了海底隧道,有效地节约了土地资源,在一定程度上扩大了日本的活动范围。当然,对于海洋空间的开发是需要一些顶级的相关技术支持的,所以,为了更好地开发利用海洋空间,日本不断的改良相关的海洋作业技术。而且,日本还在加快发展大型浮体构造技术的步伐,随着这种技术的不断进步,日本对于海洋空间的开发利用率也会不断的提高。

开发海洋空间,这是日本政府和民众都比较关心的一个课题,为此还提出了很多构想,比如建设海底粮食储备基地、建设海底城市、海洋牧场等。

2014年11月30日,据法国《费加罗报》报道,日本清水建设公司近日发表了一项"海洋螺旋"海底城市的建筑构想,计划在海底建造一座直达水面的未来都市,预计将在2030年完成。该蓝图的设计团队由建筑学、工程学、海洋学、数学等各领域的专家组成。将在海面附近到水深500米的地方建造一座圆球形的城市,这个城市的住宅区、办公区、商业区以及酒店将会建在球心的位置。除了这个球体的城市,还要建造一条通往海底的螺旋形通道,长达15公里。另外还需要建造一个能够为球体城市的5 000居民提供沼气的海底沼气制造厂,制造厂生产出来的沼气通过那个螺旋形的海底通道输送给球体城市居民,作为生产生活的燃料。

这是一项挑战人类极限的一项活动,耗资巨大。据悉该工程预测耗资200亿欧元,当然它对于技术的要求也是非常高的,为了能够保证水下海底城市的建造质量,日本清水公司将原计划5年的工程期延长到15年。日本清水建设公司官方发言人表示，这不是空想，而是能够真真切切实现的。东京大学城市规划学的教授表示，他希望能够调动起每个日本民众的创新意识，以便在将来能够提出更多的创新型构想。他同时期望专家们能够协力解决因全球变暖而带来的海平面上升问题。这对日本来说也是需要解决的一大难题。

3. 基础设施建设和旅游资源的开发

日本海上运输非常发达，有着一套极为完整的海上运输系统。大批的港口和机场建在了日本的沿海地区，另外，还建有形成网络的铁路和高速公路，使日本沿海地区交通日益发达、快速、有效，把日本沿海比较密集的城市都连接了起来，交流日益增多，通讯日益方便。另外，在沿海地区，建有大型的海上桥梁、海底隧道等，基础设施建设日益完善，为日本沿海地区旅游业的发展提供了极方便的交通网。除了交通方面的基础设施外，有些岛屿还成为著名的国际旅游景点，吸引了大批的国内外游客，日本还在沿海建设了一些海上游乐设施，如大型的水族馆等。

4. 海洋科技开发

日本对海洋科技的开发主要体现在两个方面：一方面实施对海洋系统调查研究计划，包括世界海洋观测系统和太平洋观测系统。这两大系统，不仅对潮汐和海浪进行研究，还把海底构造和海上交通也作为研究对象。这些研究需要高精尖的技术支持，由此可见日本十分重视海洋开发，掌握的对海洋开发和勘测的技术在国际上也是处于领先水平的；另一方面进行合用技术互助项目的合作，它包括：海洋勘测技术、海底研究技术、船舶、潜艇建造技术、信息通讯技术以及冰海船舶的开发技术。

由此，不难看出，日本的海洋开发管理涵盖了比较全面的海洋开发计划，包含了开发资源、开发矿产和能源、开发旅游和开发科技这几个方面的内容，一方面说明日本已经掌握了处于世界领先水平的海洋开发技术，并且也建立起了比较完善、系统的开发机制；另一方面也说明日本在新世纪对海洋的重视，加快了海洋开发和管理的步伐。

（四）日本的海洋行政管理机构

1. 主要行政管理机构及其历史沿革

2001年以前，日本没有专门负责海洋事务管理的政府机构，其涉海工作主要分散在原运输省、建设省、通商产业省、农林水产省、文部科学省、国土厅、环境厅和科学技术厅等政府职能部门。2001年1月日本政府进行了大规模的行政机构缩编改革，与海洋有关的省厅经过重组合并后，主要由内阁官房、国土交通省、文部科学省、农林水产省、经济产业省、环境省、外务省、防卫省等8个行政部门承担，具体分工如下：

（1）内阁官房。内阁官房职能类似于我国的国务院，其下设有大陆架调查对策室，专门致力于加强日本的大陆架调查，对日本周边大陆架的地形、地质等情况进行全面勘测,扩大日本的大陆架范围,确保日本沿海海域存在的矿产资源和海底水产等海底资源能够得到充分利用,并向联合国提交"日本所主张的大陆架海底调查的科学数据"。

(2)国土交通省。该省由原来的国土厅、运输省、建设省及北海道开发厅合并而成,下设的主要海洋管理部门有国土规划局总务课海洋室、海事局造船课和舶用工业课、港湾局开发课和环境技术课等以及河川局海岸室。这些部门管辖着日本70%的海岸线,业务范围包括海洋测量、气象观测、海事、海运、船舶、海上保安、港湾、海洋利用、防止海洋污染、海上交通安全、海岸管理、下水道、国土规划、城市规划、海洋及海岸带管理等。

(3)文部科学省。下设科学技术学术政策局、研究振兴局、研究开发局3个直属局。其中,研究开发局下属的开发企划课负责规划、制定与海洋科学技术、地球科学技术、环境科学技术等有关的研究开发政策;海洋地球课掌管海洋科学技术中心、国立极地研究所;研究振兴局下设的学术机构课掌管以东京大学海洋研究所为主的院校研究所,研究振兴基础课掌管防灾科学技术研究所。此外,该省还设有科学技术学术审议会,其中海洋开发分科会作为总理大臣的咨询机构发挥着实质作用。

(4)农林水产省。农林水产省水产厅设有增殖推进部渔场资源课、渔政部、港湾渔场整备部等4部15课,主要负责渔业和水产资源的管理与产业振兴。其下属的水产研究所(分为北海道区、东北区、中央区、濑户内海区、西海区、日本海区、远洋7个区域研究所)、养殖研究所及水产工学研究所于2001年4月1日合并为独立行政法人"水产综合研究中心"。

(5)经济产业省。该省所属的资源能源厅下设3个与海洋有关的部,即节能与新能源部、资源燃料部与电力煤气事业部。其中,资源燃料部政策课负责与《联合国海洋法公约》《深海底矿业暂定措施法》等有关的法律法规业务;与海洋资源、海洋产业相关的业务则由资源燃料部矿物资源课负责。

(6)环境省。该省下设的地球环境局环保对策课审查室和计划室负责与《海洋污染法》相关的国际业务,环境管理局水环境部水环境管理课负责与《海域水质污染法》相关的业务。封闭性海域对策室负责研究封闭性海域环境污染相关的政策法规。

(7)外务省。该省下设的经济局,有海洋室和渔业室,负责与海洋、渔业相关的政府涉外业务;综合外交政策局国际社会合作部联合国行政课的专门机构行政室承担与国际海事机构(IMO)相关的业务。

(8)防卫省。防卫省下设海上保安厅,拥有海上自卫队,主要进行海洋安全技术相关研究、海上防灾对策研究、海洋信息通讯技术开发及海上安保活动。

2. 与海洋管理相关的协调机构

由于日本没有专门负责海洋管理事务的综合型职能部门,因此常常出现涉海主管机构众多、职权重叠或冲突等问题,在发生涉海问题时,有关省厅间的协调费时费力,反应迟缓,难于有效应对。因此,除了政府管理部门之外,日本政府内部还设有以下专门的协调机构,统筹协调各省厅海洋管理部门间的政策推进情况,并制定相关海洋开发规划。

(1) 海洋权益相关阁僚会。为了解决各部门间的协调问题,日本政府在1980年成立了"海洋开发关系省厅联席会",以此机构在各个海洋管理部门之间进行协调,统一制定和落实海洋管理政策,由内阁官房长官牵头,组织运输、农林等各省长官进行决策。2004年,日本政府将海洋开发关系省厅联席会进行改组,设立了海洋权益相关阁僚会,由首相牵头,相关省厅大臣参与,下设专门的干事会,通过共享信息、共同指定政策的方式实现各部门间顺畅的沟通和协调,从而加强日本对海洋的管理,更加有效地应对与海洋问题相关的紧急事态。

(2) 海洋开发审议会。1969年,日本成立了海洋科学技术审议会,由内阁总理和当时的14个省厅官房长官组成,负责协调制定各省厅海洋开发推进规划,并提出了发展海洋科学技术的指导规划。为了把发展海洋科学技术与建立新兴的海洋产业和发展海洋经济更紧密地结合起来,1971年,日本把海洋科学技术审议会改组为海洋开发审议会,负责调查、审议有关海洋开发的综合性事项,制定海洋开发规划和政策措施。该审议会先后提出"日本海洋开发远景规划构想"和"基本推进方针咨询报告",明确了1990年海洋开发的目标,并提出"21世纪海洋开发远景规划构想"。

(3) 大陆架调查及海洋资源协议会。为推动日本大陆架调查工作,2002年6月日本内阁成立了由内阁官房、外务省、国土交通省、文部科学省、农林水产省、环境省、防卫厅(现防卫省)、资源能源厅、海上保安厅等组成的省厅大陆架调查联络会。2004年8月,大陆架调查联络会改组,扩大为以官房副长官为议长的有关省厅关于大陆架调查、海洋资源等联络会议,并制定了《划定大陆架界限的基本构想》,以分阶段、按步骤地实施大陆架延伸战略。在该构想的指导下,日本在2007年12月完成了大陆架地理数据勘测,2008年对调数据资料进行分类、整理,2009年5月向联合国递交了详尽的日本大陆架调查书面资料,为日本扩大其陆架范围及开展周边海域的资源能源开发做了大量的工作。

(五) 日本海洋行政管理体制及其特点[①]

海洋行政管理主要包括海域使用管理、海洋环境管理、海洋权益管理以及协调机制。日本作为新型海洋国家其海洋管理采用的是:由综合海洋政策本部统一协调指挥;以国土交通省为主要海洋行政事务管理机构;海上保安厅统一海洋执

---

① 何东.日本海洋海疆管理机制及其最新政策动态[J].浙江社会科学,2014(7).

法的相对集中型海洋管理体制。日本的海洋管理体制主要具有以下三个方面的特征。

1. 最高级别的海洋事务决策机构

作为新型海洋国家，日本海洋管理体制的最主要特征就是内阁全体成员参与的海洋政策决策机制。日本最高的海洋政策决策机关是成立于2007年的综合海洋政策本部。综合海洋政策本部是以日本内阁总理大臣为本部长、以海洋政策担当大臣及内阁官房长官为副部长以及全体内阁成员和国土交通省、经济产业省等8个省厅工作人员组成的海洋行政事务的最高机构。该机构直接负责策划、推进日本的中长期海洋政策和海洋基本计划，统筹协调有关涉海部门的海洋政策落实情况。

日本之所以要设立这样一个由内阁全体成员参与的最高级别的海洋政策决策协调机构，其原因之一是2006年以后日本与中国、韩国在东海油气田、岛屿主权等问题上的争端日益激烈。由于海洋事务关系到日本的核心利益，海洋政策的制定就需要最高级别的政治指导。因此，2007年4月日本颁布了《海洋基本法》，并在其第29条规定，在内阁设立综合海洋政策本部来推进海洋基本计划的制订。

另一个原因是因为海洋政策涉及面广，除国土交通省外，还有农林水产省、环境厅等部门也管理部分海洋业务。而且行政机关内部纵向管理的模式也容易造成涉海行政部门权限重叠、部门之间缺乏协调等问题。因此，需要有一个更高层次的部门统一决策海洋问题，协调海洋政策、法规、规划，平衡各个涉海行业、部门及地区之间的利益关系。正如《海洋基本法》第30条所规定，综合海洋政策本部的另一主要任务是协调各相关涉海行政机构的海洋事务，克服海洋管理体制中海洋行政事务条块分割的局面。

2. 相对集中型的海洋行政模式

具体承担日本海洋管理事务的是日本的国土交通省，而负责国土交通省的国土交通大臣同时还兼任海洋政策担当大臣。国土交通省下设了综合政策局海洋政策课、环境政策课、港湾经济课、海岸与防灾课、海事局、港湾局等职能部门，承担了从海洋测量、气象观测、防止海洋污染到海上交通安全、海上保安以及港湾海岸管理等广泛的涉海行政业务。

按照日本的说法，其领海及专属经济区（包括与中韩有争议部分）总面积达到447万平方千米，是其领土面积的12倍。根据日本海洋政策研究财团发布的《海洋白皮书》统计，日本的海洋产业规模在国民生产总值中占重要比例。所以，如何有效管理这片"蓝色国土"是日本政府所面临的重要课题。

早期，日本对于海洋利用和开发主要是根据海洋自然资源的属性，海洋行政也是针对海洋渔业、海上交通、海洋矿产等海洋资源利用而建立的按行业职责进行部门分工管理的海上行政管理体系。比如运输省主管海运海上交通，农林水产省主管海洋渔业,通商产业省管海洋能源开发,环境厅管海洋环境保护,另外还有文部省、建设省、科技厅、国土厅等多个部门负责海洋研究、海洋基础设施等工作,每个部门分散管理,行业分割较为严重。

但是,海洋的整体性、流动性和国际性又决定了需要对这种开发利用活动加以统筹管理,需要从国家的整体利益出发对海洋事务全面规划和综合管理,才能达到有效维护国家海洋权益、开发海洋资源、保护海洋环境,促进海洋经济持续发展的目标。为了防止行业之间管理交叉或管理真空的出现,日本政府早在2001年就进行了行政机构调整,成立了现在的国土交通省。国土交通省成立以后,海洋规划、立法工作、海岸带附近的利用和保护性开发工作以及海上执法任务等工作统一划归其管辖,形成了所谓的相对集中型海洋管理模式,在很大程度改变了日本海洋管理的基本格局,促进了日本对海洋的综合有效管理。

3. 强大统一的海洋执法力量

作为日本统一的海洋执法力量的国土交通省外局海上保安厅,是日本海洋海疆管理机制中最具特色的部门。其主要负责下列工作:海上治安管理、海上交通安全管理、海难救助、海洋环境保护及海上防灾。但是,钓鱼岛强行"国有化"以来,日本海上保安厅在争议海域的活动日益频繁,特别是在对我国海军军事演习和中国公务船执法巡航活动进行监视的同时,防止大陆、香港、台湾的保钓人士登岛成了海上保安厅的工作重点。

日本的海上保安厅成立于1948年,借鉴了美国海岸警备队的体制。由于日本战后实行的是统制经济,所以海上走私曾一度非常猖獗。于是在1946年,运输省海运局设立了非法入境船舶监视本部。1948年,作为运输省的外局改称海上保安厅,主要打击走私。1949年,增设了警备海难部,并接管了运输省的船舶检查业务,主要任务是海上治安、交通管理以及海难营救。日本海上保安厅自筹建以来,经历了两次较大的调整。一次是1977年,当时日本按照联合国海洋法公约开始实行12海里领海制度和200海里专属经济区制度,海上保安厅在人员和装备方面都得到了较大发展;另一次是在2000年,日本制定了新的海洋发展战略,扩充了海上保安厅的管辖职权,把比较敏感的外围海洋执法权移交给了海上保安厅,并把海上保安厅的英文名称由"Maritime Safety Agency of Japan"改为"Japanese Coast Guard",在形式上也更加接近美国海岸警卫队。

现在的海上保安厅其总部(本厅)设在东京,为日本海洋执法的最高指挥机关。另外,日本把全国划分为11个海上管区,其中对钓鱼岛水域的日常监控任务主要由海保厅第11管区负责,第10管区予以协同和配合。进入21世纪以来,日本不断加强海上执法力量。2014年度日本海上保安厅将在原来规模上增加528人,实现40年来最大规模的增员,成为全球最强大的海上警备力量之一。

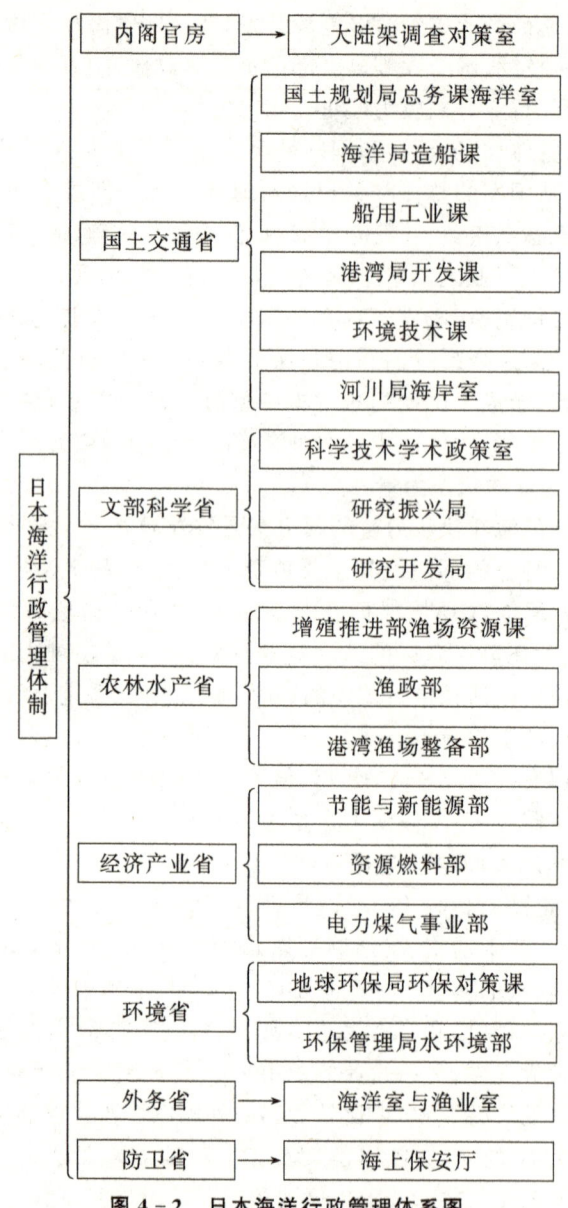

图 4-2　日本海洋行政管理体系图

三、加拿大海洋行政管理体制概述

(一) 加拿大海洋行政管理体制

为了推进海洋事业,加拿大于 1978 年颁布了《海洋法》,使加拿大成为世界上第一个制定海洋法的国家。《海洋法》为加拿大海洋综合管理提供了法律依据,其中最重要的是以法律形式确立了加拿大渔业与海洋部在实施海洋综合管理方面的领导地位。《海洋法》明确规定,加拿大渔业与海洋部是加拿大主管海洋与渔业事务的政府职能机构。同时该法授权加拿大渔业与海洋部负责组织领导并督促《加拿大海洋战略》的制定。此外,加拿大还制定了一系列涉海法规、政策和战略,主要有:《加拿大海洋战略》(2002年)、《加拿大海洋行动计划》(2005年)、《海洋健康计划》(2007年)和《我们的海洋、我们的未来、联邦计划与活动》(2009年)。

同时,加拿大是世界上最先实行海洋综合管理的国家之一。为了统筹协调海洋管理,加拿大建立了综合管理体系。1997年出台的《海洋法》明确规定,加拿大渔业与海洋部是联邦政府的海洋主管部门,并授予其他联邦政府有关部门及地方政府相应的协调职能,共同管理好海洋。虽然加拿大通过法律确定了加拿大渔业与海洋部为国家海洋管理的专职政府机构,但根据加拿大的相关立法,其他联邦政府部门和机构,如环境部、运输部、自然资源部及国防部,也都具有一定的海洋管理权限,通过政策、规划的制定和实施或通过提供服务的方式参与海洋管理。因此,加拿大的海洋管理体制采用的是集中管理、分工负责和部门间协调相结合的模式。集中管理的负责部门是加拿大渔业与海洋部,分工负责部门包括各涉海部门,部门间协调机制是加拿大副部级部际间海洋委员会。加拿大渔业与海洋部的主要职能有:开展海洋综合管理;确保海上活动与航行的安全;组织海洋与渔业科学研究;保护海洋环境与渔业环境;水产养殖与休闲渔业管理以及近海油气勘探开发的管理。

(二)加拿大海洋战略基本内容

一是以海洋可持续开发为重点。加拿大东临大西洋,西濒太平洋,北靠北冰洋,约有24万多公里的海岸线,是世界上海岸线最长的国家。合理利用海洋,充分保护海洋环境,保证海洋的可持续开发已成为加拿大的重要国家战略决策。2002年发布的《加拿大海洋战略》在保证海洋健康、安全和繁荣的目标下确定了海洋资源的可持续开发、海洋资源的综合管理、保护海洋的预防措施等三项基本原则。同时确立了海洋管理的三项基本目标:认识和保护海洋资源;最大限度地利用海洋经济的潜能,确保海洋的可持续开发;力争使加拿大在海洋开发、保护和管理方面处于世界领先地位。加拿大政府还发布了一系列战略与计划,主要包括:2005年的"加拿大海洋行动计划"和"联邦海洋保护区战略";2007年的"健康海洋引导计划";2009年的"我们的海洋,我们的未来:联邦的计划和行动",其目的是保证海洋的可持续开发。

二是注重海洋空间挖掘与岛屿开发。加拿大毗邻的北极地区自然环境恶劣,岛屿荒石遍布,土壤贫瘠,但岛屿和岛屿之间有水道相连,具有无可比拟的开发潜力,具有两大优势:其一是通航优势,穿越北冰洋的北极航线是连接两个大洋的海上捷径;其二是资源优势,北冰洋地区蕴含着丰富的矿产油气资源。为拓宽海洋空间,取得北极地区的控制权,加拿大政府采取了一系列措施:其一提出"扇形原则",主张北冰洋沿岸国家自国土东西两端各自向北极点做一条连线,两条连线与该国面对北冰洋一端海岸线形成一块扇形区域,在此区域内发现的一切土地,均属于这个国家所有。虽没得到国际法认可,却基本完成了"扇形原则"的实践。其二开辟北极航道,依据国际法关于领土有效占领的两大传统:先占先得和行政管理,对开辟的岛屿实施占领、驻扎和巡逻。其三定期在北极海域开展军事演习,重申对极圈内领土控制权。

三是构建海洋资源与产业管理法律体系。加拿大早在1868年就制定颁布了第一部《渔业法》,1869年通过了《沿海渔业保护法》,这两部法律是加拿大渔业管理的法律基础。1997年颁布《海洋法》,使其成为世界上第一个进行综合性海洋立法的国家。这些与《加拿大领海保护区法》《沿海渔业保护法》《领海和渔区法》《200海里专属渔区法》《沿海贸易法》《海上保险法》《海上运输安全法》《北极水域污染防止法》《海洋倾废法》《防止油类污染法》等法规法案共同构成了统一联系的加拿大海洋法律体系。上述法律内容广泛,涵盖了海洋资源及产业管理等各个方面,为加拿大海洋开发管理工作提供了有力的法律保障。此外,加拿大还签署了一些与海洋资源及产业有关的国际公约和协定,共同构成了有机联系、统一完整的加拿大海洋资源与产业管理的法律体系。

四、英国海洋行政管理体制概述

(一)英国海洋行政管理体制

英国海洋管理组织于2010年4月1日成立,本部设在纽卡斯尔,截至2013年3月在编人员321名。英国海洋管理组织是根据英国2009年《英国海洋法》的规定成立的,并根据该法和《英国海洋政策》以及《英国女王陛下政府与英国海洋管理组织框架文件》等行使职能。英国海洋管理组织的性质是依法成立的肩负管理职能的公文机构(Statutory Executive Non-Departmental Body)。英国海洋管理组织的成立极大地推进了英国海洋事业的发展,为英国政府实现其建设洁净、健康、安全、富有生产力和生物多样性海洋的宏伟目标奠定了重要基础。英国海洋管理组织履行海洋管理职能和开展海洋管理工作的法律依据主要是上述三部主要法律法规,简要介绍如下:

1. 2009年《英国海洋法》

2008年,英国政府发布《英国海洋管理、保护与使用法》(草案),2009年11月12日,英国王室批准《英国海洋法》,标志着这一受到英国各界广泛关注的综合性海洋法律正式进入英国法规体系。《英国海洋法》为英国建立新的海洋工作体系和进一步发展海洋事业奠定了坚实的法律基础。新的海洋工作体系主要涉及海洋综合管理、海洋规划、海洋使用许可证审批与管理、海洋自然保护、近海渔业与海洋渔业管理以及海岸休闲娱乐管理等多方面的工作。《英国海洋法》是设立英国海洋管理组织和开展海洋综合管理工作的主要法律依据。《英国海洋法》由 11 部分组成：(1) 海洋管理组织；(2) 专属经济区、其他海域区域与威尔士渔业区域；(3) 海洋规划；(4) 海洋许可证；(5) 海洋自然保护；(6) 近海渔业管理；(7) 其他海洋渔业事务与管理；(8) 海洋执法；(9) 海岸休闲与娱乐；(10) 其他；(11) 补充条款。

2. 2011 年《英国海洋政策》

2011 年，英国政府、北爱尔兰行政当局、苏格兰政府和威尔士议会政府发布《英国海洋政策》，共分四部分：第一部分论述海洋规则；第二部分介绍英国的海洋愿景、规划与决策；第三部分涉及海洋保护区、国防安全、能源开发、港口与航运、海洋挖掘与疏浚、海底电缆、渔业、水产养殖、废水处理与倾倒、海洋旅游与娱乐等；第四部分为结束语。该海洋政策是英国海洋管理组织履行职能和开展海洋管理工作的主要政策依据。

3. 2010 年《女王陛下政府与英国海洋管理组织框架文件》

2010 年 3 月颁布的《女王陛下政府与英国海洋管理组织框架文件》，是英国海洋管理组织开展管理工作的重要依据之一。该文件共分为 11 部分：(1) 引言；(2) 地位与法律框架；(3) 战略背景与方向；(4) 与国务大臣、有关各部长和上级部门的关系；(5) 与其他政府部门和机构的关系；(6) 公众意见与投诉；(7) 财务、审计、监督与报告机制；(8) 一旦英国海洋管理组织不存在时的财务安排；(9) 招聘、工资与人事管理；(10) 资产；(11) 改变本框架文件的安排。该框架文件还有 7 个附件（略）。

（二）英国海洋战略基本内容

一是注重发展航运业。英国位于欧洲西部、大西洋中的大不列颠群岛上，东、南隔北海、多佛尔海峡、英吉利海峡，与欧洲大陆相望。海岸线曲折，总长约 11 450 千米，其间良港密布，近岸海域油气、渔业等海洋资源非常丰富。由于其特殊的海岛性质，英国对海上交通线的依赖较其他国家更甚，海上交通线是其生命线，畅通与否对于平时的经济、战时的战争潜力有着重要的影响。因此，英国把防御和发展的重点放在海上，牢固地树立防御发展离不开海洋的思想，并且制定了以保卫北大西洋东侧海上交通线畅通为基本内容的海军战略。为有效解决海岛自身地理因素导致的信息以及贸易闭塞的弊端，在船舶运输和航空运输发展管理方面，英国政府制定《苏格兰群岛空中运输服务法令》和《海上运输服务法令》，允许公民从事涉及航空和海上运输服务行业，前提是经营者通过贷款或者财政拨款缴纳预付款，并经过财务部批准。这样通过政府引导鼓励公民投入到运输业，从而增强与外界的交流以带动本土经济发展。

二是强化海洋科学技术能力建设。1990 年英国政府公布了英国海洋科学技术发展战略报告，提出了国家六大战略目标，为实施海洋科技发展战略，制定了一系列政策和措施。其一制定海洋科技预测计划,包括海洋基础研究和战略性研究的支持计划,开发有限领域的海洋高新技术;海洋科技领域人才来源的计划,增强国家在国际海洋科技计划中的有效参与。其二成立海洋科学技术协调委员会,负责制定英国海洋科技发展规划,协调各部门海洋科技的发展;改组有关自然环境研究委员会的研究所和皇家研究所,加强人员整合调整,增强科研实力。其三重视技术转移工作,建立政府、科研机构和产业部门三位一体的联合开发体制,促进产学研的相互交流,将技术从科学工程基地转移到工业部门。其四增加科技经费的投入,政府对海洋科学研究与开发投入呈逐年增长的趋势。

三是形成独具特色的海岛管理方式。英国拥有众多海上领土且分散在世界各地,各海岛具有显著的政治、经济、文化的多元性特征。因此,在海岛的管理上,英国形成了创新且具体的管理方式,通过立法方式,颁布针对每个海岛地理、文化、历史特色的法案,对海岛上的产业结构、人口素质、经济政策等均予以调整,保持管理体制和政治法律制度高度的统一性。在规划人口布局方面,实行较为严格的户籍准入条件,如《福兰克岛英国公民国籍法令》。在海洋产业方面,稳步发展第一产业,制定了关于第一产业发展层次分明的规章制度,如《苏格兰岛农业计划和乡村多样性工程》和《苏格兰农业发展与市场准入规定》为其所属海岛制定了农业商品发展计划,增强农业改革的资金支持;《舍德兰群岛渔业管制法令》对舍德兰群岛建立水产管理组织进行统一渔业管理等。在财政税收方面,改革税制以减轻人民的赋税负担,如《维尔京群岛废除双税制实行国际税制法令》《开曼群岛废除双税制实行国际税制法令》,在其海岛逐步改革原来施行的重复征税制度,实行国际税收制度。此外,还形成了包括商船贸易、电信服务、恐怖活动等社会各个方面的法律文件,形成了独具特色的社会管理体制。

五、韩国海洋行政管理体制概述

(一)韩国海洋行政管理体制

1989年韩国政府为了促进海洋事业的发展,成立了以国务总理为委员长的海洋开发委员会。当时的海洋开发委员会主要由外务部、国防部、文教部、农林水产部、科技部、水产厅、环境厅等15个部门的部长、厅长和相关专家组成,主要审议和挑战韩国海洋开发基本计划和重要的政策。

2008年李明博当选总统,撤销韩国海洋与水产部,成立国土海洋部。2009年7月修改《海洋与水产发展基本法》,成立了海洋与水产发展委员会(替代原来的海洋开发委员会),由国土海洋部部长担任委员长。

2012年朴槿惠当选韩国总统,2012年12月18日韩国再次修改《海洋与水产发展基本法》,修订后的《海洋与水产发展基本法》(法律第11596号)于2013年6月19日生效。该法对海洋与水产发展委员会的组成和职责做出了明确的规定。

韩国的海洋执法队伍属于警察组织型。1948年，韩国成立警察厅的前身——治安局；1953年12月14日，成立韩国海洋警察队；1991年7月23日，海洋警察队升级为海洋警察厅，隶属于警察厅。自《联合国海洋法公约》生效以来，世界各国日趋重视海洋保护与开发，并面临经济专属区划界问题。为了建设先进的海洋国家，韩国通过修改《政府组织法》，1996年8月8日成立了海洋与水产部，海洋警察厅归海洋与水产部管理。

韩国海洋警察厅归海洋与水产部管理的原因，是为了强化海洋维权工作。为了进一步加强海洋管理和维权，并提高韩国的国际地位，2005年7月22日，韩国海洋警察厅升格为副部级，成为与韩国警察厅同级别的执法机构。2005年海洋警察厅成为韩国16个相对独立的厅中人员数量排名第三、预算规模排名第五的厅。2006年11月16日韩国海洋警察厅与韩国国立海洋调查院签署关于《保护国民生命财产安全和保护海洋主权的谅解备忘录》，由韩国国立海洋调查院接管苏岩礁海洋观测基地。2007年2月9日，韩国国防部表示，将通过制定国防改革的法律施行令立法，2012年年底之前将原国防部负责的海岸警戒任务移交给海洋警察厅。2007年6月15日，韩国海军与韩国海洋与水产部签署了《海洋安全综合信息合作协议》。

2008年2月25日韩国李明博总统组阁新政府以后，韩国海洋警察厅挂靠在国土海洋部。2013年恢复海洋与水产部后，海洋警察厅回归海洋与水产部。海洋警察厅总部设在银川。

（二）韩国海洋战略基本内容

一是提出海洋发展目标要达到"四化"要求。其一是世界化，把整个世界作为海洋产业进行开发；其二是未来化，为子孙后代建设舒适的海洋国土空间；其三是实用化，以发展国家经济为先导开发海洋；其四是地方化，保持地区特性的海洋开发。海洋发展要有三个基础目标：其一是提高韩国领海水域的活力；其二是开发以知识为基础的海洋产业；其三是坚持海洋资源的可持续利用。

二是以高科技为基础发展海洋产业。将海运、港口、造船和水产等传统海洋产业提升为以高科技为基础的海洋产业。将1998年相当于发达国家43%左右的海洋科学水平，到2030年要与发达国家同步。引导和培育海洋水产风险型创新企业、海洋旅游业、海洋和水产信息等高附加值的高科技产业。

三是建立可持续发展的海洋渔业。将"捕捞型渔业"向"资源管理和养殖型"转变；在12海里领海水域内设计海上牧场政府。自2004年起至2013年，投资5 000亿韩元，执行为期10年的振兴远洋渔业的中长期计划。

四是保护海洋环境和发展海洋旅游业。将海岸线和海岸带管理作为整个海洋环境管理的重要组成部分。推动以韩国为中心的东北亚海上旅游航线和特色旅游商品开发，釜山多大蒲港和东海港分别承担着临时旅客码头，釜山东三洞填海地和济州港等制订了邮轮专用码头建设计划。以帆船、水上冲浪和水上快艇等为主要项目的海洋体育运动,以海洋少年团联盟为主管,努力扩大海洋体育、娱乐活动。打造群山港、统营港、长航港的亲水空间,在釜山港、仁川港区打造亲水公园的计划,将港湾打造为市民娱乐空间,把发展海洋旅游业与海洋环境管理紧密结合起来。

五是完善海洋发展的配套设施。其一是构建陆海一体化的海水养殖渔业设施;其二是扩建产地、消费地流通设施及直接交易基础设施。完善水产品交易物流网,建设水产品流通信息设施的标准化,积极建成国际水产品交易中心;其三是完善港口建设。通过《东北亚航运枢纽》计划,加强釜山港、光阳港等9个港口的建设;其四是实现海运经营世界化。大力开辟国际新航线,建立综合物流体系和面向世界的航运网、综合海运信息网;其五是完善滨海旅游配套设施。

第三节 我国海洋行政管理体制发展

2013年以前,我国实行统一管理与分级管理相结合的海洋行政管理体制,属于半集中型的海洋行政体制。[①] 2013年的机构改革,对我国的海洋行政管理体制进行了较大幅度的变革。设置了较高位阶的海洋委员会,将以往分散的海洋行政执法队伍进行了整合,从而使得目前我国的海洋行政管理体制基本上具有了集中型的特征1和特征2(1. 有职权较高的海洋综合管理机构,这一管理机构拥有较大的海洋行政管理权限,对海洋事务实施统一管理,或有权对海洋事务相关管理机构进行协调。2. 有统一的海上执法队伍,即实现了海洋执法的集中和统一),因而我国的海洋行政管理体制正处于由半集中型向集中型转变的过程中。我国的海洋行政管理体制包括四个方面的内容。

一、海洋行政管理领导体制

海洋行政管理领导体制,代表了中央政府对海洋事务的统一领导、组织协调。目前,我国海洋行政管理领导体制包括两个方面:

(一)国家海洋委员会

国家海洋委员会作为我国最高层次的海洋事务统筹和领导机构,是2013年海洋行政管理体制改革的重要内容之一。国家海洋委员会是全国人大代表、广州军区副司令员吕丁文提出的一个组建机构的建议。2013年3月10日,十二届全国人大一次会议在北京人民大会堂举行第三次全体会议。受国务院委托,国务委

[①] 鹿守本,艾万铸.海岸带综合管理——体制和运行机制研究[M].北京:海洋出版社,2001:132.

员兼国务院秘书长马凯向大会作关于国务院机构改革和职能转变方案的说明。马凯说,为加强海洋事务的统筹规划和综合协调,国务院机构改革和职能转变方案。方案提出,设立高层次议事协调机构国家海洋委员会,负责研究制定国家海洋发展战略,统筹协调海洋重大事项。国家海洋委员会的具体工作由国家海洋局承担。吕丁文说,针对我国海洋权益争端的特点,应成立由党中央、国务院、中央军委直接领导,由中央各涉海部门组成的国家海洋委员会,建立起集中、权威、高效的海防领导管理机构。

为加强海洋事务的统筹规划和综合协调,国务院机构改革和职能转变方案提出,设立高层次议事协调机构国家海洋委员会,负责研究制定国家海洋发展战略,统筹协调海洋重大事项。国家海洋委员会的具体工作由国家海洋局承担。国家海洋委员会的成立,是我国海洋行政管理体制由半集中向集中转变的重要标志之一。

1. 国家海洋委员会主要职责

拟订海洋发展规划,实施海上维权执法,监督管理海域使用、海洋环境保护等。国家海洋局以中国海警局名义开展海上维权执法,接受公安部业务指导。

2. 国家海洋委员会机构设置

第一,建议设立一个国家海洋委员会的常设办公室;第二,鉴于海洋事务的复杂性和特殊性,可以设立一个中央海洋工作领导小组,对国家海洋委员会的工作给予规划和指导,决策和裁定,尤其是对于涉海的政治问题和外交问题以及军事方面的敏感问题给予引导和决策;第三,国家海洋委员会的人员组成除了有关部门领导之外,也应该包括相应部门的科学家,充分发挥专家的作用,保障决策的科学性、严谨性和可行性,注重科技兴海,科技强国。

3. 国家海洋委员会运行

第一,国家海洋委员应该负责重大海洋事务的统筹规划,发挥指导作用、协调作用和监督作用。第二,指导建立与联合国海洋公约法接轨的系统的海洋法律体系,从而实现依法治国、依法用海、依法管海、依法护海。第三,研究制定我们海洋权益的维护战略,应对他国的海洋执法力量,既能体现维权的压力,同时又不会引发一些不必要的冲突。第四,综合协调海洋经济发展和海洋生态文明的各项职能,使海洋资源的开发利用和海洋环境保护相互协调,科学合理的布局海洋产业,实现我国海洋经济的宏观调控。第五,统筹规划海洋科技发展战略,依靠专家研究制定中长期的基础研究、工业研究、应用研究以及技术推广和总体规划,尤其是那些战略性和前瞻性的科学研究,必须要在国家海洋委员会的经验上规定一个时间表和路线图来。

综上,国务院机构改革和职能转变方案设定的国家海洋委员会职能主要包括两大部分:负责研究制定国家海洋发展战略;统筹协调海洋重大事项。国家海洋委员会为我国海洋事务的统一领导、组织协调奠定了体制保障,这是我国海洋行政管理体制逐步走向完善的重要举措(详见表4-2)。

表4-2 当前国家海洋局机构一览表

国家海洋局机构设置	机关直属部门	办公室	政策法规与岛屿权益司		生态环境保护司
		预报减灾司	国际合作司(港澳台办公室)		战略规划与经济司
		海域综合管理司	财务装备司(海警后勤装备部)		纪委、监察局
		科学技术司	人事司(海警政治部)		机关党委
		离退休干部局	海警司(海警司令部、中国海警指挥中心)		
	局属部门	极地办	大洋办	学会办	北海分局
		信息中心	监测中心	预报中心	东海分局
		卫星中心	技术中心	标准计量中心	南海分局
		极地中心	深海中心	海洋一所	海洋二所
		海洋三所	淡化所	战略所	宣教中心
		海洋出版社	海洋报社	减灾中心	海岛中心

资料来源:国家海洋局网站 http://www.soa.gov.cn/zwgk/bjgk/jgsz/.(截至2017年)

(二)海洋行政管理体制主管部门——国家海洋局

国家海洋局作为我国的海洋行政主管部门,承担国家海洋委员会的具体工作。国家海洋委员会尽管层次较高,但仅是一个议事协调和决策机构。因此,国家海洋局代表中央,统一负责海洋的有关事宜,完成国家海洋委员会委托及其他有关全国海洋事务的管理工作。目前,在行政体制上,国家海洋局存在双重身份:一是作为国家海洋委员会的具体执行机构,代表中央完成国家海洋委员会的决议和交给的其他任务;二是作为国土资源部下属的国家局,接受国土资源部的领导。与国土资源部其他的部门有所区别,国家海洋局拥有较大的独立性,同时也设有专门的海洋执法队伍(详见图4-3)。

国家海洋局主要职责如下:

(1)负责起草内海、领海、毗连区、专属经济区、大陆架及其他海域涉及海域使用、海洋生态环境保护、海洋科学调查、海岛保护等法律法规、规章草案,会同有关部门组织拟订并监督实施海洋发展战略以及海洋事业发展、海洋主体功能区、海洋生态环境保护、海洋经济发展、海岛保护及无居民海岛开发利用等规划,推动完善海洋事务统筹规划和综合协调机制。

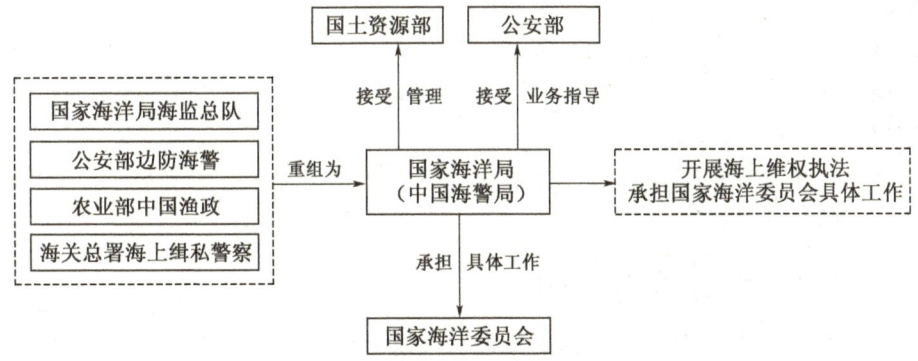

图 4-3　国家海洋局重组示意图

（2）负责组织拟订海洋维权执法的制度和措施，制定执法规范和流程。在我国管辖海域实施维权执法活动。管护海上边界，防范打击海上走私、偷渡、贩毒等违法犯罪活动，维护国家海上安全和治安秩序，负责海上重要目标的安全警卫，处置海上突发事件。负责机动渔船底拖网禁渔区线外侧和特定渔业资源渔场的渔业执法检查并组织调查处理渔业生产纠纷。负责海域使用、海岛保护及无居民海岛开发利用、海洋生态环境保护、海洋矿产资源勘探开发、海底电缆管道铺设、海洋调查测量以及涉外海洋科学研究活动等的执法检查。指导协调地方海上执法工作。参与海上应急救援，依法组织或参与调查处理海上渔业生产安全事故，按规定权限调查处理海洋环境污染事故等。

（3）负责组织编制并监督实施海洋功能区划，组织拟订并监督实施海域使用管理制度，组织开展海岸线和沿海省际间海域界线勘定工作，组织起草专属经济区和大陆架人工岛屿、设施和结构的建造、使用管理办法并监督实施。

（4）负责组织拟订海岛保护及无居民海岛开发利用管理制度并监督实施，按规定负责我国陆地海岸带以外海域、无居民海岛、海底地形地名管理工作，制定领海基点等特殊用途海岛保护管理办法并监督实施。

（5）负责组织开展海洋生态环境保护工作。按国家统一要求，组织拟订海洋生态环境保护标准、规范和污染物排海总量控制制度并监督实施，制定海洋环境监测监视和评价规范并组织实施，发布海洋环境信息，承担海洋生态损害国家索赔工作，组织开展海洋领域应对气候变化相关工作。

（6）负责拟订海洋观测预报和海洋灾害警报制度并监督实施，组织编制并实施海洋观测网规划，发布海洋预报、海洋灾害警报和公报，建设海洋环境安全保障体系，参与重大海洋灾害应急处置。

（7）负责组织拟订并实施海洋科技发展规划，拟订海洋技术标准、计量和规范，组织实施海洋调查，建立推动海洋科技创新的机制。

（8）负责组织开展海洋经济运行综合监测、统计核算、评估及信息发布工作，研究提出优化海洋产业结构的政策建议。

（9）负责开展海洋领域国际交流与合作，参与涉外海洋事务谈判与磋商，组织履行《联合国海洋法公约》《南极条约》等国际海洋公约、条约和协定，承担极地、公海和国际海底相关事务。

（10）承担国家海洋委员会的具体工作。承办国务院、国家海洋委员会和国土资源部交办的其他事项。

二、地方海洋行政管理体制

地方海洋行政管理体制是指沿海地方政府中管理海洋的职能部门的职权划分以及其在地方政府中的地位和作用。按照地方海洋管理机构的设置和管理职能，可以将之划分为三种：

（一）海洋与渔业管理相结合体制

在全国 16 个沿海省（区、市）和计划单列市当中，有 11 个是属于海洋与渔业合并在一起的行政管理体制。自北向南它们分别是：辽宁、大连、山东、青岛、江苏、浙江、宁波、福建、厦门、广东、海南。管理机构名称一般为海洋与渔业厅（或局）。

海洋与渔业厅（或局）兼有海洋和渔业的两种管理职能，受国家海洋局和农业部渔业局的双重领导。在海上执法过程中，既有海监管理的执法任务，又有渔政监督管理职能。因此，这两种海洋行政管理体制是将海洋和渔业管理紧密结合在一起的体制。这种体制延续了大部制改革的思路，将业务相近的管理部门进行整合，从而实现职责的明确。有的沿海地方政府在这方面更进一步，例如江苏东台市甚至将滩涂管理机构也合并进来，成立了海洋滩涂与渔业局。这也是迈向海洋综合管理的一大步。

（二）隶属于国土资源管理体制

河北省、天津市、广西壮族自治区三个省（区、市）在机构改革中，遵循中央机构改革模式，将地矿、国土、海洋合并在一起，成立了国土资源厅（或局）。其中，海洋部门负责海洋综合管理和海上执法工作。

（三）海洋分局与地方海洋行政管理部门结合体制

上海市地方海洋管理机构在改革过程中，与国家海洋局东海分局合并，这种地方海洋行政管理体制在全国尚不多见。而且，上海市还进一步整合了其与水利管理部门之间的职能关系，将水利部门也整合进了这一管理机构中。根据深圳市政府 2011 年 201 号文《关于调整市政府部分工作部门及相关职责的通知》，深圳市农业和渔业局（市海洋局）承担的海洋规划、海洋资源管理及海洋环境保护等职责划入深圳市规划国土委,深圳市规划国土委加挂市海洋局牌子,更名为:深圳市规划和国土资源委员会(市海洋局)。这次部门调整是深圳市进一步深化政府机构改革的重要举措,也是加快提升深圳市城市发展质量的重要举措,对于进一步贯彻落实深圳市城市发展工作会议精神、加强和完善深圳市城市规划、土地管理和海洋管理具有十分重要的意义(详见表4-3)。

表4-3 地方海洋行政管理体制一览表(沿海16省、市、自治区)

	模式	实施省、市、自治区
地方海洋行政管理体制	海洋与渔业模式	辽宁、大连、山东、青岛、江苏、浙江、宁波、福建、厦门、广东、海南(海洋与渔业厅或局)
	国土资源模式	河北省国土资源厅(海洋局) 天津市海洋局 广西壮族自治区海洋局
	分局与地方结合模式	上海市水务局(上海市海洋局) 深圳市规划和国土资源委员会(市海洋局)

资料来源:国家海洋局网站(http://www.soa.gov.cn/)

三、涉海行业管理体制

我国的涉海行业管理模式是指基于管理职能的划分,从而使得一些中央职能部门的管理权限也涉及海洋管理的某一领域。按照职能进行权限划分和机构设置,是目前行政管理体制的主要特点。在2013年的机构改革中,尽管设置了较高层级的国家海洋委员会,但是并没有对隶属于各个职能部门中的涉海职能进行整合。因此,我国的涉海行业管理体制也是海洋行政管理体制的重要组成部分。目前我国涉海行业管理体制涉及如下内容:

(一)海洋渔业管理

在中央一级国家主管渔业和渔政的行政机关是农业部的渔业局,下设渔政渔港监督管理局(对外称中华人民共和国渔政渔港监督管理局)、中华人民共和国渔业船舶检验局、在黄渤海、东海和南海设立了三个直属农业部渔业局的海区渔政局(中华人民共和国东海区渔政局、农业部黄渤海区渔政局、农业部南海区渔政局)。在地方上沿海省、自治区、市和地、县设立了水产行政主管机构和相应的渔政管理机构(如:辽宁省海洋与渔业厅、大连市海洋与渔业局、山东省海洋与渔业厅、青岛市海洋与渔业局等)。国家对渔业的监督管理实行"统一领导,分级管理"的原则。在国务院划定的"机动渔船底拖网禁渔区线"外侧,属于中央一级管辖的渔业海域,由国务院渔业行政主管部门及所属的海区渔政机构管理。在禁渔区线内侧的海域,除国家另有规定者外,由毗邻海区的省、市渔业部门管理;重要的洄游性的共用渔业资源,由国家统一管理;定居性的、小宗渔业资源,由地方人民政府渔业行政主管部门管理。① 基本上形成了以专管队伍为骨干,以群管队伍为基础,专、群管理相结合的国家、省、市、县、乡五级管理网络。

(二) 海上航运和港口的管理

交通部下设的港务系统、航道系统和港务监督系统,都是海上航运业的管理部门。其中港务系统负责航运生产,航道系统保障航道通畅,港务监督系统则是负责海上交通安全。港务监督是 20 世纪 50 年代首先在各主要港口建立起来的,负责海务和港务监督工作。后来,在交通部内设立了专门机构,现在的名称是水上安全监督局,对外称"中华人民共和国港务监督局"。它是我国主管水上交通安全监督工作的国家行政管理机关,它代表政府统一行使航务行政管理主权,港务监督的主要任务是负责水上交通安全管理,统一办理船舶进出港手续,验证船舶法定证书,监督危险品装卸,防治船舶污染水域,对港口水域和锚地进行区划安排,处理海难事故等。

(三) 海洋油气生产的管理

我国海上油气的勘探和开发有三大部门:中国海洋石油总公司、中国石油天然气总公司和国家能源局。三个部门提出海洋能源发展战略的建议,拟订海洋能源发展规划并组织实施。由于油气开发部门作为大型国有企业,所承担的社会责任以及所具有的技术优势,使其承担了部分监管的职能,如中海油的安全健康环保部(Health, Safety, Environment, 简称 HSE)作为一个重要的部门,已参与到海洋石油开发的监管中来。

(四) 海盐生产的管理

海洋盐业管理是指以海盐的生产、销售、运输为主要管理内容的行业管理。海盐行业是一个非常古老的行业,自古以来就受到统治者的重视。1954 年开始,国家决定盐业实行产销合管,盐务总局和盐业总公司两者合一,隶属于轻工业部,统一管理全国盐务工作。沿海有关省(市)、地、县一并设相应的地方盐务局(公司),主管本地区的盐务工作。1988 年体制改革,全部盐场下放地方管,轻工业部撤销盐务总局,成立盐业协会和中国盐业总公司两个非政府组织,同时在轻工部行业管理指导司设盐化管理处作为政府职能部门,主要负责方针、政策、盐政管理等宏观调控工作。盐业协会主要受部委托负责规划、质量、标准等一些盐业行业方面的管理工作;盐业总公司主要负责盐的生产、分配、调拨计划、运销等经营活

---

① 参见《中华人民共和国渔业法》(1986 年 7 月 1 日发布)、《中华人民共和国渔业法实施细则》(1987 年 10 月 20 日发布)。

动和有关矛盾处理、部分物资供应工作。

从新中国成立到20世纪90年代,我国盐业一直实行计划管理体制。1990年颁布的《中华人民共和国盐业管理条例》规定,轻工业部是国务院盐业行政主管部门,主管全国盐业工作。对全国盐业实行行业管理,进行统筹、规划、调节、协调、指导、监督、服务。省及省级以下人民政府盐业行政主管部门,由省、自治区、直辖市人民政府确定,主管本行政区域内的盐业工作。1990年7月13日轻工工业部在《关于抓紧贯彻〈盐业管理条例〉的通知》中明确了"轻工业部授权中国盐业总公司行使盐业行政管理职能,负责组织贯彻实施《盐业管理条例》及有关严重管理工作"。2013年8月23日根据《国务院办公厅关于印发国家发展和改革委员会主要职责、内设机构和人员编制规定的通知》精神,国家发展和改革委员会为国务院授权的国家盐业行政主管部门,盐业管理办公室是具体办事机构,设在国家发展和改革委员会工业司。国家发展和改革委员会盐业管理办公室主要职能是:对全国盐业实施行政管理、指导行业发展以及食盐专营管理等。全国大多数省(市、区)盐业公司都实行垂直管理。中国盐业总公司属于大型中央企业,隶属于国务院国有资产监督管理委员会监管。

我国现行盐业管理体制,其主要内容和基本特征可以概括为:行政垄断(国家通过法律形式确定明确盐的生产开发、分配、调运、销售等实行国家指令性计划管理,对食盐实行国家定价机制)、政企合一(盐务管理局与盐业公司实行两块牌子、一套班子的运作模式)、二元监管(盐行业产销统一归口管理,盐产品实行总量控制,对食盐实行专营,两碱工业用盐进入市场,其他工业盐由盐业公司组织供应)。[①] 目前,政企不分、垄断经营仍是这个行业的主要问题(详见表4-4)。我国大部分地区的盐政管理和经营队伍是一套机构两块牌子,盐政部门直接负责食盐计划安排、生产、调运和除两碱工业用盐以外的其他工业用盐的销售。同时,盐政执法(包括执法队伍和执法费用支出)也由各地盐务部门承担。各地盐务局既是盐业管理政策的制定者、盐政执法者、生产企业的上级主管,同时又是盐产品的经营者。这种既是裁判员又是运动员的双重角色,显然与社会主义市场经济运行的基本制度规律相背离,为此,盐业管理体制亟需变革。[②]

以上这种多头、分散式的海洋行政管理体制,尽管在海洋开发中发挥过积极作用,但是,随着海洋开发范围和力度的拓展和加大,其弊端也逐渐暴露出来。这使人们认识到,单靠各自为政的行业分散式管理,是无法保证海洋资源的有效开发和合理利用的,更无法保障国家的海洋权益不受侵犯,综合管理已成为人们的普遍共识。近年来,海洋综合管理日益受到各级领导的重视。国家在机构改革中

---

① 程龙刚.中国现行盐业管理体制研究[J].盐文化论丛第四辑,2009.
② 徐祥民.渤海管理法的体制问题研究[M].北京:人民出版社,2011:1-3.

进一步明确了国家海洋局作为国务院管理海洋事务的职能部门,负责综合管理我国海域、维护我国海洋权益,协调海洋资源合理开发利用,保护海洋环境等多项工作。

表4-4 全国省级盐业管理体制一览表

省份	模式	省份	模式	省份	模式
北京	政企分开 中盐北京市盐业公司	西藏	政企合一	云南	政企分开 云南盐化股份有限公司
天津	政企合一	福建	政企合一	贵州	政企合一
河北	政企合一	江西	政企合一	浙江	政企合一
山西	政企分开 山西省盐业公司	山东	政企合一	青海	政企分开 青海省盐业股份有限公司
内蒙古	政企合一	河南	政企合一	陕西	政企合一
辽宁	政企分开 辽宁省盐业集团公司	湖北	政企合一	甘肃	政企合一
吉林	政企合一	湖南	政企合一	重庆	政企合一
黑龙江	政企合一	广东	政企合一	宁夏	政企合一
上海	政企合一	广西	政企合一	新疆	政企合一
江苏	政企合一	海南	政企合一	安徽	政企合一
四川	政企合一				

资料来源:中国盐业总公司网站(http://www.chinasalt.com.cn/)

本章思考题

1. 什么是海洋行政管理体制?
2. 试比较国外海洋行政管理体制与国内海洋行政管理体制的差异。
3. 试论述我国海洋行政管理体制的未来发展趋势。

案例分析 4

美国海洋管理体制简介

材料 1：美国海洋与大气局简介

美国联邦政府中管理海洋资源的主要部门是商务部下属的国家海洋与大气局（NOAA）。NOAA 成立于 1970 年 10 月，它不仅负责海洋事务，同时还管理大气事务，其主要职责有：全美的天气及气候预报；海洋及大气资料的监测及归档；海洋渔业及哺乳动物的管理；全美水域的测量绘图；海岸带管理以及上述领域的研究与发展工作。此外，它还负责管理：美国气象和环境卫星的运行；用于海洋测量、调查、渔业及研究目的的舰队和机群；12 个环境研究实验室以及几个超级计算机。

NOAA 是商务部众多机构中最大的一个，该局长一般由商务部的一名副部长担任。现任局长尚未正式任命，目前上届政府的副局长 Scott Gudes 任代理局长。NOAA 内设以下一些部门：公共事务部、政策与战略计划部、可持续发展部、立法部、国际部、高性能运算与通讯部、军事部、财务管理部、海洋与大气运作部、系统购置部、项目协调部以及联邦气象协调部。此外 NOAA 还有五个中心：国家海洋渔业服务中心、国家海洋服务中心、海洋与大气研究中心、国家天气服务中心和国家环境卫星、数据及信息服务中心。每个中心由一名助理局长分管。NOAA 在全国范围内共约有 1.27 万名职员，2001 年的预算约为 32 亿美元。

材料 2：美国渔政管理及渔业法规

1. 美国的渔政管理

美国的渔业管理分为两种：联邦和州政府对渔业的管理。各州对其领海内的渔业行使管辖权，领海之外的海域由联邦政府行使渔业管辖权。

在美国联邦政府，海洋渔业主要由 NOAA 下属的国家海洋渔业服务中心进行管理。该中心统管全国商业性渔业及海洋游钓渔业，包括渔业管理、渔业研究和计划。该中心内设 6 个职能办公室：选举服务办公室、预算管理办公室、可持续渔业办公室、资源保护办公室、海洋生物栖息地建设办公室以及科技办公室；5 个地区中心：东南、东北、西南、西北和阿拉斯加地区中心，每个地区中心下设一个科学中心。

根据《渔业保护和管理法》的规定，美国建立了三个跨州的州际海洋渔业委员会，管理离海岸 3 英里的渔业资源，分别是：大西洋州际渔业委员会、墨西哥湾州际渔业委员会和太平洋州际渔业委员会。此外，对于 3~200 英里的渔业经济专属区的水域，美国将其分成 8 个海区，并建立了 8 个海区渔业委员会。渔业管理委员会的主要任务是在各自管辖的海域内为需要进行管理的渔业制定渔业管理计划，并根据需要对这种渔业管理计划进行修订。委员会有权采用许多管理限制措施，例如：禁渔区、捕捞配额、许可限制、渔具限制等。

按照《渔业保护和管理法》的规定，美国渔业法规的执行机构主要为海岸警卫队在执行中，主管渔业的部门与海岸警卫队密切配合，一般来说，在海上由海岸警卫队负责执行，在岸上则由国家海洋渔业服务中心负责执行。该管理法赋予执行机构以充分的权力。任何经商务部长和主管海岸警卫队的运输部长授权的官员，不管有无拘票，在有充分理由的情况下，有权逮捕任何违犯渔业法规的人员；有权登临任何渔船进行检查或搜查；有权扣留违规渔船、渔具；有权扣留违法船上的渔获物。执行人员还应执行具有管辖权的法院发出的任何逮捕令或其他程序。作为海上的主要执行机构，海岸警卫队配备有先进的装备和设施，其主要任务是禁止毒品走私、海上搜索救生、执行渔业法规等。其主要实施手段是进行空中和海面巡逻，并在岸上进行渔获物和渔具检查。同时，美国政府还使用卫星监视外国渔船的活动。

2. 美国的渔业法律法规

美国于1976年4月宣布建立200海里渔业专属经济区，同时制定了《渔业保护和管理法》（该法案1996年10月11日修订）。该法是美国200多年历史上最重要全面的渔业法规。该法经过多次修订，不断适应变化的资源状况和渔业状况，对美国的渔业管理权限、外国在美国水域内的捕鱼活动、国家渔业管理计划和其他有关方面作了详细的规定。据此法规规定，美国建立了禁渔期、禁渔区，实行渔民登记、渔船登记、控制捕捞强度、限制渔具种类和规格，并限制外国渔业最终将所有外国渔船从美国管辖水域排除出去。除了《渔业保护和管理法》外，美国的主要渔业法规还有：1972年颁布的《海岸带管理法》《珍贵稀有生物品种保护条例》；1973年颁布的《海洋保护、研究和禁猎区条例》；1980年颁布的《美国水产养殖条例》和《美国渔业促进法》；1988年的《濒危物种保护法案》；1994年修订的《海洋哺乳动物保护法案》等。

材料3：美国海洋服务中心简介

美国海洋服务中心（NOS）的主要职责是促使美国海岸地区的环境保护与经济发展协调一致，并确保美国海岸带安全、健康和有生产力。它内设10个办公室和中心，分别是：特殊项目办公室、国际计划办公室、NOAA海岸服务中心、海洋运行产品与服务中心、预算管理办公室、海岸调查办公室、国家测地调查办公室、海洋及海岸资源管理办公室、污染应对与恢复办公室以及国家海岸科学中心。NOS 2001年预算约为5.94亿美元。该中心主要从事以下四个方面的工作：

1. 保持海岸健康

主要是指沿海居住地的海洋环境资源保护与经济的协调发展,如对海岸污染进行恢复治理等等。

2. 提供航运资料与设备

为了保障各种船只航行和进出港口的安全,该中心提供航行所必需的各种信息,如资料、地图及各种航海定位系统所需的基本数据及标准等。

3. 进行海洋及海岸科学研究

美国有一半以上的人口居住在沿海地带,所以海洋对美国的发展至关重要。该中心有关的海洋研究数据是全美各部门和科学家研究海洋的基础。该中心从事的研究包括:自然灾害的研究、海洋对气候变化的影响以及对红潮的调查等等。

4. 提供信息,减小海洋灾害的危害

常见的海洋灾害如飓风、海啸等等自然灾害是人类无法阻止的,但该中心通过网络提供这方面的信息,以期减少这些灾害所带来的损失。

材料 4:美国的海洋科学与研究

美国海洋与大气局(NOAA)的海洋与大气研究办公室(OAR)主管美国海洋领域的科学研究工作。该办公室与 NOAA 的国家天气中心、国家海洋服务中心、国家环境卫星数据信息服务中心以及国家海洋渔业服务中心等共同合作开展海洋领域的科研工作。OAR 2001 年的预算约为 3.15 亿美元。OAR 的研究网络包括:

(1) 12 个内部研究实验室和 11 个合作研究院所:其中 6 个实验室在科罗拉多州,分别是超高气流实验室、气候诊断中心、气候监测与诊断实验室、环境技术实验室、预报系统实验室以及空间环境中心;此外还有位于马里兰州的空间资源实验室、位于迈阿密的海洋与气象实验室、位于新泽西州的地球物理流体动力学实验室、位于俄克拉荷马州的国家超级风暴实验室以及位于华盛顿州的太平洋海洋环境实验室。这些实验室的研究领域广泛,主要包括:厄尔尼诺、飓风、龙卷风、海啸、海底火山等等。

(2) 30 个国家海洋资助计划:全美有 200 多研究院所及大学以及 3000 多个科学家、工程师等参加了这些计划。

(3) 全球计划办公室(OGP):主要管 NOAA 的全球气候变化计划。

(4) 国家海底研究计划(NURP):是一个由 6 个区域性的海底研究中心组成的网络。在海洋科研领域,美国的主要立法有:1998 年的《国家海洋资助学院计划再授权法案》以及 1990 年的《非本土水上麻烦防范与控制法案》等。

材料 5:美国海事管理局简介

美国海事管理局(MARAD)隶属美国交通部,其主要职责是维护和推动美国商业海运的发展,并能在战争时期有能力为海军服务。该局内设以下机构:局长办公室,法律咨询办公室,研究与发展协调办公室,海上劳务、培训及安全办公室,国会与公共事务办公室,财务论证办公室,造船办公室,国家安全办公室,港口联运及环境事务办公室,政策与国际事务办公室以及行政办公室。此外还有5个区域办公室分别为:北大西洋区、南大西洋区、五大湖区中区和西区办公室。另外还有一个学院——美国商业海事学院。MARAD 的主要计划、倡议和活动包括以下几个方面:

(1) 海洋运输系统倡议,目的是确保建立一个安全的、对海洋环境无害的世界级的运输系统。

(2) 国家安全方面的计划和活动,主要是确保在战争时期或紧急时期运输货物的能力。

(3) 支持并推动造船能力的发展,确保美国在国际上的竞争力和国家安全。

(4) 海上劳务和培训工作。

(5) 过水域港口的建设和联运能力的建设。

(6) 环境保护活动,如工业环境支持、海上废气排放以及压舱水管理等。

材料6:美国海岸警备队简介

美国海岸警备队(USCG)是一支军事化的多功能的海上服务部队。它最早成立于1915年,1967年至今成为美国交通部的一个部门,但在战争时期则由美国海军直接指挥。目前,USCG 所有人员包括现役的和后备的士兵和军官以及全职的公民等共约8.4万多人。其2001年预算约为46亿美元。

USCG 司令直接管理三大块:大西洋区、太平洋区和参谋长办公室。其中大西洋区又分成1、3、5、7、9五个小区;太平洋区则分成11、13、14、17四个小区。参谋长办公室下设处有:资源处、财务与购买处、系统处、人力资源处、海洋安全与环境保护处、运行处、信息与技术处等等。

USCG 管辖区域包括美国内陆的水域、沿海港口、美国9.5万多英里长的海岸线以及美国的领海和340万平方英里的经济专属区水域,还有对美国有重要影响的一些国际水域。其主要职责分为以下五个部分:

(1) 海上安全:所有海上事故所引发的生命财产的搜索和救援工作。

(2) 海上执法:美国法典规定"美国海岸警备队有权执行或协助执行美国管辖范围内的海洋和水域的所有可适用的法律"。其具体执法行为主要包括:阻止针对美国的海上非法走私、贩毒、偷渡等行为;防范海上非法捕捞;对海上各种违反联邦法律的行为进行执法。

(3) 海上协助:主要是指协助推动海上商业及商品、个人娱乐和经济活动的正常有效的开展,尽量减少各种干扰和障碍,保护港口及码头的安全等。

(4) 保护海洋自然资源：对与海洋运输、捕鱼以及游艇娱乐等有关的海洋资源和环境进行保护。

(5) 保护国防：USCG 是美国五大武装服务部队之一，肩负保护国防的重任。

结合案例，请回答：

1. 综合上述美国海洋管理体制的基本介绍材料，请试评价美国海洋管理体制。

2. 美国海洋管理体制有哪些可借鉴之处？

第五章
海洋行政管理组织

海洋行政管理组织,是海洋行政管理职能的主要承载者,也是海洋行政管理权力的主要运用者。海洋行政管理组织的设置与完善有助于构建海洋行政管理学的理论体系,对于推进我国海洋事业发展,完善我国的海洋行政管理体制,具有重要的理论与现实意义。

第一节 海洋行政管理组织概述

一、海洋行政管理组织的含义

人类社会是一个有组织的社会,每个人都是一个或多个组织的成员。组织的种类和形式多种多样,大到国家,小到家庭,组织广泛分布于社会生活的各个领域。组织本身是一个系统,它是由具体目标、内在秩序和外在形式以及人、财、物等要素构成的整体,具有汇聚功能、转换功能和释放功能,它能汇聚个人能量转变成一个具有新的能量的整体,即凭借整体的力量去实现个人力不能及的目标。从广义上来说,行政组织就是指各种为达到共同目的而负有执行性管理职能的组织系统。它既包括各类企事业单位、群众团体、政党的负有管理职能的组织系统,也包括国家机关中的立法、司法系统中负有执行性职能的各类单位和国家的整个组织系统。行政管理学所研究的是狭义的行政组织。狭义的行政组织是指依一定的宪法和法律程序建立的、行使国家行政权力、管理社会公共事务的政府组织机构实体。

相应而言,海洋行政管理组织是海洋行政管理的主要承担者,是以国家海洋利益为目标,通过其管理职能的发挥,从而提高海洋开发利用的系统功效,保护海洋环境,促进海洋的可持续发展与维护海洋权益的政府组织。海洋行政管理组织需要具备三个必要条件,即:依法享有海洋行政管理职权,能以自己的名义实施海洋行政管理活动,能够独立地承担由此产生的法律责任。海洋行政管理组织也有广义与侠义之分。广义的海洋行政管理组织,除了国家海洋局之外,还包括其他一些涉海行政管理组织。广义的海洋行政管理组织可分为海洋行政主管组织和海洋行业主管组织；海洋行政主管组织主要指国家海洋局及其附属组织，它作为主要的海洋行政组织，承担我国主要的海洋管理职能，主要包括交通部门、农（渔）部门、公安部门等十几个职能部门及 11 个省级沿海地方政府和 6 个副省级沿海地方政府。狭义的海洋行政管理组织，即是指国家海洋行政主管部门，在我国，国家海洋行政主管部门主要指国家海洋局及其地方各级海洋行政管理部门。国家海洋局包括总局和北海、东海、南海三个分局，沿海地方政府中的海洋部门因接受国家海洋局的业务指导，因而也可以将之纳入狭义的海洋行政管理组织范畴之内。[①]

为了进一步理解行政组织的含义，也可从静态、动态、心态和生态四个方面来把握海洋行政管理组织。

（一）静态的海洋行政管理组织结构

从静态的角度看，海洋行政管理组织是一个完整的实体，它是由按照职能目标分工、权责分配、工作程序设置的各个层级、各类部门、各个职位等所共同构建的一个完整体系。其中职位是海洋行政管理组织结构的基本元素，职位引发的责权关系构成了整个海洋行政管理组织的结构。

（二）动态的海洋行政管理组织过程

从动态的角度来考察，海洋行政管理组织是一个发挥组织功能的动态活动过程。任何组织都具有一定的组织目标，而海洋行政管理组织目标的实现则依赖于领导、决策、执行、监督、协调等一系列的组织活动过程。可见，海洋行政管理组织并不是铁板一块、僵硬凝固的结构框架，它具有动态的功能。

（三）生态的海洋行政管理组织环境

从海洋行政管理组织与其内部和外部环境平衡的角度来看，海洋行政管理组织是一个有机的生命体，是随着环境的变化而自我适应、自我调整的开放性系统，是整个社会的子系统。任何海洋行政管理组织都是一定历史条件、社会条件和文化条件的产物，它必然会受制于这些社会的客观条件，从而调整自身的结构与活动方式以适应环境的变化和需要。

（四）心态的海洋行政管理组织意识

从海洋行政管理组织的心理与精神方面来看，海洋行政管理组织是其人员的权责观念、感情交流、价值观念与思想沟通所形成的思想意识的团体。这种团体意识与海洋行政管理组织行为有着密切的关系，它对海洋行政管理组织行为具有正反两方面的促进作用，因此必须注意海洋行政管理组织的心态特征。

---

① 王琪,等.海洋行政管理学[M].北京:人民出版社,2013:54.

从以上四个方面分析,可以较完整地把握海洋行政管理组织的含义及性质,它提示我们认识海洋行政管理组织不能只从机械的、物质的观点着眼,还必须从动态的、生态的、心态的角度去研究,只有这样才能全面地认识海洋行政管理组织。

二、海洋行政管理组织的特征

海洋行政管理组织是行使海洋行政管理权的政府系统,与其他涉海行业管理组织及社会组织相比,具有其独有的特征:

(一) 社会性

国家职能的两重性决定了行政组织必须承担管理社会公共事务的社会职能,它体现了行政组织的社会性特征。任何国家的行政组织在行使管理社会公共事务职能时,都需为全社会提供服务,其行为都具有维护社会公共利益的属性。海洋行政管理组织是为国家海洋利益服务的政府组织,有责任为全体人民,包括当代人及其子孙后代保护好海洋环境,促进海洋经济的可持续发展并维护海洋权益。

(二) 权威性

行政组织作为国家权力的合法代表,以国家的名义管理社会公共事务,拥有着凌驾于整个社会之上的权威,并用强制力来保证其政策法令的实施。海洋行政管理组织是由于海洋社会的公共需要而产生的,具有宪法和法律授予的公共权力。凭借这种公共权力,政府可以制定各种法律、法规和政策来规范各种涉海行为,有效地管理海洋社会的公共事务,其行政行为受到法律的保护,具有广泛的约束力和强制执行力,其管辖范围内的任何组织和个人,都必须遵守和服从,并不许与之抗衡,否则,要用法律和政纪加以惩戒与制裁。

(三) 法制性

行政组织是依法代表国家行使行政权力的机构,有着很强的、普遍法制约束性。这是它不同于其他社会组织的鲜明特点。海洋行政组织的设置及其宗旨和目标、人员编制及管理、行为规范、管理方式等都是由宪法和有关法律决定的。与此同时,海洋行政组织也必须依据法律规定及运用法律手段来行使其职权,并承担法律责任。法制既是海洋行政组织活动的依据,又是海洋行政组织活动的手段之一。法制性是海洋行政组织权威性的基础。

(四) 系统性

任何国家的行政组织都是依法设置的,由若干要素按一定目标结构、部门结构、权力结构所组成的职责分明、协调有序、纵横相联、浑然一体、政令统一的有机整体。海洋行政管理组织就是一个层次分明、组织严密、有序的政府系统。目前我国已形成了"国家海洋局—海区海洋分局—海洋管区—海洋监察站"的四级管理体系。1989年10月,国家海洋局明确下达了北海、东海和南海分局10个海洋管区和50个海洋监察站的职责,确定海洋管区是所辖海区的综合管理机构,领导所属海洋监察站完成维护海洋权益,协调海洋资源开发、保护海洋环境的执法管理职责。

三、海洋行政管理组织的分类

对于海洋行政管理组织类型的划分,可以按不同的标准,从不同的角度进行分类。

(一)按照海洋行政管理组织的职权范围和作用不同可划分为如下类型

(1)海洋行政领导机关。领导机关亦称首脑机关,指在海洋事务中统筹全局、具有决策权的领导组织,它是各级海洋组织政府统辖全面的决策核心。领导机关是海洋行政组织的中枢,是各级海洋组织决策和执行的指挥机关。领导机关的职能是对辖区内的重大海洋行政事务进行集中领导和决策,并督导决策的实施。它的职权活动具有全局性、综合性特征。海洋行政领导机关在现实中表现为各个海洋行政管理组织的领导,包括中央相关部委的部长、局长以及副部长、副局长等,沿海地方政府的省长、市长以及副省长、副市长等,海洋渔业厅(局)的厅长、局长以及副厅长、副局长等。

(2)海洋行政职能机关。职能机关指各级海洋行政组织中负责组织和管理某一专业方面海洋行政事务的执行机关。它隶属于首脑机关或行政首长,在领导机关的领导下进行工作,执行领导机关制定的方针、政策和指示,对上受政府首长的指挥监督,对下在所管辖范围内行使其行政管理职能。它的职权活动具有局部性、专业性特征。

(3)海洋行政办公机关。办公机关亦称幕僚机关,指协助海洋组织行政首长处理海洋日常事务的综合性办事机构。其典型存在形式是各级政府的办公厅(室)。海洋行政组织的办公机关没有特定的专业性,不能离开行政首长而独立存在,其活动直接听从行政首长的指挥和要求。它对各专业行政职能部门没有直接指挥和监督的权力,但在授权条件下可以代表行政首长行使权力。由于辅助机关是紧靠行政首长且完全受命于首长的一个组织环节,它参与海洋行政政务、协助决策、沟通关系、协调活动、收集信息和处理纠纷,因此,它的状态直接关系到首脑机关功能的发挥,历来被认为是一种重要的海洋行政机构。

(4)海洋行政参谋咨询机关。海洋行政参谋咨询机关亦称智囊机构,是一种现代政府的组织形态,通常指汇集海洋方面的专家学者和富有经验的海洋行政政府官员来专门为政府出谋划策、提供论证和较佳政策方案的海洋行政机构。参谋咨询机关具有业务独立的地位,其基本职能是研究咨询、参与海洋行政决策、协调政策、培训人才。目前,从世界各国情况看,海洋行政咨询机构在政府中的地位日益重要。

(5)海洋行政派出机关。海洋行政派出机关指一级政府根据海洋政务管理的需要,按管辖地区授权委派的代表机关。派出机关是不构成一级政府的行政机关,其权力是委派机关权力的延伸,因而以委派机关授权的性质、程序和范围为转移。派出机关的主要职能是承上启下实行管理,即监督检查辖区行政机关贯彻执行上级的决议和指示,同时向委派机关报告辖区行政机关的情况和意见,并完成委派机关交办的其他事项。我国的海洋督察管理制度被认为是典型的海洋行政派出,海洋督察是指上级海洋行政主管部门对下级海洋行政主管部门、各级海洋行政主管部门对其所属机构或委托的单位依法履行行政管理职权的情况进行监督检查的活动。

(二)按照管理范畴和权限不同,可将海洋行政管理组织划分为海洋行政主管部门和涉海行业管理部门

(1)海洋行政主管部门承担者海洋行政管理的主要职责,负责海洋事务的统筹、协调和规划;海洋行政主管部门代表国家对海洋实施一体化管理,可以有效实现海洋的统筹规划和综合管理。我国海洋行政主管部门的主体如下:

①国务院。中华人民共和国国务院,即中央人民政府,是最高国家行政机关。国务院由全国人民代表大会产生,是最高国家权力机关的执行机关。根据《中华人民共和国宪法》和《中华人民共和国国务院组织法》的规定,国务院享有领导和管理全国行政事务,包括管理海洋行政事务的职权;享有发布包括海洋行政命令的一切行政决定、命令的职权,享有领导各级行政机关可以改变或撤销其违法不适当的命令、指示、规章和决定的权力以及最高国家权力机关授予的其他职权。

②国家海洋局。国家海洋局是1964年经国务院批准正式成立的国务院直属局,是海洋规划、立法、管理的政府行政管理机构。国家海洋局是国土资源部管理的监督管理海域使用和海洋环境保护、依法维护海洋权益、组织海洋科技研究的行政机构。2013年国务院重新组建国家海洋局,以中国海警局名义开展海上维权执法,接受公安部业务指导。

③国家海洋局所属海洋分局。国家海洋局所属3个海洋管理分局是1965年3月18日经国务院批准成立的,成立之初就具有独立的法律地位。随着一大批海洋法律法规的授权,国家海洋局所属的东海、南海、北海三个管理分局,不仅具有了海洋行政主体的资格,而且越来越多地承担了大量海洋行政事务的管理。

④香港特别行政区政府。香港特别行政区辖区内具有海洋区域部分,是1990年经人大通过批准的,根据国务院第221号令的规定,确立了香港特别行政

区政府具有海洋行政主体的资格。

⑤部分省级人民政府。具有法定海洋行政管辖权的沿海省、自治区、直辖市人民政府,可以构成海洋行政管理主体。

⑥法律法规授权的其他组织。

(2)涉海行业管理部门则是只有权对涉及自己行业的海洋活动或者对象实施管理的海洋行政组织。涉海行业管理组织具有专业化的优点,因而可以辅助海洋行政主管部门管理海洋事务,涉海行业管理部门是海洋行政管理组织中的一个重要组成部分,它们构成了海洋港口和交通运输管理、海洋渔业管理、海洋油气生产管理等的管理主体。但是,由于海洋行政主管部门与涉海行业管理部门处于同一行政层级,它们之间没有隶属关系,因而也造成了一定程度的推诿扯皮和管理不畅。因此,进行海洋行政主管部门和涉海行业管理部门的职权划分、责任确定等成为海洋行政管理改革内容之一。

四、海洋行政管理组织的设置原则

综合国内外学者的研究,结合我国海洋行政管理的实际,海洋行政管理组织的设立应遵循如下原则:

(一)适应职能目标需要原则

行政组织必须与行政职能相适应,并根据行政目标调整。海洋行政管理组织的设立取决于其行政职能目标,合理的职能结构才可能有合理的组织结构。海洋行政管理组织职能的变化、管理方式的变化、海洋行政管理职权转移、临时管理任务的需要等,都会对海洋行政管理组织的变化产生影响。据此需要对海洋行政管理组织的目标进行明确的定位和准确的分析,包括静态分析和动态分析两个方面,特别是关于新职能的产生、职能重心的调整,以更好地适应行政职能的需要。如因国家海洋维权的需要,2013年国务院将国家海洋局及其中国海监、公安部边防海警、农业部中国渔政、海关总署海上缉私警察的队伍和职责整合,重新组建国家海洋局,由国土资源部管理。其主要职责是,拟订海洋发展规划,实施海上维权执法,监督管理海域使用、海洋环境保护等。国家海洋局以中国海警局名义开展海上维权执法,接受公安部业务指导。为加强海洋事务的统筹规划和综合协调,设立高层次议事协调机构国家海洋委员会,负责研究制定国家海洋发展战略,统筹协调海洋重大事项。国家海洋委员会的具体工作由国家海洋局承担。

(二)完整统一原则

行政组织是行使国家行政权力的主体,各级各类行政组织构成一个完整的统一体。现代国家无论是单一制或联邦制、集权制或分权制都必须是完整统一的,任何局部行政组织都是有机整体的组成部分。职能目标要统一,局部目标服从整体目标。一个下级组织或人员只应听命于一个上级组织或领导,这有助于国家政令的统一而迅速地实施。要形成统一指挥的权力系统,不能政出多门、多头指挥。每一个职位所享受的行政权力与所应承担的行政及法律责任应保持一致,职权与职责应有法律明确的说明。

(三) 依法设置原则

海洋行政组织的设置及其体制化要有法律上的依据,机构的设置与变更要依照法定的程序进行。进入 21 世纪,世界各海洋国家都在根据本国的具体情况,重新制定或调整本国的发展战略、政策、规则和法律,以更好地管理海洋。美国是世界上海洋管理法规体系最为完善的国家之一,2000 年 8 月,美国国会通过了《海洋法令》;2004 年,美国出台了 21 世纪的新海洋政策《21 世纪海洋蓝图》,对海洋管理政策进行了迄今为止最为彻底的评估,并为 21 世纪的美国海洋事业与发展描绘出了新的蓝图;2004 年,日本发布了第一部海洋白皮书,提出对海洋实施全面管理;20 世纪 90 年代初,英国政府公布了《90 年代海洋科学技术发展战略规划》报告,提出国家海洋发展规划;欧盟于 2001 年制定了《欧洲海洋战略》,以确保海洋资源的综合管理。

(四) 职、责、权一致原则

行政组织是一个权责体系,在行政过程中职务、权力、责任三者互为条件,有效的行政组织须明确规定各个机构和成员的职责范围,授予相应的行政权力,规定其责任,并建立严格的监督、考核、奖罚、升降等制度。海洋行政管理组织的权责一致原则是指在政府机构的设置中,要使机构的职权与职责相称、平衡,具体包含:设计合理的职位体系;形成权责相称的制约机制;制定奖惩分明的激励机制。海洋行政管理组织和行政人员在海洋行政管理中,职务、职权、职责三者必须相称,才能做到在其位、谋其政、行其权、尽其责。

第二节 我国海洋行政管理组织的变革

行政生态理论认为,任何行政组织都不是一个绝对独立、自我封闭的系统,它在运行过程中要经常地与社会环境相互影响、相互作用。尤其是面对迅速变化和发展的海洋发展环境,以管理海洋公共事务为存在依据和基本职能的海洋行政管理组织更应不断作出相应调整和变革,以完善海洋行政管理组织结构,提高海洋行政管理效能。海洋行政管理组织的变革是海洋管理优化的重要内容,海洋行政管理组织的变革既包括海洋行政管理机构的整合,也包括机构之间的职权重组与责任明确。

所谓海洋行政管理组织的变革,是指海洋行政管理组织根据其外部环境的变化,及时地变革自己的内在结构,以适应客观发展的需要。海洋行政管理组织的变革是一种破旧立新的活动,即破除旧的海洋行政管理组织结构和运营秩序,建立新的海洋行政管理组织结构和运营秩序。具体而言,这种变革可能是对海洋行政组织内部一个或一个以上的组织成分进行变动,也可能对一个海洋行政组织内的所有组成部分都进行变动,如组织目标、组织计划、组织结构的设置、组织的规章制度及人员和技术等。值得注意的是,对海洋行政组织内的任何部分的变革都会影响和波及海洋行政组织的其他方面,因此,海洋行政组织的变革往往是牵一发而动全身的系统性和全面性的过程。

一、我国海洋行政管理组织变革的动力

行政组织变革的动力是推动决策者和行政领导进行组织变革的力量。它是一个综合范畴,概括起来,海洋行政管理组织变革的动力源自于以下方面:

(一)外部环境的动因

公共行政组织作为一个开放性的生态系统,必然要受到外部环境的深刻影响,环境的改变无疑是行政组织变革的主要的根本动因。无论是一般社会环境、具体工作环境,还是团体社会环境都会不同程度地直接或间接地影响到行政组织结构和功能的变化,推动着行政组织的变革。进入 21 世纪后,海洋的战略地位不断提升,海洋地位的凸显,使得海洋行政管理的外部环境不断发生变化。这种变化体现在两个方面:一是海洋环境污染严重与陆域资源日益枯竭。我国是海洋大国,丰富的海洋自然资源和巨大的生态系统服务价值是国家经济社会发展的重要基础和保障。在经济迅速增长、人口快速增加及城市化程度不断加快而陆地资源日益枯竭的背景下,立足陆海统筹,科学开发海洋资源和保护海洋环境,是支撑我国经济社会可持续发展的必然选择,也是实现 21 世纪宏伟蓝图的必由之路。然而,由于近年来沿海区域经济和海洋经济的快速发展,给近海环境带来了巨大的压力和影响,我国海洋生态环境持续恶化。水道被疏浚,海岸带被过度开发,过度捕捞和毁灭性的渔业活动导致主要渔业种群崩溃或食物网受损;太多种类营养盐的过量输入,致使沿岸海水成为世界上化学成分改变最大的区域。所有这些因素,与全球气候变化所引起的海平面上升和更为频发的严重风暴潮协同作用,使海洋生态系统更加脆弱。二是海洋权益维护面临挑战。我国是传统的陆权国家,海洋意识淡薄,对海洋问题长期缺乏应有的重视,加之历史和现实的原因,我国的海上形势日趋严峻、复杂,其中尤以我国与周边海上邻国的权益争端为甚。从北到南,我国在黄海、东海和南海 3 个海域内与 8 个海上邻国存在权益争端,还面临着美国、印度等大国插手的严峻现实,受到来自周边邻国和区域外大国的联手制衡与遏制,我国的海上安全权益受到威胁。其中南海涉及的争端方较多、情况复杂、最为敏感。这些外部环境的变化,使得目前的海洋行政管理组织难以承担起

相应的管理职责,从而成为海洋行政管理组织变革的动力之一。

(二) 海洋行政管理职能的动因

行政职能是行政组织存在的依据,行政组织是行政职能的载体或承担者。因此,行政职能的变化必然引起行政结构的变化。海洋行政管理职能对海洋行政组织有着重要的影响,有什么样的海洋行政职能,就应该设置什么样的海洋行政管理机构。党的十八大报告中提出了"提高海洋资源开发能力,发展海洋经济,保护海洋生态环境,坚决维护国家海洋权益,建设海洋强国",这预示着"海洋强国"战略目标已被纳入国家整体大战略中,政府对海洋事务的管理也上升至前所未有的战略高度。从根本上说,"建设海洋强国"战略是新时期中国特色海洋观发展到一个崭新阶段的必然要求,这同时也对政府海洋管理职能提出了新的要求。因此,如何切实转变政府海洋管理职能,实现政府海洋管理的体制机制创新,直接关系到未来海洋战略能否得到真正落实。政府海洋管理的完善和提高取决于政府海洋管理能力的高低,而提高政府海洋管理能力的关键则在于明确我国政府海洋管理部门的权责,理顺部门之间的关系,这就要求海洋行政管理组织不管是在纵向上还是横向上都要进行一定的变革,以适应海洋事业发展的需要。

(三) 科学技术进步的动因

随着当代科学技术日新月异的发展,特别是电子信息技术、现代办公自动化技术,尤其是网络技术在政府组织广泛普及与应用,网络政府和电子政府的出现,促使海洋行政管理组织作出相应的变革:(1) 海洋行政管理组织结构形态趋于扁平网络化,即海洋行政组织结构从金字塔型向扁平型发展,并且更加具有有机性、灵活性和适应性;(2) 海洋行政组织权力结构走向分权化;(3) 海洋行政组织信息结构走向网络化、交互化;(4) 海洋行政组织管理方式趋于民主化;(5) 海洋行政组织办公趋于虚拟化;(6) 海洋行政组织内部技术和专家系统的功能更为凸显,甚至连行政组织本身都被看作是"学习型组织"。

(四) 海洋行政管理体制改革的动因

中华人民共和国建立以来,我国国家行政组织先后经过多次改革,三十多年来,中国已经先后进行了七次行政管理体制改革。1983 年,中国进行了第一次行政管理体制改革,主要是减少机构、编制及领导职数。1988 年的第二次机构改革,主要是转变政府职能,把政府过去计划经济体制下的职能,逐步转变为适应市场经济发展需要的新体制。1993 年进行的第三次行政管理体制改革,主要是适应建立社会主义市场经济体制的需要,对宏观管理体制进行改革。1998 年,中国进行了第四次行政管理体制改革,主要是在当时亚洲金融危机的背景下,对投资、金融、外贸体制进行了改革;同时撤并了一些部门,大幅度压缩了编制。2003 年的第五次行政管理体制改革,其最主要贡献是提出了简政放权和行政审批制度改革的历史任务,下放了60%左右的各种审批权。2008年,中国第六次行政管理体制改革,主要是实行大部制改革,将原来分工比较细的部门,合并为大部委。2013年,中国启动了新一轮行政管理体制改革,重新组建国家海洋局,国家海洋局以中国海警局名义开展海上维权执法,接受公安部业务指导;设立高层次议事协调机构国家海洋委员会,国家海洋委员会的具体工作由国家海洋局承担。在最近几十年的改革中,我国行政管理体制改革侧重于横向改革,海洋行政管理组织作为我国行政管理体制的重要组成部分,其改革步伐需要与行政管理体制的改革相适宜。因此,行政管理体制改革,不可避免地要求海洋行政管理组织进行相应的变革。

二、海洋行政管理组织的历史沿革

(一)萌芽期(20世纪60至70年代)

成立国家海洋局是我国海洋事业发展的需要,也是全国海洋形势发展的必然结果。新中国成立后,最早设立的海洋行政机构可以追溯到20世纪60年代。成立之初的国家海洋局,其职能包括:统一管理海洋资源和海洋环境调查、资料收集整编和海洋公益服务。此外,海洋局还在地方组建了北海分局、东海分局、南海分局及海洋科技情报研究所,接管建设了60多个沿海观测站、海洋水文气象预报总台、海洋仪器研究所以及第一、第二、第三3个海洋研究所和东北工作站(后改为海洋环境保护研究所)等机构。[①] 在这个阶段,海洋管理分散在各个涉海行业,被称为海洋管理的行业管理阶段;海洋事业也逐步成为一类具有相对独立性的事业,国家海洋管理体系逐渐形成。

(二)形成期(20世纪80至90年代)

这一时期,我国海洋行政管理组织建设有两个特点:一是地方海洋行政管理机构逐渐具备了成立基础。早在20世纪80年代初,当时的五部委联合在沿海省市开展了全国海岸带和海洋资源综合调查,为了更好地配合这次调查,沿海各省市都成了"海岸带调查办公室"。就是这样一个临时性机构,成为当今沿海地方海洋行政管理机构的雏形。在历时8年的联合调查后,在国家科学技术委员会(下简称科委)和国家海洋局的倡议下,海岸带调查办公室改为沿海各省市科委下面管理本地海洋工作的海洋局(处、室)等机构,接受国家科委和海洋局双重领导。我国地方海洋行政管理机构初步形成。另一个典型特点就是进一步加强了涉海行业管理。这一时期,我国的涉海行业管理在四个方面开始得到加强和完善:

---

① 鹿守本,等.海岸带综合管理[M].北京:海洋出版社,2001:127-128.

（1）海洋渔业管理。（2）海洋港口和交通运输管理。（3）海洋油气生产管理。（4）海盐生产管理。

这一阶段我国海洋管理制度在层次、体系等方面处于全面建设状态，中央层面海洋综合管理和法制化管理得到不断强化，地方海洋行政管理体制改革也开始启动并进行了积极的尝试。

（三）成熟期（20世纪90年代至21世纪初）

1998年，国务院进行机构调整和改革。其改革的一个重要内容就是合并机构，精简人员，压缩部委的数量。国家海洋局由隶属于国务院的直属局，整合为隶属国土资源部的独立局。国家海洋局的基本职能也进行了调整，确定为海洋立法、海洋规划和海洋管理三项职能，其基本职责发展为海域使用管理、海洋环境保护、海洋科技、海洋国际合作、海洋减灾、维护海洋权益六个方面。这一时期，除了调整完善海洋局的职能外，另一个重要的机构就是于1999年成立的中国海监总队，负责海洋监察执法，与国家海洋局合署办公。随后，国家海洋局的三个分局也分别成立了北海区海监总队、东海区海监总队、南海区海监总队。

（四）发展期（2010年至今）

这个时期最重大的事件就是国家海洋局的重组，标志着我国海洋管理体制从半集中型向集中型过渡，我国的海洋行政管理体制进入新的发展和完善阶段。在这个阶段，"海洋强国"正式成为国家战略之一，随着海洋地位的不断上升，国家关于海洋的政策方面体现出不断完善海洋立法，推进海洋综合执法的特点。

三、海洋行政管理组织的未来发展趋势

2013年的国家海洋局重组，适应了我国海洋事业发展对海洋行政管理体制改革的需要，理顺了我国海洋行政管理体制的权责关系，标志着我国海洋行政管理体制实现了新的跨越。但是，此次改革在进行中仍然存在一些问题，需要在今后的海洋行政管理组织优化中着力解决。

（一）明确国家海洋委员会人员组成及权责关系

国家海洋局是隶属国土资源部的副部级国家局，而我国涉海事务具有综合性和复杂性，常常涉及多个行业部门，国家海洋局在协调相关部委在涉海事务上的沟通和制定总揽全局的海洋发展规划等方面因层级较低而显得力不从心。因此国务院机构改革适时提出在涉海部门之上设立国家海洋委员会，委员会是最高层级的涉海事物商议和协调的机构，拥有制定国家海洋发展战略，统筹协调海洋事物等重大事项等权利，国家海洋委员会的具体执行工作由国家海洋局负责。

国家海洋委员会责任重大，关于其人员组成和权责目前尚未明确。我国涉海

行业面广,管理部门众多,国家海洋委员会常委的人员构成如何安排需要从我国国情和战略安排出发进一步讨论。改革方案中对国家海洋委员会职责的初步设定过于笼统,哪些海洋事务需要进入高层议事层面,需要在改革推进中不断摸索明确。

(二)加强国家海警局内部整合

中国海警局挂牌成立,将分散于四部门的海洋行政执法权限进行了统一集中,顺应了当今世界海洋管理大趋势,是我国海洋行政管理体制不断科学完善的体现。但挂牌成立与对外统称为中国海警局都只是万里长征第一步,要想取得良好的改革成效就需要不断加强新成立的中国海警局内部的整合。海洋局改革涉及的执法部门较多,执法队伍庞大,人员组成复杂,要想顺利完成内部整合,需要从以下两方面着力:

首先,机构的重新设置与整合。改革方案规定以海警局名义统一海上执法,统一执法不是一个名称下的各自为政而首先需要将机构进行合并。要想中国海警局进入实质海上统一执法阶段,海上执法队伍进行机构的重新设置和整合势在必行。

其次,权力关系的重新确立。中国海警局在完成四支执法队伍的合并后将拥有涉及更多领域的执法权限,同时权力隶属关系有了新变化,在依然隶属于国家海洋局的基础上又接受公安部的业务指导。因此海警局需要对执法权限进行合并、归纳与明确同时需要认清同海洋局、公安的权力隶属关系,避免政出多门、权责不清。

最后,进行人员的整合和人事关系的梳理。整合后的四支执法队伍,在人员上需要重新整合,其人事任免和隶属关系也需要进一步理顺。

(三)加强对海洋执法权的制度性监督和约束

我国曾经面临海洋执法权过于分散的现实,因此,我国启动了海洋行政机关的系统性改革,将海洋执法权集中至新成立的中国海警局。这一改革方案极大改变了我国曾经面临的"九龙治水"的海洋执法情况,很好地解决了海洋执法力量分散的问题。但是,由于海警局是新成立的机构,各种涉海制度尚处于酝酿规划之中,执法队伍的建设也刚刚起步,执法人员的素质和实际执法效果如何还未可知。而更重要的是这样的改革必然带来的是海洋执法权的高度集中,如果缺乏制度性的监督和约束,滥用国家赋予的执法权甚至是违法违纪现象都将有可能发生。为了降低这种情况发生的风险和可能,我国应当做好如下方面:

1. 将海洋执法权的运行置于阳光之下

权力只有在阳光之下运行才能最大限度地保证权力不被滥用,控制违法行为的发生。对于新成立的部门来说,最大限度地公开执法工作的各个方面,是保证执法工作能够良好进行的有效手段。一方面,在内部制度建设时,应当将对内的公开纳入内部流程的设计,使其执法活动能够有规范化、制度化的运行。而另一方面,更要在不泄露国家机密、不影响海上执法活动的前提下,加强对社会的公开工作。海洋工作涉及的范围广泛,从业人员众多,社会参与度也很高,海洋执法工作与他们息息相关,因此面向这类人和组织的公开能有效地监督海洋执法权力的运行。

2. 建立专门的海洋监察机关

就我国目前而言,能够履行监察职能的国家机关是检察院,中央到地方的纪律检查部门则是党内监督的机关。但是,这两类机关都没有专门针对海洋事业进行监督的专业部门和人才。如果依赖海洋行政机关系统内部的监察部门,则又因为这类部门依附于海洋行政系统存在,在行使监督权时无法充分发挥作用,因此使得实际监督效果大打折扣。所以,为了使海洋行政执法力量得到应有的监督,必须建立专门的海洋监察机关,既保证海洋人才可充实监察机关的队伍,又需要最大限度地保证监察机关的独立性。结合外国经验和我国情况,可以在检察机关和纪检机关中设立单独的海洋检察部门,可以选择铁路检察院的形式等,使得海洋部门的监察事务的有效的落实。海洋行政部门的内部监察机构则直接隶属于检察机关和纪检部门,从而摆脱对行政部门的依赖,真正起到监督作用。①

3. 完善责任追究制度,加大对违规执法行为的追究

除了有法可依,对于在实践中树立制度的权威,违法必究则是关键的环节。对于尚待规范的海洋执法行为,加强对责任的追究是规范执法行为的重要手段。责任的追究首先可以通过问责制来实现,即对海洋执法中出现的违规行为、渎职行为等,如果违反了规定,影响了海洋执法工作的,应当对行政部门、主管领导和直接责任人都予以追究的制度。② 问责制并非新生事物,但要想真正在海洋执法中发挥作用,应当对海洋执法的各个环节都进行问责;扩大问责的主体,调动社会力量参与到问责监督中来;对所有有责任人员都要问责而非仅处罚个别人或将责任推卸给单位;要加强对问责制度落实情况的监督检查;加大对问责制度运行的各项保障,使制度能够顺利运转发挥作用。对于问责的情况,也要及时监督,确保责任人得到追究,针对问题能够解决。

本章思考题

1. 什么是海洋行政管理组织?
2. 请简述海洋行政管理组织的设置原则有哪些。
3. 请概述海洋行政管理组织的变革情况及未来发展趋势。

---

① 平开玉.提升我国海洋行政执行力的对策研究[D].青岛:中国海洋大学硕士学位论文,2012.
② 韩剑琴.行政问责制——建立责任政府的新探索[J].探索与争鸣,2004(8).

案例分析 5

国家海洋局关于印发海洋督查方案的通知

沿海省、自治区、直辖市人民政府,国务院有关部委:

《海洋督察方案》已经国务院同意,现印发给你们,请遵照执行。

国家海洋局
2016 年 12 月 30 日

海洋督察方案

为全面推进海洋生态文明建设,切实加强海洋资源管理和海洋生态环境保护工作,强化政府内部层级监督和专项监督,健全海洋督察制度,根据《中华人民共和国海域使用管理法》《中华人民共和国海岛保护法》《中华人民共和国海洋环境保护法》和《中共中央国务院关于加快推进生态文明建设的意见》《生态文明体制改革总体方案》等要求,制定本方案。

一、指导思想

全面贯彻党的十八大和十八届三中、四中、五中、六中全会精神,深入贯彻习近平总书记系列重要讲话精神和治国理政新理念新思想新战略,认真落实党中央、国务院决策部署,统筹推进"五位一体"总体布局和协调推进"四个全面"战略布局,牢固树立和贯彻落实创新、协调、绿色、开放、共享的发展理念,坚持问题导向、依法依规,将海洋督察作为海洋生态文明建设和法治政府建设的重要抓手,推动地方政府落实海域海岛资源监管和海洋生态环境保护法定责任,加快解决海洋资源环境突出问题,促进节约集约利用海洋资源,保护海洋生态环境,推动建立有效约束开发行为和促进绿色低碳循环发展的机制,不断推进海洋强国建设。

二、海洋督察对象

国务院授权国家海洋局代表国务院对沿海省、自治区、直辖市人民政府及其海洋主管部门和海洋执法机构进行监督检查,可下沉至设区的市级人民政府。

三、海洋督察内容

重点督察地方人民政府对党中央、国务院海洋资源环境重大决策部署、有关法律法规和国家海洋资源环境计划、规划、重要政策措施的落实情况。

(一)国家海洋资源环境有关决策部署贯彻落实情况。重点围绕《中共中央国务院关于加快推进生态文明建设的意见》《生态文明体制改革总体方案》《全国海洋主体功能区规划》《水污染防治行动计划》《全国海洋观测网规划(2014—2020

年)》等文件中海洋资源环境有关要求的贯彻落实和执行情况进行督察。

(二)国家海洋资源环境有关法律法规执行情况。督察海域和海岛资源开发利用与保护、海洋生态环境保护、海洋防灾减灾等领域法律法规的执行和落实情况。重点督察相关法律法规确定的地方人民政府海域海岛资源监管和海洋生态环境保护等法定责任的落实情况。

(三)突出问题及处理情况。包括海洋环境持续恶化情况,严重污染、环境破坏、生态严重退化等区域性突出问题,群众反映强烈、社会影响恶劣的围填海、海岸线破坏等问题,以及突发环境灾害和重大海洋灾害处理情况。

四、海洋督察实施

国家海洋局负责组织实施国家海洋督察制度,建立海洋督察工作机制。

(一)督察方式

1. 例行督察:对一定时期内海洋行政管理和执法工作进行全面监督检查,纠正发现的问题,提出改进意见和建议。

2. 专项督察:针对海洋行政管理和执法工作中的苗头性、倾向性或者重大的违法违规问题等特定事项进行监督检查,提出整改意见和建议。

3. 审核督察:依照规定权限和程序,对省级人民政府及其海洋主管部门已批准的海洋行政审批事项进行核查,对审批工作的合法性、合规性和真实性进行监督检查,及时发现和纠正行政审批违法违规问题。

(二)督察程序

1. 督察准备。根据督察工作计划或工作需要,国家海洋局提出具体督察工作方案,按程序上报国务院备案,并做好组织和培训方面的准备。

2. 督察进驻。国家海洋局向被督察对象发送督察通知书,告知其督察事项、督察时间及督察要求等。督察期间主要采取听取汇报、调阅资料、实地核查等形式进行督察。

3. 督察报告。国家海洋局对督察过程中了解的情况和发现的问题及时进行汇总,剖析问题产生原因,提出有针对性的意见和建议,并于督察结束后20个工作日内形成督察报告及督察意见书。对督察中发现的重要情况和重大问题,国家海洋局要及时向国务院请示报告。

4. 督察反馈。督察结束后35个工作日内,国家海洋局将督察意见书反馈给被督察对象,指出发现的问题,提出整改意见和要求。

5. 整改落实。被督察对象要落实督察整改要求,制定整改方案,于督察情况反馈后30个工作日内报送至国家海洋局,并在6个月内报送整改情况。国家海洋局可根据需要,对重要督察整改情况组织"回头看"。没有在规定期限内落实整改要求的,国家海洋局可以依法采取实施区域限批、扣减围填海计划指标等措施予以处置。被督察对象整改落实情况通过中央或当地省级主要新闻媒体向社会公开。

6. 移交移送。对督察中发现的违纪违法行为,需追究党纪政纪责任的,移交纪检监察机关处理,涉嫌犯罪的,移送司法机关依法处理。

五、工作要求

（一）海洋督察工作应坚持实事求是原则,深入调查研究,全面准确掌握情况,客观公正反映问题。督察机构应当主动向社会公布联系方式,接收群众提供的线索。被督察对象应自觉接受监督,积极配合开展工作,客观反映情况。

（二）国家海洋督察对地方人民政府及其海洋主管部门和海洋执法机构进行监督检查,不改变、不取代地方人民政府及其海洋主管部门和海洋执法机构的行政许可、行政处罚等管理职权。

（三）督察机构要严格遵守廉政规定,严格执行中央八项规定精神,抓好督察干部的党风廉政、保密教育;建立健全各项规章制度,防止失职、渎职和其他违纪违法行为;对不认真履行职责,监督检查不力的,应追究相应责任。

结合案例,请回答：

1. 新形势下建立健全国家海洋督查制度有哪些意义？
2. 建立健全国家海洋督查制度的主要内容有哪些？

第六章
海洋行政管理职能

海洋行政管理学所要关注的一个基本问题是海洋行政管理部门应该做什么和不应该做什么，或者说海洋行政管理部门所应扮演什么角色。这实质上是要求对海洋行政管理部门的职能构成进行描述、分析与解释。一国海洋行政管理部门的具体职能构成，往往是由其特殊国情所决定的。处于不同历史发展、具有不同国情的国家，其海洋行政管理部门的职能构成、形成原因必然会有很大差异。

第一节 海洋行政管理职能概述

一、海洋行政管理职能的内涵

海洋行政管理职能是行政职能在海洋行政管理领域的重要表现和具体应用。因而，海洋行政管理职能内容和运行遵循行政管理职能的基本要求和运行规律。所以，要理解海洋行政管理职能的内涵，首先要明确行政管理职能的含义。行政管理职能（Administrative Function），也称行政职能，是国家行政机关，依法对国家和社会公共事务进行管理时应承担的职责和所具有的功能。政府职能反映着公共行政的基本内容和活动方向，是公共行政的本质表现。具体而言，就是指行政组织在管理活动中的基本职责和功能作用，主要涉及行政组织管什么、怎么管、发挥什么作用的问题。行政职能的核心价值点在于回答行政主体"应该做什么"的问题，其反题则在于"不该做什么"。[1]

依据行政管理职能的核心理念，海洋行政管理职能的概念可以定义为：政府实现国家海洋权益和满足海洋事业发展需要而承担的职责和应发挥的功能。它实质上是政府在维护海洋权益、开发与保护海洋资源中，应该承担何种责任，发挥何种功能，采取何种手段。具体而言，海洋行政管理职能的主体是海洋行政管理部门，实践中表现为：宏观上的国家海洋局，中观上的国家海洋局各分局，微观上的各地方政府的涉海行政管理部门等；海洋行政管理职能的作用对象是涉海领域

---

[1] 张国庆.公共行政学(第三版)[M].北京：北京大学出版社，2007.

的公共事务,包括海洋资源管理、海洋环境管理、海域使用管理、海洋权益管理、海岸带管理、海岛管理等内容;海洋行政管理职能发挥的方式是依法管理,这既包括国家有关海洋的各项法律法规,也包括海洋行政管理主管部门出台的各项法律法规及办法等。

二、海洋行政管理职能的属性

海洋行政管理职能是海洋行政管理的基础,是海洋行政管理的权力、体制、领导等确立的依据。有什么样的海洋行政管理职能,就需要配置相应的权力,构建相应的管理体制,实施相应的行政领导。海洋行政管理职能具有如下属性:

(一) 公共性

公共管理所强调的公共性主要体现为:第一,管理主体的多元化,不同于传统行政管理仅限于政府行政机关,其核心主体是政府行政机关,同时还包括非政府组织中非营利社会组织;第二,管理客体的公共性,公共管理主要是对社会公共事物的管理;第三,管理目标的公共性,公共管理的目标是为了更有效地为社会公众提供公共物品保障和促进社会公共利益的公平分配。考察现代海洋行政管理活动不难发现,现代海洋行政管理正是这种具有公共性的管理活动。

海洋行政管理部门的职能涉及国家大量海洋公共事务的处理,根本目的是为所有社会群体和阶层提供普遍的、公平的、高质量的海洋公共服务。首先,海洋行政管理主体具有公共性。由于海洋行政管理对象的特殊性和政府本身应承担的职能,政府无疑是海洋行政管理的重要主体,但不是唯一主体,更多的非政府组织公众也参与到海洋管理中来,并发挥着越来越大的作用。《联合国 21 世纪议程》第 17 章第 6 条也明确要求:"每个沿海国家都应考虑建立,或在必要时加强适当的协调机制,在地方一级和国家一级上从事沿海和海洋区及其资源的综合管理及可持续发展。这种机制应在适当情况下由学术部门和私人部门、非政府组织、当地社区、公众和土著人民参加。"其次,海洋行政管理客体具有公共性。海洋行政管理的客体——海洋实践活动较之陆域实践活动具有更多显著的公共性。海洋活动与陆域活动不同,具有较强的不可预测性。个人和私人组织在面对海洋活动时,由于力量和承受能力的有限,或是不愿过多的介入,或是其开发多带有短视效能,其成本—收益比例远远低于陆地,影响对海洋的进一步开发。换言之,人类探索海洋规律的活动,其"公共性"更加明显,这种具有不可分割性的规律探求,由政府来提供更为适合。而海洋行政管理的核心任务之一就是对这些外部性较强、影响公共利益的海洋行政管理活动进行管理。最后,海洋行政管理目标的公共性。海洋行政管理的目标是维护海洋权益,为社会提供良好的海洋环境质量,实现海洋资源的可持续利用和海洋生态系统的平衡。所追求的是海洋环境和资源以及对海洋开发利用所产生的公共利益,所要解决的涉海公共事务中的问题,所提供的是公共物品。①

(二) 法定性

海洋行政管理职能的法定性是指海洋行政管理职能主体的一切活动都要在宪法和相关法律法规的范围内进行,宪法和相关法律法规规定了一国海洋行政管理职能的边界,使海洋行政管理有法可循。党的十八大报告指出:"提高海洋资源开发能力,发展海洋经济,保护海洋生态环境,坚决维护国家海洋权益,建设海洋强国。"这自然离不开法治的保障。新中国成立以来,我国立法机关及相关政府部门制定了一系列管理海洋的法律和规章制度,包括:(1) 涉海法律,如:《中华人民共和国政府关于领海的声明》《中华人民共和国领海及毗连区法》《中华人民共和国海洋环境保护法》等;(2) 涉海行政法规,如:《中华人民共和国渔业法实施细则》《中华人民共和国水生野生动物保护实施细则》《中华人民共和国渔港水域交通安全管理条例》等;(3) 部门规章,如:《中华人民共和国海洋倾废管理条例实施办法》《海洋行政处罚实施办法》《海底电缆管道保护规定》等;(4) 国务院法规性文件,如:国务院关于国土资源部《报国务院批准的项目用海审批办法》的批复、国务院关于国土资源部《省级海洋功能区划审批办法》的批复等;(5) 地方海洋法律法规海域使用类,如:《辽宁省海域使用管理办法》《河北省海域使用管理条例》《天津市海域使用管理条例》《山东省海域使用管理条例》等;(6) 海洋环保类,如:《辽宁省海洋环境保护办法》《山东省海洋环境保护条例》《江苏省海洋环境保护条例》等。

(三) 动态性

海洋行政管理职能始终是变化的,取决于海洋事业发展和海洋环境的动态性、政府与社会关系的力量对比以及一国海洋行政主管部门与他国的关系演变。21世纪是海洋的世纪,我国的海洋事业迎来了前所未有的发展机遇,也伴随着一系列传统或非传统的挑战,相应的海洋行政管理职能也要作出对应的调整。比如关于海洋综合管理:经过50多年的建设,我国利用丰富的海洋资源发展、建立了一系列的国民经济行业,如海洋水产业、海洋盐业、海运业、海洋石油化工以及海洋旅游业等。在传统的行政管理模式中,国家对这些海洋产业的管理,就是政府行使海洋行政管理职能的基本内容。存在于这种管理体制中的突出问题是,中央政府涉及海洋行政管理的机关并不是单一的,通常都在25个以上。虽然海洋实践活动的复杂性决定海洋行政管理不能由一个中央机构独立承担,但在中央政府内同时存在多个海洋管理机构的条件下,没有从政府机构的设置上成立一个统管海洋事业的权威部门,也未能形成各涉海行政机构协商、协调组织体制,因而经常

---

① 周学锋.公共管理视阈下政府海洋管理职能探析[J].中国水运,2009(1).

发生由于分散管理而造成海洋开发秩序的混乱和国家权益的损失。经验证明,当一个国家海洋资源和空间的开发利用发展起来,政府综合协调各类海洋活动主体、平衡各种海洋利益的作用就显得越发重要。当前,在海洋行政管理体制改革中一个呼声很强的观点是:为了实现国家海洋综合管理的职能,成立具有权威性的海洋综合管理部门,或建立各涉海职能部门包括有影响的海洋企事业组织在内进行沟通协调的工作平台。比如成立综合国家海洋管理事务的最高政府职能机构,或者国务院海洋事务委员会,以实现海洋综合管理的制度保障。① 因此,鉴于国家海洋事业发展的需要,根据 2013 年国务院机构改革和职能转变方案,重新组建国家海洋局。国家海洋局以中国海警局名义开展海上维权执法,接受公安部业务指导;设立高层次议事协调机构国家海洋委员会,国家海洋委员会的具体工作由国家海洋局承担。

(四) 战略性

由于沿海地区存在着地理条件、生物资源、生产方式、文化背景等方面的巨大差异,要在国家层面采取完全统一的海洋管理方式有一定的困难。海洋管理本质上是全球性问题,但具体表现却是区域性问题。因此,需要在国家层面上从某个区域的环境与发展战略高度入手去解决这些问题。为此,要寻找兼顾区域地理环境、各方利益和政策需求的管理方式,结合地方、区域、部门和国家的特点,保证所有参与者能够同心协力,既要协调以往不同海洋利用和管辖区的管理冲突,也要减少职能交叉重叠和权益冲突。可见,海洋行政管理的各项职能,或多或少都具有和体现着战略性的要求,应从战略高度认识和考虑各种职能问题。②

三、海洋行政管理职能的意义

首先,海洋行政管理职能规定了国家海洋行政管理活动的基本方向。海洋行政管理职能是国家职能的具体体现,它决定了海洋行政主管部门活动的性质和方向、范围和内容。其次,海洋行政管理职能是建立海洋行政组织和进行机构设置、人员配备的最基本依据。海洋行政组织与海洋行政管理职能存在内在关联:一方面,海洋行政管理组织是海洋行政管理职能的必要载体,离开这一载体,海洋行政管理职能就无法实现;另一方面,海洋行政管理组织依据海洋行政管理职能进行科学设置。最后,海洋行政管理职能的实现程度是衡量海洋行政管理科学化、效率化的重要标准。

---

① 杨金森.海洋事务面临的重大问题[A].//杨金森.中国海洋战略研究文集[C].北京:海洋出版社,2006.

② 帅学明.中国海区行政管理[M].北京:经济科学出版社,2010.

第二节　海洋行政管理的职能体系

一、海洋行政管理的程序性职能

作为公共部门开展的一种较高层次的管理活动,海洋行政管理有与其他各种管理活动相同的基本特征。海洋行政管理部门,也与其他的社会管理组织一样,履行着一些相同的程序性职能;这些职能反映着海洋行政管理部门在管理海洋公共事务的过程中所具有的一般性或普遍性的作用,表现的是管理活动的共性特征,也是所有管理活动中最基本、最普遍的职能。

(一)决策

关于决策含义的理解,有以下三种:一是把决策看作是一个包括提出问题、确立目标、设计和选择方案的过程。这是广义的理解。二是把决策看作是从几种备选的行动方案中作出最终抉择,是决策者的拍板定案。这是狭义的理解。三是认为决策是对不确定条件下发生的偶发事件所做的处理决定。这类事件既无先例,又没有可遵循的规律,做出选择要冒一定的风险。也就是说,只有冒一定风险的选择才是决策。这是对决策概念最狭义的理解。综上,本书认为,决策是管理者为解决各种问题、实现特定目标而制定与选择行动方案的一项基本管理职能,它贯穿于一切管理活动过程之中。任何社会组织的管理活动,从最高层管理者到最基层的工作者都拥有一定的决策职能,愈往高层,目标性(战略性)决策越多;愈往基层,执行性决策越多。从动态运行的角度看,海洋行政管理部门的决策职能主要包括确立目标、发现问题、设计方案、最终方案的抉择与实施等一系列基本步骤与内容。

(二)组织

海洋行政管理部门的决策实施要依靠各部门成员的合作,组织工作正是基于人类对合作的需要而产生的。如果想要在实现海洋决策目标的过程中产生比单个个体功能之和更大的功能、更高的效率,就需要根据海洋事务的具体要求与成员特点,设计工作岗位,进行授权与分工,将适当的人员安排在适当的岗位上,用相应的规章制度确定各个成员之间的职责关系,以形成一个有机的海洋行政组织结构,并使整个组织得以协调运转。这就是海洋行政管理部门的组织功能。具体而言,海洋行政管理的组织职能一般包括组织结构设计、人员配备与力量整合等基本内容。其中,海洋行政组织的结构设计与人员配备是基础,而所谓力量整合则是海洋行政管理部门组织职能的核心价值所在。

（三）领导

决策与组织工作做好了，并不一定能保证海洋行政管理部门目标的顺利实现，这是因为海洋行政组织的目标还要依靠全体成员的实际工作来加以实现。配备在海洋行政管理组织机构各种岗位上的人员，由于各自的目标、需求、偏好、性格、素质、价值观、职责和信息量等方面存在较大差异，在海洋行政管理的工作实践中必然会产生各种矛盾和冲突。因此就需要海洋行政管理部门中的领导者运用领导职能，通过指挥人们的行为、沟通人们之间的信息、增强相互间的理解、统一人们的思想和行动，激励每个海洋行政组织内部成员自觉地为实现组织目标而共同努力。具体而言，海洋行政组织的领导职能又包括指挥、沟通、协调及激励等基本职能活动。

（四）控制

控制职能是促使海洋行政管理组织的活动按照计划规定的要求展开的过程。控制职能是按照既定的目标、计划和标准，对海洋行政管理组织活动各方面的实际情况进行检查和考察，发现差距，分析原因，采取措施，予以纠正，使工作能按原计划进行。或根据客观情况的变化，对计划作适当的调整，使其更符合于实际。控制职能包括宏观控制和微观控制两种类型，其中尤以宏观控制对海洋组织运行及海洋行政管理的总体目标实现影响最大。控制职能有着严格的时间性和阶段性要求，超过了一定时间或阶段，再好的控制措施也难以发挥其应有的效用。海洋行政管理部门控制职能的发挥一般包括确定标准、衡量成效与纠正偏差等三个步骤。

二、海洋行政管理的任务性职能

海洋行政管理是海洋行政管理部门对海洋公共事务包括海洋公共物品及公共服务的管理，它有自己特定的行为方式和活动领域；更为重要的是，海洋行政管理部门必须以公共价值与目标为取向。因此，这些海洋行政组织相应地承担了一些特殊的任务性职能。这些特殊职能是海洋行政部门在海洋事务管理过程中所发挥的具体的、特定的作用，反映了海洋行政管理部门活动的特性。具体而言，海洋行政管理职能可以分为海洋经济管理职能、海洋政治统治职能、海洋社会管理职能以及海洋文化管理职能。

（一）海洋经济管理职能

海洋经济管理职能是指海洋行政主管部门为促进国家海洋经济的发展，对海洋经济活动进行管理的职能；具体而言，指政府或其他社会组织为实现一定的目标，对为开发海洋资源和依赖海洋空间而进行的生产活动，以及直接或间接为开发海洋资源及空间的相关服务性产业活动的计划、组织、协调、控制等管理活动，主要包括对海洋渔业、海洋交通运输业、海洋船舶工业、海盐业、海洋油气业、滨海旅游业、海洋服务业等行业的协调和管理。

我国海洋行政主管部门主要有三大海洋经济管理职能：首先，是对海洋经济的宏观调控职能。即国家海洋行政主管部门通过制定和运用财政税收政策及海洋发展相应规划，对于海洋经济和海洋事业的发展方向、发展规模和发展速度调控起到有效作用，使之适应社会经济发展对海洋产业发展的需求，实现最大的社会效益和经济效益。现代的海洋开发利用已从传统的"渔盐之利、舟楫之便"转向包括海洋水产、油气、采矿、造船、盐业、化工、生物医药、工程建筑、电力、海水利用、海洋交通运输、滨海旅游等主要海洋产业及海洋相关产业。海洋经济涉及的范围也已从海岸、近海向深远海拓展，因此海洋经济管理的职能日益凸显，海洋行政管理机关要注意采用的经济手段必须符合经济规律，必须有利于海洋经济可持续发展。其次，提供海洋公共产品和海洋公共服务的职能。海洋行政主管部门通过制定海洋产业政策、计划指导等方式对海洋经济实行间接控制；同时，还要发挥社会组织和涉海企业的力量，与海洋行政主管部门一道共同承担提供公共产品的任务。海洋公共产品主要是指由政府提供，用于海洋资源开发、海洋环境保护和海洋权益维护，与海洋开发状况密切相关的各种政策制度、服务项目和基本设施等，包括海洋纯公共产品和海洋准公共产品两部分，如海洋管理的基本政策、法规、海洋基础科学研究等。而海洋公共服务作为公共产品也具有非竞争性和非排他性的特征，具体包括海洋调查与测量、海洋环境监测与预报、海洋环境污染监测与监视、海洋资源服务、海洋通信与导航定位和海洋信息系统。最后，海洋经济的市场监管职能。即海洋行政主管部门为确保海洋经济运行畅通、保证公平竞争和公平交易、维护涉海企业合法权益而对企业和市场所进行的管理和监督。

（二）海洋政治统治职能

公共部门的政治统治职能，亦称统治职能，是指政府为维护国家统治阶级的利益，对外保护国家安全，对内维持社会秩序的职能。概言之，它是一国政府对内维持社会秩序，对外维护国家安全的职能活动。具体而言，它由民主建设、社会治安与国家安全等方面基本职能共同构成。同样，海洋政治统治职能也是国家对外维护国家海洋权益、维护海洋开发秩序、保卫海洋国土安全的职能体现。国家的海洋政治统治职能包括以下内容：

首先，维护国家海洋权益，保卫国家主权与领土完整。维护海洋权益是国家海洋政治统治职能的核心内容，也是海洋行政管理职能对外职能的表现。从国内角度讲，海洋行政管理部门可通过诸多方面的工作，有效维护国家的海洋权益，为海洋开发和其他相关活动提供安全稳定的环境。维护海洋权益的途径和方式很多，主要有军事、外交、法律和政治等手段。第一，加快海防现代化建设，建立科学的海上防卫和安全机制,增强海上军事和警察力量,防止各种势力以武力侵犯国家海洋权益,以维护国家海洋权益和海上安全。第二,采取积极的外交政策,不断探索解决各种争端的新思路,通过外交谈判与和平协商建立协调机制,及时妥善地解决海洋权益争端和其他突发事件。第三,完善相关法律法规,国家可通过立法活动宣布管辖海域,规范海上活动,建立海上秩序,保证海洋事业的可持续发展。第四,开拓海洋工作新局面,制定科学的、可操作的海洋发展战略规划,统筹安排海洋发展的各项工作,合理有效地保护、开发和利用海洋人文资源及自然资源。第五,各涉海部门要站在国家利益的高度,加强协作配合,努力形成推进海洋事业发展的整体合力。第六,树立积极的海洋观,强化海洋意识,形成全社会关注海洋、开发海洋、保护海洋的良好氛围,使维护海洋权益成为人们自觉的行为。

其次,共同维护海洋开发秩序,树立可持续发展观。这也是海洋政治统治职能的第二个方面。开发海洋和保护海洋是人类面临的双重历史使命。合理开发海洋资源与保护海洋环境是维护人类生存的需要,是全人类共同的义务与责任。实施海洋开发,发展海洋经济是核心,加强海洋资源的综合利用和保护是重点,强化海洋生态环境的建设和保护是基础,而依法加强海洋开发管理,规范海洋开发秩序则是"实施海洋开发"的保障。2001年以来,我国积极贯彻以《中华人民共和国海域使用管理法》为核心的海洋法律制度,将实施海洋开发纳入法制化轨道。海洋开发活动中,各类所有制企业或开发者是开发活动的主体,各级政府和有关主管部门是开发活动的监管者和服务者。全面规范海洋开发秩序,既要加强对海洋开发活动的依法监管,还应积极培育建立公开、公正、公平的海洋开发市场,查处违法者,保护守法者。规范海洋开发秩序,需要维护我国法制的统一,建立公开、公正、公平的开发市场,为守法经营活动的企业排忧解难。海洋对我们来说,是可以寄予很大希望的具有战略意义的资源接替空间。对我国来说,当前要加强对海洋资源与环境的综合管理,规范海洋开发利用秩序,是实现海洋经济可持续发展的根本保证。要坚持在开发中保护、在保护中开发的方针,全面推行海域使用权属管理制度、海洋功能区划制度和有偿使用制度,努力解决部分海洋资源开发过度与总体开发不足的矛盾,切实维护海域所有权人和海域使用权人的合法权益。因此,维护海洋开发秩序,合理引导与规范海洋开发秩序,注重保护海洋,树立可持续发展观,就成了海洋政治统治职能的重要任务之一。

最后,制定国家海洋战略,实现对海洋的有效综合管理。这是海洋政治统治职能的第三个方面,也集中体现了海洋行政管理职能的另一特征。海洋战略是国家用于筹划和指导海洋开发、利用、管理、保护、捍卫的全局性战略;是涉及海洋经济、海洋政治、海洋外交、海洋军事、海洋权益、海洋技术诸方面方针、政策的综合性战略;是正确处理陆域与海洋发展关系,迎接海洋新时代宏伟目标的指导性战略。海洋战略从属于国家战略,是国家统揽海上方向建设与斗争全局的总方针和处理国家海洋事务的总策略。在国家海洋战略问题上,国家应基于宏观顶层设计,有力协调和统筹各海洋行政主管部门的矛盾冲突,整合全国海洋力量,形成完整的国家海洋战略。

(三) 海洋社会管理职能

公共部门除了必然要拥有作为立国之本的政治统治职能之外,还一定要行使"由一切社会的性质产生的各种公共事务"[①]的职能——社会管理职能。恩格斯甚至认为,"政治到处都有是以执行某种社会职能为基础,而且政治统治职能只有在它执行了它的社会职能时才能延续下去"。对于任何公共组织系统而言,社会职能都是它们必须承担的管理职能活动。所谓公共组织的社会职能是指各种公共部门为了维护正常的社会生活水平与生活秩序,增进国民福利而生产或供应社会福利性产品与服务的一种管理职能活动。相应而言,海洋行政组织的社会管理职能是海洋行政管理部门及相应社会组织为促进海洋社会系统的有机协调运转,对海洋社会系统的发展进行计划、组织、协调、控制和监督的过程。因此,海洋社会管理的格局是一个以海洋公共组织自我管理和公民广泛参与为前提的、政府主导的海洋社会管理格局。海洋社会管理的主体是多元的,既可以是政府、公共组织,也可以是私人机构,还可以是公共组织和私人机构的合作。具体而言,海洋社会管理职能应包含如下方面的内容:

1. 培育海洋社会组织

海洋社会组织是自下而上的、在自愿基础上成立的涉海类民间组织,它具有非营利性、非政府性和社会性三大特性,是独立于海洋政府组织和海洋企业组织之外的"第三类组织"。海洋社会组织是指围绕海洋问题,以促进海洋政治、经济、科技、文化发展为目标,为实现提高公民的海洋意识、监督国家的政策运行、保护海洋资源生态发展等宗旨,依法建立的不以营利为目的,具有自治性和志愿性的社会组织。[②] 海洋行政管理部门各方面的扶持,是加快我国海洋社会组织发展的重要条件。海洋行政管理部门要为海洋社会组织的发展营造宽松的社会环境:一方面,海洋社会组织应努力向政府争取自我生存发展空间;另一方面,政府在社会治理方面需要其担当监督和服务职能。由于我国海洋社会组织还处于刚刚起步阶段,在这一时期海洋社会组织面临着很多发展问题:比如人才缺乏、资金短缺、活动空间小等,单靠自身力量难以解决。所以,需要政府在保证海洋社会组织独立性的前提下,给予必要的资源保障。培育海洋社会组织,促进民间海洋社会组织的成长与发展,是政府海洋社会管理职能的重要内容。

---

① 马克思恩格斯全集(第25卷)[M].北京:人民出版社,1983:432.
② 吴宾,王琪.海洋社会组织的基本理论问题分析——兼论海洋社会组织在海洋强国建设中的地位与作用[J].中国渔业经济,2004(1).

2. 加强海洋环境保护

伴随陆地资源的日益短缺,人类社会经济发展的生长点将越来越多地转向海洋。向海洋要资源,向海洋要效益,已成为沿海国家经济发展的战略选择。然而,现代海洋开发活动在迅速展现其巨大经济效益的同时也给海洋环境带来更大的冲击,使海洋环境面临更为严峻的考验。大力度、大规模、甚至无序状态的海洋开发活动在对海洋环境提出更大的承载要求的同时,必然在某种程度上造成对海洋环境的破坏,海洋环境的破坏又必将影响、制约着经济的发展。如何在经济迅速发展的同时保护好海洋环境,已成为海洋发展过程中所要解决的中心问题。要使海洋经济的发展向着有利于环境保护的可持续方向发展,防止或制止海洋环境问题的发生和蔓延,必须实现对海洋环境的有效管理。而要实现对海洋环境的有效管理,重要一点在于充分发挥政府的作用。政府的主动参与、适当干预,是海洋社会管理职能发挥的充分体现。

3. 协调海洋利益集团的关系

新型海洋利益集团与公民对于参与海洋管理的强烈诉求,需要海洋社会管理职能的充分发挥。工业化、城市化、市场化、信息化的深入推进,使我国进入了法理社会、丰裕社会和信息社会的新阶段。普通公民已经不再满足于衣食住行的生产和消费,他们渴望通过各种渠道和方式来表达自己的政治诉求和参与意愿;各类海洋经济组织、海洋法组织、海洋环境保护组织以及国际海事组织孕育而上,形成了许多新的海洋利益群体,加入了"海洋博弈局"。他们渴望参与到海洋的实际管理中,他们要求表达自己的集团利益,这就使得海洋社会关系更是错综复杂,如发生"渤海漏油"这种突发性海洋集体事件时,由于上下信息交流传递的不畅通,集团利益牵扯不清等,更是成为诸多社会矛盾的导火点。如何引导这些政府以外的社会主体的参与意愿、政治诉求,协调这些新的海洋利益群体间的权益成为进行海洋社会管理的重要内容。

(四) 海洋文化管理职能

海洋文化,就是和海洋有关的文化,特指缘于海洋而生成的文化。也即人类对海洋的认识、利用和因有海洋而创造出的精神的、行为的、社会的和物质的文明生活内涵。[①] 简言之,海洋文化就是人类所创造的与海洋有关的文化,就是人与海洋的互动关系及其产物。带着传统文化长期积淀的底蕴和现代文化的创新精神,海洋文化正以一种新的文化形态渗入社会生活,使整个社会经历海洋文化的洗礼——这就是海洋文化的冲击威力,也是海洋世纪赋予当今海洋文化的重要特征。而海洋文化管理职能是指海洋行政主管部门为促进社会关注海洋,普及海洋

---

① 曲金良.海洋文化概论[M].青岛:青岛海洋大学出版社,1999.

意识,增强海权观念,保护海洋文化遗产,繁荣海洋文化的管理职能。具体而言,海洋文化管理职能包含如下内容:

1. 提高全民海洋意识

海洋意识是海洋文化的核心内容,属于海洋文化精神层面的内容。我国虽然是海洋大国,但在漫长的中华传统文明中海洋文化始终处于从属地位。远古时期,长江流域和黄河流域土地肥沃、气候适宜,为农耕文明的发展提供了良好的条件,于是"重农抑商""以农为本"在漫长的封建社会成为最基本的国策被长期贯彻执行,"黄土文明"成为中国的主流意识文化。而近海地区虽然拥有自己的海洋文化传统,但由于生产力发展的限制,在与农业文明的竞争中处于劣势地位,表现出相对于陆地传统的从属性等特征。受到这种历史文化的影响,我国的国民海洋意识目前仍然比较淡薄。党和国家已经意识到提高国民海洋意识的重要性,相关海洋行政主管部门和机构也已经开始重视对国民海洋意识的宣传教育。海洋意识本身的内涵比较宽泛,其中包括海洋知识、海洋安全观念和海洋权益等各种内容,这些内容既有海洋与国家的关系问题,也有海洋与人之间的关系问题。在海洋与国家关系问题上,主要内容是对海洋国土面积的了解、对涉海权益的维护、对海洋安全的重视等;在海洋与人的关系问题上,主要内容是海洋环境保护、海洋生态安全、海洋生物多样性以及环境与人的生存、社会发展协调发展问题。但文化观念的形成和改变不是一朝一夕的事情,全民海洋意识的提升需要通过相关海洋管理部门的努力,采用各种方式、通过各种渠道循序渐进地去培养。

2. 依法保护海洋文化遗产

海洋文化遗产是海洋文化物质层面内容的集中体现。中华民族在开发海洋、利用海洋过程中留下了宝贵的海洋文化遗产,体现了沿海人民的生命力和创造力,是我国文化瑰宝的重要组成部分。它们不仅是中国海陆共生文明的历史见证,是推进海洋强国战略的人文历史依托,也是人们进行现代精神文化艺术创造与享受的历史文化底蕴。[①] 我们发展海洋事业,建设海洋强国,事实上就是强化中国海陆互补共生的文化与文明,因此,充分认识保护海洋文化遗产的重要性,增强责任感和紧迫感,切实做好海洋文化遗产的保护工作,是十分必要的。具体说来,需要进行的工作主要有:对海洋文化遗产进行总体分析、评价和研究,阐明其特性和价值;对海滨海岸和近海工程开发破坏及海洋文化遗产的现状进行调查,总结形成调查研究报告;对海洋文化遗产的破坏情况进行分析,提出保护的建议性对策、措施等。[②]

3. 繁荣海洋文化事业的发展

经过多年发展,我国海洋事业取得了诸多成就,但也要看到,海洋业界在思想

[①] 曲金良.中国海洋文化遗产亟待保护[J].海洋世界,2005(9).
[②] 唱学静,武文.浅议海洋文化与海洋管理的关系与发展[J].海洋开发与管理,2015(5).

认识、文化审美等方面仍存在一些问题,社会公众对海洋和海洋事业的认知、对海洋文化的认同和传承令人忧思。回眸海洋事业发展的一幕幕往事,前人留下的大都是简单的事件记述或科学研究的枯燥记录,缺少对事件和科研的思想、理念,以及海洋人情感、精神的深入挖掘与丰富展现。在文学艺术领域,海洋题材的创作依然稀少,优秀海洋文艺作品凤毛麟角,与中国海洋大国的地位不相匹配。这不能不说是海洋文化的一种缺失,已成为影响海洋事业长足发展的重要瓶颈。面对世界多元文化的冲击与挑战,面对建设海洋强国的目标和重任,海洋文化发展的现状应引起海洋业界的深度思考,海洋文化的弱势地位应引起反省。应该认识到,海洋文化的地位在一定程度上就是海洋事业地位的体现。缺失海洋文化自信必将导致缺乏对自身文化理想、文化价值的信心,从而难以保持对自身文化生命力、创造力的高度自信,更无法形成支撑建设海洋事业发展的强大力量。同时,还应该认识到,海洋文化是海洋事业发展的根和魂,没有海洋文化的弘扬和繁荣,就没有真正实现海洋强国梦想的基础。如今,我们同样肩负着使海洋文化在传统文化基石上发展、光大的重任。这关乎我国海洋文化的未来,更关乎我国海洋事业的未来。我们要有更深刻的思索,更有力的行动,更优秀的创作,营造有利于海洋文化发展的环境,让海洋文化呈现出独特的魅力和风采,以文化人、以文育人,为海洋事业发展凝聚精神力量,建设海洋强国的新时代。

本章思考题

1. 什么是海洋行政管理职能?
2. 请简述海洋行政管理的程序性职能。
3. 请简述海洋行政管理的任务性职能。

案例分析 6

浙江宁波渔文化实现面向全国的跨越[①]
——宁波渔文化工作综述

2016年9月15日,这是宁波渔文化工作者一个里程碑的日子。中国渔业协会渔文化分会成立了。这标志着宁波渔文化事业从此真正面向全国,宁波渔文化实现面向全国的跨越。

渔业作为宁波的传统产业,长期积累的渔文化具有浓郁深厚的地方特色,挖

---

① 来源:中国渔业协会 2016-09-18.

掘、研究、保护渔文化，对于丰富宁波文明古城的内涵，打造独具魅力的宁波城市品牌，具有十分重要的意义。宁波海洋渔文化是世世代代宁波人在其居住的区域创造与传承的人与自然、人与社会、人与人之间有关海洋及其生存的文化总和，是中国海洋渔文化宝库中的一颗璀璨明珠，是中国海洋渔文化的典型代表。从2004年起，宁波渔文化理论研究及其产业发展开始起步。12年来，一批渔文化工作者筚路蓝缕，风雨兼程，栉风沐雨，薪火相传。

2004年5月19日，宁波市象山县成立了全国第一家渔文化研究会——象山渔文化研究会，开创了全国渔文化研究的先河。会议选举产生了由21人组成的理事会。象山渔文化研究会是全国较早研究渔文化的民间团体，会员73人。

2008年8月28日，宁波渔文化促进会成立。这是宁波市海洋与渔业系统、旅游传媒、文化教育、烹饪美食、文艺美术领域的热心海洋与渔业文化事业的人士、企事业单位和其他社会组织组成的社会文化团体组织，是国内沿海城市首家渔文化研究团体。宁波渔文化促进会的宗旨是：组织协调各方力量，致力于提高全社会对保护和利用渔文化资源重要性的认识，建设和弘扬宁波渔文化，为宁波经济社会发展服务。目前，宁波渔文化促进会会员数为124个，其中团体会员22家，个人会员102名，设有秘书处以及研究中心、艺术中心和《渔文化》杂志社3个分支机构。

象山渔文化研究会和宁波渔文化促进会成立以来，团结组织全市渔文化热心人士，广泛开展渔文化理论研究，挖掘整理大量珍贵渔文化资料，编辑出版具有地方特色的渔文化作品；大力宣传普及渔文化知识，开展渔文化对外交流和宣传；有力推进渔文化产业发展，为推动全市乃至全国的渔文化建设，促进海洋文化事业繁荣发展作出了积极贡献。副秘书长郦伟山被列为中国网、中国海洋报社联合主办的2015海洋年度人物50名候选人之一。

一、举办学术交流和研讨活动，提高渔文化研究的档次

学术交流和研讨是渔文化促进会重要工作之一，它是凝聚高水平、高质量学者的平台，也是保护、传承、弘扬宁波渔文化、扩大宁波渔文化影响力的重要途径。促进会通过研讨会、专题座谈、出访考察等多种方式，在研讨和学术交流方面做了不少工作，取得一定的成绩。至今共举办了3次有影响力的全国性渔文化学术活动。

2004年9月14日，首届中国渔文化研讨会在象山开幕。研讨会上，多位学者结合浙江、山东、福建等沿海地区的渔区民俗实例，对渔区民俗的生成、发展的开发利用作了广泛的探讨。来自华东师范大学、中国海洋大学、东南大学、台湾成功大学等的百余名中外专家学者参加了会议。研讨会结集正式出版《中国渔文化研讨会论文集》。

宁波渔文化促进会以渔为媒,走出象山,走出宁波,会员们先后去岱山、普陀、临海、椒江、洞头等地考察,与兄弟县市区广泛交流。在岱山,会员们参观了渔都古镇东沙、台风博物馆及中国海洋渔业博物馆,在普陀参观了渔乡风景展;在临海考察了椒江的古街,在洞头与当地的海洋渔文化研究者充分交换意见。

此外,宁波渔文化促进会会员纷纷走出去开展学术交流。2008年6月12日,海峡两岸渔业经济合作与发展论坛在福建会堂举行。来自海峡两岸的渔业专家就"弘扬海峡渔业文化、促进两岸渔业发展"的主题进行了交流研讨。2011年12月20日,上海海洋大学举办了"海洋文化与城市发展"为主题的第二届研讨会,探讨海洋文化对沿海城市发展的作用与功能。2012年6月15日,浙江省海洋文化研究会主办的海洋文化发展战略研讨会在杭州举行。这些学术论坛上,处处可见宁波渔文化专家在讲坛上的身影。

宁波海洋渔文化研究备受媒体的关注。《中国海洋报》《人民日报》刊登了《象山渔文化成就30亿大产业》的报道、《中国文化报》刊出了《说不尽象山渔文化》,《宁波日报》以"象山:中国海洋渔文化的标本""渔文化的象山解读"为题介绍象山的海洋渔文化,其他报纸杂志也相继作了报道和刊发。浙江电视台专门制作了以渔文化为题材对外宣传片。

1. 举办中国渔文化节庆研讨会

2008年8月28日下午,宁波市渔文化促进会与象山渔文化研究会联合举办中国首届渔文化节庆研讨会。研讨会集结了80多位对渔文化有研究的学者和爱好者,对渔文化节庆活动进行了探讨和交流。研讨会邀请了沿海十市的主管领导以及全国海洋文化、渔文化领域和南海(阳江)开渔节、吉林开江鱼美食节、盱眙国际龙虾节等专家学者共同参加。中国开渔节组委会介绍了《中国开渔节——渔文化的生动实践》。这是一次高水平的渔文化研讨,既有理论阐述,又有实践经验。召开渔文化研讨会,对于保护、挖掘、利用宁波渔文化资源,促进宁波渔业经济发展有着重要的意义。

2. 举办渔文化与休闲渔业研讨会

2009年11月30日,渔文化与休闲渔业研讨会在象山举行。这次研讨会由宁波市海洋与渔业局、宁波渔文化促进会联合举办。来自上海、宁波、舟山、建德等地关心渔文化、重视渔文化、对渔文化有一定研究的专家、学者、爱好者等120余人汇聚一堂,就渔文化与休闲渔业专题的休闲渔业是现代渔业重要组成部分、渔文化是休闲渔业的灵魂、宁波具备发展休闲渔业的独特优势等三个方面进行探索与研究。研讨会后,宁波市渔文化促进会与宁波市海洋与渔业局联合出品《渔文化与休闲渔业研讨》论文集。

2009年宁波市渔文化促进会在全大市启动了渔文化资源调查。12月底完成调查目录19条,渔文化资源调查报告13篇,并对象山县晓塘乡鹁鸪头渔村、象山县东门村渔文化资源进行了深入细致的调查，对这两个村的渔文化资源有了一个全面的认识，为发展休闲渔业，建设"渔家乐"提供了决策依据。之后，市海洋与渔业局在象山晓塘鹁鸪头村支持建设海上布达拉渔家乐。

3. 加强对外学术交流

宁波渔文化促进会多次派代表参加由国家海洋局东海分局、上海市海洋局、上海海洋大学等单位举办的各类海洋渔文化活动，应邀参加上海海洋大学作学术交流，与全国及日本、韩国专家交流，宣传与弘扬宁波渔文化。在福建举行的海峡两岸渔业经济合作与发展论坛、浙江省海洋文化研究会主办的海洋文化发展战略研讨会、浙江文化厅举办的浙江省海洋渔文化生态保护与发展研讨会、舟山举行的"美丽海洋，美丽海岸"论坛上，宁波渔文化促进会副秘书长郦伟山、理事张利民等分别作精彩演讲。

4. 为韩国丽水世博会"宁波周"出谋划策，渔文化产品在展馆展出

在2012年韩国丽水世博会前，宁波市渔文化促进会根据安排，积极参与市政府组织的中国馆和宁波馆的布展策划，多次组织为"宁波周"搞策划，提供象山渔文化元素。最终，宁波渔民的"青花瓷壁画"被选为中国馆的巨幅装饰壁画，并被丽水世博会博物馆永久收藏。

5. 支持、配合第十届中国海洋论坛

2014年9月16日以"海洋渔文化保护与产业发展"为主题的第十届中国海洋论坛在象山举办。高层、高端、高智云集，吸引了全社会的关注，中央电视台、新华网、浙江日报、东南商报、湖南卫视等全国40多家新闻媒体前往。会长陈秀忠、常务副会长兼秘书长陈员祥参加活动。常务副秘书长郦伟山代表宁波渔文化促进会作为嘉宾主持，参加全程现场直播，全景式、多角度、深层次地报道，出色地完成了开船仪式的现场直播任务，打响了论坛品牌，进一步提高了宁波渔文化的知名度。

二、编撰杂志，出版研究丛书，发布研究文章

1. 编撰全国第一本渔文化读物《渔文化》

宁波是个渔业大市，长期的"渔"的熏陶形成了宁波独特丰富的海洋渔文化。渔港、渔村、渔家、渔火、渔谚、渔歌、渔趣等，演绎出众多的渔故事，给办好《渔文化》杂志提供了极为丰富的源泉。宁波市渔文化促进会成立至今（2016年9月），已编撰出刊全国第一本渔文化读物《渔文化》杂志53期。

《渔文化》杂志具鲜明的"渔"特色，受到了广大读者的欢迎和好评。它有力地宣传了宁波，提高了宁波的知名度与美誉度，成为宁波海洋与渔业文化一张靓丽的名片。2009年始作为宁波市档案馆馆藏资料。2015年，《渔文化》从季刊改为双月刊。

2. 编辑出版各类渔文化研究书籍

12年来,宁波渔文化促进会组织以宁波为主的全国热心渔文化事业的教授、学者等,编辑出版了《渔文化研究》《渔文化美食》《渔文化大观》《象山海鲜菜谱》《象山渔乡民间故事》《象山妈祖文化述略》《中国第一渔村——石浦东门岛》《象山海鲜诗词一百首》《象山海鲜月月鲜》《宁波渔文化·邮票珍藏集》《象山渔文化·邮票珍藏集》《象山海鲜十六碗》《象山白鹅文化节》等书籍,共计近千万字。渔文化研究丛书与研究文章,来自于基层一线的渔文化材料的积累,这些研究资料广泛介绍海洋渔文化知识,为渔文化保护、传承,深入开展渔文化研究打下了坚实基础。《渔文化研究》《渔文化美食》等书籍由中国文史出版社出版,被国家图书馆与北京图书馆、台湾海洋大学图书馆等收藏。

3. 其他研究成果

宁波渔文化促进会组织宁波城市职业技术学院专家学者,通过收集整理宁波渔故事,完成论文《宁波渔故事的文化特征与开发性保护研究》;通过重点分析休闲渔业与建设新农渔村的关系,完成论文《基于海洋型休闲渔业发展模式的宁波新农渔村建设研究》。前者发表于《宁波教育学院学报》2015年第6期。后者公开发表在《农村经济与科技》杂志2015年第9期。探索互联网时代渔业发展的论文——《渔网连上"互联网"象山传统渔业迈向转型路》发表于中共宁波市委机关刊物《宁波通讯》2016年8期,受到读者关注。

三、采用巡回展、讲座、培训等多种形式,服务基层

1. 开展渔文化进校园活动将海洋文化引入校园文化建设

宁波渔文化促进会以海洋渔文化研究为载体,通过个性化特色教育,为沿海学校的教育创新注入新的活力,丰富沿海学校的文化底蕴,提升沿海学校的办学品位,激发学生热爱海洋、热爱家乡的情感,提高沿海学生的文化素质、道德素养和审美情趣,开阔了学生的视野,增加了学生接触海洋渔文化的机会,让学生体验了多种生活,锻炼了学生的意志和毅力。

2011年,象山渔文化研究会与县电视台、学校配合,举办了"海娃娃讲渔故事"比赛,将渔故事改变成课本剧,搬上舞台演出,获得了非常好的效果。其中石浦小学承担的《海洋渔文化与学校教育的整合》课题获得浙江省教育科研一等奖。

2012年5月2日,东门中国渔文化艺术村对外开放。开放以来,先后接待了数万名学生前来参观体验。

2014年,象山县小学开设渔文化教育地方课程。面向中职学校遴选5个涉海特色专业群,进行重点建设,完成编制象山县小学渔文化地方教材,鼓励普通高中开发渔文化校本课程,开设渔文化选修课。

2015年,象山县中小学校开设渔文化教育地方课程,形成完整的渔文化教育

地方课程体系,基本建成宁波市重要的海洋职业技术教育基地。渔文化教育已成为象山教育改革和学校特色发展的品牌项目。筹建海洋馆(延昌小学),积极推进渔文化普及教育。推进宁波海洋职业技术学校船舶检验、船舶驾驶、轮机管理、海鲜烹饪、涉海旅游等学科专业建设,开展中等职业教育服务海洋经济发展综合改革。结合中国开渔节,规定每年9月为渔文化活动月,开展渔文化教育活动。学唱渔文化歌曲(童谣),学讲渔文化故事,要求小学生会唱两首以上象山渔文化歌曲(童谣),会讲3个以上渔文化故事。通过象山教育网等平台,广泛宣传渔文化知识,营造良好渔文化教育氛围。象山中学、象山二中、丹城二中、延昌小学等学校都将海洋渔文化渗透到各学科,对学生进行有针对性的核心价值教育。渔文化促进会会员常被多所学校邀去作海洋渔文化专题讲座,受到师生的欢迎。

2. 举办各类培训班,推广传播渔文化。

宁波渔文化促进会有关专家为青年干部培训班开讲渔文化课程;举办导游渔文化培训班;给石浦镇南向村渔民讲渔故事;参与东门渔文化艺术村举行的海洋渔文化校本课程建设;在残疾人培训班上为残疾人讲述渔文化故事等等。

为了普及和传承渔文化,促进会从成立之初就关注和重视学校教育,几年来宁波市渔文化促进会有关专家采取巡回展、讲座、授课等形式,以点带面,以象山为主,进行渔文化进校园活动和各类培训与讲座,受到普遍欢迎,对普及、弘扬海洋渔文化起到了很好的推动作用。

四、推进渔文化产业发展

宁波渔文化促进会把渔文化产业化作为重要使命,大力支持各县(市)区发展渔文化旅游、渔文化节庆和海鲜餐饮业等产业。

一是促进渔文化与旅游的结合。配合有关部门,在禁渔期划定专门的近海休闲渔业海域,支持发展休闲捕捞、垂钓和渔家乐项目,让更多的游客到渔区和海上"当一回渔民"。宁波市现有休闲渔业超百家,面积逾5万亩。

二是促进渔文化与餐饮业的结合。探究海鲜特点,提升象山餐饮文化品位牵头编辑出版《象山海鲜菜谱》,图文并茂介绍100多种宁波海鲜资源及烹饪方法,引导海鲜餐饮业丰富渔文化内涵,进一步打响宁波海鲜品牌。象山海鲜种类繁多,肉肥味美。会员们积极配合有关部门探究海鲜特点,提升象山餐饮文化品位,举办海鲜美食节,受到广泛关注。编辑了《咏鱼诗词300首》,让读者体会鱼美食的丰富内涵。会员还在渔民在挖掘民间菜肴的基础上,挖掘鱼美食的文化底蕴,赋以诗词典故,以其独特的韵致给海鲜增添了许多情韵,带来乐趣,也带来了美的享受。海鲜十六碗是象山的一个品牌。为了打响海鲜十六碗的品牌,会员分别作诗推广,让每一碗菜都配有一首诗。美味与诗意相得益彰。让游客读读诗词,吃吃海鲜,达到味美诗美两全其美的美好境界。为了充分展示象山得天独厚的海鲜资源和丰富的渔文化内涵,2007年,宁波渔文化促进会与象山渔文化研究会策划的象山海鲜千鱼百螺宴在开幕式上隆重推出。千鱼百螺宴由一条长5.2米、宽1.3米的木制帆船和15只60厘米长的小船为器皿组合而成。整个作品品种丰富而有张力,造型呈现出美观大气、气势宏大的感觉,象征着象山的一艘艘出海的渔船在宏伟壮观的碧蓝的海面上满载而归,带来了充足的鲜美海货,喜获大丰收。"千鱼百螺宴"因此荣获了上海大世界吉尼斯纪录。

三是促进渔文化与节庆活动结合。大力支持和配合各地办好渔文化节庆活动,领导班子成员参与指导县(市)区举办的各类"渔"节庆活动有:象山县三月三踏沙滩、国际海钓节、海涂节、中国开渔节、象山海鲜节、象山紫菜节、梭子蟹节;宁海县的蓝色构想专栏、宁海鲜画册、宁海八鲜节、三门湾论坛;余姚的牟山湖大闸蟹休闲节;"鄞州杯"锦鲤大赛暨观赏鱼精品展;东钱湖的东钱湖湖鲜美食节、冬季开捕仪式、宁海越溪跳鱼节和余姚的中国甲鱼节。

在渔文化促进会的大力推动下,宁波市渔家文艺在省、市以至全国多次获奖。1986年9月,舞蹈《酒与火》参加省首届音乐舞蹈比赛获二等奖;1996年9月,双人舞《挂灯》全国第六届"群星奖"舞台舞蹈决赛银奖;《象山渔鼓》荣获中国第十四届群星奖表演奖;《陈老大的心事》获浙江省曲艺新作创作金奖和表演金奖;象山小唱《三月三赶小海》获浙江省创作银奖、表演银奖;《海涂经》获浙江省第三届曲艺创作银奖;《石浦老街》歌曲获浙江省创作银奖、表演银奖。促进会有关专家创作的10余首歌曲,例如《渔港古城》《海钓》《海鲜十六碗》《海纳百川》《蓝色文明人类共享》等。其中《渔港古城》拍成了DV片,在休闲渔船上播放,深受游客欢迎。

五、促进渔文化与市场的有机结合

宁波市渔文化促进会支持和配合有关渔文化企业在发展渔民画、鱼拓画、船模和其他渔文化工艺品等方面的发展,努力促进渔文化与市场的有机结合。

成立宁波渔文化发展有限公司指导帮助该公司在江东区和丰创意广场成立宁波渔文化产业创意园,提出了渔文化产业创意园发展规划。

成立宁波海扬文化发展有限公司,为促进渔文化与市场有机结合创建平台。

赴海岛渔村、企业调研,指导企业运用渔文化元素推动旅游业发展。近年来,渔文化促进会有关同志先后应邀赴涂茨、石浦、西周、新桥等地调研,指导当地运用渔文化元素推动旅游业的发展。有关会员先后担任海洋酒店、宁波渔商渔业发展有限公司、宁波仙子谷渔文化发展有限公司、宁波渔文化发展有限公司、宁波八仙过海渔文化发展有限公司、宁波港海渔文化发展有限公司担任顾问,指导渔文化产业的发展。

联合举办第三届中国甲鱼节品牌甲鱼产销战略论坛。常务副会长兼秘书长陈员祥带领秘书处同志前往余姚,指导、联合举办第三届中国甲鱼节品牌甲鱼产销战略论坛,共同探讨当前品牌甲鱼产品在生产、销售、流通和宣传、服务环节中面临的新问题,交流成功的经验,提出产销对接的新思路。

主办《全国鱼拓书法邀请展》。2015年9月,宁波市渔文化促进会出资主办了全国鱼拓书法邀请展。来自全国各地的28位鱼拓书法艺术家汇聚象山,六十余件鱼拓书法作品亮相展厅。为市民搭建了一个从艺术的角度了解感受艺术的平台,也为全国各地鱼拓书法艺术家搭建了一个展示才华和风采的舞台。会后出版了《全国鱼拓书法作品集》。

12年来,宁波渔文化工作者数年如一日,对当地的渔文化资源进行深入调研、提炼、整合,让浓郁渔文化的海洋旅游和海洋休闲业,成为当地经济发展的一张靓丽名片。在全球化今天,文化的多样性、差异性,构成了竞争的软实力。仅以鱼拓技艺为例,一条鲈鱼买来也就20元,通过普通的鱼,变成鱼拓画,画的价值就可达到2 000元左右。现象山渔文化相关产业的从业人员达12万人,年市场营业额超过达数十亿元人民币。渔文化已成为推动宁波社会经济快速和谐发展不可或缺的助推器。

结合案例,请回答:

1. 宁波市的海洋渔文化宣传有哪些值得借鉴的经验?
2. 试分析海洋行政主管部门的海洋文化管理职能应通过哪些途径充分发挥。

第七章 海洋行政政策

海洋政策,亦可称之为海洋行政政策,是有关海洋开发与保护的政策。海洋政策是海洋行政管理的重要内容,也成为公共政策的重要分支领域。海洋政策的出台与运行,集中体现了海洋行政管理的理念、原则与方法。海洋政策按照不同的标准,可以分为不同的种类。海洋政策在我国的海洋行政管理实践中发挥了积极的引导作用,但尚需进一步发展与优化。

第一节 海洋行政政策概述

海洋行政政策(以下简称海洋政策),是公共政策的分支领域,它既具有公共政策的一般特征,也具有自己的独特特征。明确海洋政策的内涵、特征和功能,是我们深入研究海洋政策的前提。

一、海洋政策的内涵

政策,也称公共政策,是现代社会中使用频率最高的词汇之一。关于公共政策的含义,政策科学的创立者拉斯维尔认为,政策是"一种含有目标、价值与策略的大型计划"。[1] 美国知名政治学家托马斯·戴伊认为:"凡是政府决定做的或者不做的事情,就是公共政策。"[2] 詹姆斯·安德森则认为:"政策是一个有目的的活动过程,而这些活动是由一个或一批行为者,为处理某一问题或有关事务而采取的……公共政策是由政策机关或者政府官员制定的政策。"[3] 我国部分研究公共政策的学者也对公共政策做出了自己的解释。陈振明将公共政策界定为:"国家(政府)、执政党及其他政治团体在特定时期为实现一定的社会政治、经济和文化目标所采取的政治行动或者所规定的行为准则,它是一系列谋略、法令、措施、办

---

[1] H D Lasswell and A Kaplan. Power and Society. New Haven: Yale University Press, 1970:71.
[2] Thomas R. Dye, Understanding Public Policy(6th, ed.)Englewood Cliffs, N. J:Prentice-Hall Inc. 1987:2.
[3] [美]安德森.公共决策[M].北京:华夏出版社,1999.

法、方法、条例等的总称。"①陈庆云认为公共政策是政府对社会公共利益分配的动态过程。②

尽管公共政策已经如此为大家所接受,但实际上"公共政策"概念的出现也就半个多世纪。1951年,美国政治学学者哈罗德·拉斯维尔(H. D. Lasswell)与其同事合著的《政策科学:近来在范畴与方法上的发展》一文,可以看作现代政策科学发端的标志。政策,或者说公共政策,由此开始进入人们的视野。经过近60年的发展,政策科学已经为人们所认可和熟知。从中可以看出这是一个充满活力和具有前途的领域。与之细化的相关具体政策,如财政政策、货币政策、保障政策、人口政策、外交政策等,已经为大家耳熟能详,深入普通公众的生活词汇之中。

随着政策科学的发展和完善,尤其是海洋的重要性日益凸显,以及海洋环境问题日益严重,海洋政策作为政策科学的重要分支领域,开始崭露头角,受到社会越来越多的认可。随着世界人口数量持续增加,陆地能源和矿产资源持续减少的窘境,人类对开发海洋的步伐不断加快,海洋对于国家的经济增长和国防安全等各个方面的重要性日益凸显,海洋资源的利用也越来越受到世界各国的重视。而海洋资源能否得到有效利用则从根本上取决于海洋政策的制定及政策工具的应用,由此,如何制定合理的海洋政策以及选择相得益彰的政策工具已经成为一个重要的时代课题。

作为一个海洋大国,美国一向重视海洋和海洋事业,其海洋政策一直处于世界领先地位。自20世纪中叶以来,美国曾在海洋领域采取过几次具有里程碑意义的举措,对美国的海洋工作乃至世界的海洋形势都产生过重大影响。1945年9月,美国开始实施《杜鲁门公告》(《大陆架公告》),主张美国对邻接其海岸公海下大陆架地底和海床的天然资源拥有管辖权和控制权。1966年7月,当时的美国总统签署了《海洋资源和工程开发法令》,根据该法令,由麻省理工学院名誉院长、福特科学基金会会长斯特拉特顿任主席,组织了一个15人的总统海洋科学、工程和资源委员会,对联邦政府机构、海洋在国家安全中的作用、保护海洋环境和资源的重要性等一系列海洋问题进行了调研和审议,1969年该委员会提出了包含了126条建议的《斯特拉特顿报告》。③ 20世纪60年代,美国率先提出了"海岸带"的概念,随后又提出了"海洋和海岸带综合管理"的概念,并于1972年颁布了《海岸带管理法》。1977年美国特拉华海洋政策研究中心主任杰拉尔德·J.曼贡教授所著《美国海洋政策》一书全面阐述了美国海洋政策的历史和现状,虽然没有对海洋政策进行系统界定,但这是第一部关于海洋政策的专著。然而迄今为止,与对"公共政策"的定义一样,国内外学术界尚未对"海洋政策"形成统一的学术定义。

---

① 陈振明.公共政策学[M].北京:中国人民大学出版社,2004.
② 陈庆云.公共政策学[M].北京:中国经济出版社,2000.
③ 高之国,张海文.海洋国策研究文集[M].北京:海洋出版社,2007.

美国学者 John King Gamble 认为"海洋政策是一套由权威人士所明示陈述而与海洋环境有关的目标、指令与意图"。台湾学者胡念祖认为"海洋政策是处理国家使用海洋之有关事物的公共政策或国家政策"。我国大陆学者王淼将海洋政策界定为"是沿海国家用于筹划和指导本国海洋工作的全局性行动准则,涉及海洋经济、海洋政治、海洋外交、海洋军事、海洋权益、海洋科学技术等诸多方面"。[1] 鹿守本将海洋政策界定为"国家为实现一定历史时期或一定发展阶段的海洋目标,而根据国家发展整体战略和总体政策,以及国际海洋斗争和海洋开发利用的趋势制定的海洋工作和海洋事业活动的行动准则"。[2] 还有学者则如此定义海洋政策:"海洋政策是党和政府在特定的历史阶段,为维护国家的海洋利益,实现海洋事业的发展而制定的行动准则和规范。它是一系列事关海洋事业发展的规定、条例、办法、通知、意见、措施的总称,体现了一定时期内党和政府在海洋资源开发、海洋环境保护海洋权益维护等方面的价值取向和行为倾向。"[3]

海洋政策定义的多元化,一方面是受到公共政策定义多元化的影响,另一方面也说明这的确是一个新兴的领域。综合国内外学者关于海洋政策的定义,本书认为,所谓海洋政策,是指国家出于开发海洋或者保护海洋的目的,出台的一系列涉海的措施、办法、条例以及法规总称,是有关海洋的公共政策。这一定义指出海洋政策包含以下内容:

首先,海洋政策属于公共政策的范畴。公共政策是由国家(或政府)出台的治理社会公共事务的措施、办法、条例、法规的总称,它的主体是国家机关,客体是涉及社会公共利益的公共事务。海洋政策的主体亦为国家机关,它的客体亦是涉及公共利益的海洋公共事务。因此,有关公共政策的基本界定,同样适合海洋政策。[4]

其次,海洋政策的目标是维护国家海洋权益,规范海洋开发,保护海洋环境,化解相关涉海社会问题。由于海洋缺乏陆地那样明显的划界标准以及历史等其他一些问题,造成很多沿海国家存在海洋国土争议。因此,如何维护一国的海洋权益,成为海洋政策的基本目标之一。随着陆域资源的逐渐枯竭,海洋丰富的资源、能源逐渐受到人们的关注。如何规范人们的海洋开发行为,防止海洋污染环境问题出现,保护海洋生态,就成为海洋政策的另一个重要目标。在海洋开发与保护过程中衍生的一些社会问题,例如失海渔民的生计问题,大型海港建设造成

---

[1] 王淼,贺义雄.完善我国现行海洋政策的对策探讨[J].海洋开发与管理,2008(5):33.
[2] 鹿守本.海洋管理通论[M].北京:海洋出版社,1997.
[3] 张玉强,孙淑秋.和谐社会视域下的外国海洋政策研究[J].中国海洋大学学报(社会科学版),2008(2):11.
[4] 海洋政策的主体未必均为"国家海洋管理机关",而应该从政策的客体来界定,即:出台海洋政策的并非必然是海洋管理机关,而行政机关出台的有关海洋的政策均可称为海洋政策。

的沿海居民动迁问题等,如何有效解决这些社会问题,也是海洋政策的目标之一。

再次,海洋政策的客体是关于海洋开发与保护的公共事务。政策客体,亦可以称之为政策内容,行政学研究者一般将之概括为社会公共事务。[①] 海洋政策的客体,则是有关海洋的开发与保护的社会公共事务,它是海洋政策区别于其他公共政策的本质特性。其中,有关海洋开发的公共事务体现出社会对海洋的经济诉求,包括三个方面:一是海洋渔业开发的公共事务,是海洋第一产业,目前主要体现国家培育和发展人工养殖;二是海洋资源开发的公共事务,目前成为海洋开发的主要领域,包括能源开发、矿产开发以及旅游资源开发;三是海洋交通开发的公共事务,尤其是随着国际贸易的发展,全球化的深入,海洋交通的重要性日益显现。

有关海洋保护的公共事务主要体现在两个方面:一是有关海洋生态与环境保护的公共事务,它体现出对海洋生态的维持,海洋资源的节约使用以及海洋污染的防治。随着全球环境日益凸显,海洋生态与环境保护已经成为世界各国海洋政策的重点;二是有关海洋权益保护的公共事务,它体现出各国通过海洋国家法,维护自己的海洋权益。在海洋政策初始阶段,海洋开发政策占据主要位置;而目前,海洋保护政策,尤其是海洋生态与环境保护政策,开始越来越受到重视。

最后,海洋政策表现为一系列涉海的政府措施、法、条例和法规等,其最高层次是以法的形式颁布,成为社会普遍遵守的准则。海洋政策作为一种行为准则或行为规范,有着具体的作用对象或客体。它规定对象应做什么和不应做什么;规定哪些行为受鼓励,哪些行为被禁止。这些政策规定常常带有强制性,它必须为政策对象所遵守。行为规范和准则使得海洋政策具有可操作性,从而实现特定的社会目标。

二、海洋政策的分类[②]

海洋政策按照不同的标准,可以有不同的分类。我们按其不同的标准,分为以下四种:

其一,按照海洋政策的层次,可以将其分为海洋元政策、海洋基本政策与海洋具体政策。元政策是指用以指导和规范政府政策行为的一套理念和方法的总称,其基本功能在于如何正确地制定公共政策和有效地执行公共政策,元政策可以称之为政策的政策。[③] 元政策更多地体现为一种价值观的选择。海洋元政策是海洋政策最深层次的政策选择,它体现为政策制定主体在制定海洋政策时的价值选择。目前,海洋元政策的价值选择,可以分为两种:一是海洋开发为主的功利主义

---

① 张国庆.公共行政学(第三版)[M].北京:北京大学出版社,2007.
② 王刚,刘晗.海洋政策基本问题探讨[J].中国海洋大学学报(社会科学版),2012(1).
③ 张国庆.现代公共政策导论[M].北京:北京大学出版社,1997.

海洋价值；二是海洋保护为主的生态主义海洋价值。基本政策是用以指导具体政策的主导型政策，其与具体政策的区别在于制定机关级别较高，适用范围较广，时间维度较长，具有稳定性，是其他相关政策的出台依据。海洋基本政策一般是中央机关制定的有关海洋开发与保护的总括性政策。它以海洋法律、海洋行政法规、中央海洋规划的形式出台。具体政策主要是针对特定而具体的问题做出的政策规定，它是层次最低、范围最广的一类政策。海洋具体政策是除海洋元政策和海洋基本政策以外的所有政策，表现为某一领域的海洋政策，某一较小区域的海洋政策，某一较短时间阶段内的海洋政策。

其二，按照海洋政策的客体或者内容，可以将其分为海洋开发政策与海洋保护政策。海洋开发政策与海洋保护政策的分类，最为本质地体现出海洋政策的特征。所谓海洋开发政策，是政府出于经济考量，而制定的有关海洋利用的海洋政策，具体包括海洋渔业开发政策、海洋资源开发政策与海洋交通开发政策。所谓海洋保护政策，是指政府出于生态或者维护权益的考量，而制定的有关海洋保护的海洋政策，具体包括海洋环境保护政策与海洋权益保护政策。

其三，按照海洋政策的主体，可以将其分为中央海洋政策与地方海洋政策。中央海洋政策是指由中央机关制定的海洋政策，体现为全国人大或其常委会出台的海洋法律，中共中央出台的海洋规划，国务院出台的海洋行政法规，国务院所属部委出台的海洋行政规章。地方海洋政策是指由沿海地方人大或政府出台的有关海洋地方法规与地方规章。地方海洋政策从层次上，分为省级海洋政策、市级海洋政策与县级海洋政策。

其四，按照海洋政策的领域，可以将其分为海洋产业政策与海洋综合政策。随着海洋的重要性日益显现，海洋产业蓬勃发展。海洋产业从以前的海洋渔业、海洋交通与海洋盐业三大传统产业，迅速扩展为十余个产业。目前，已形成规模的新兴海洋产业主要有海洋石油、海水养殖、滨海旅游、海洋化工、海滨砂矿、海洋电子、海水利用、海洋服务等海洋产业。海洋产业的发展繁荣，使得海洋产业政策的出台与研究提上日程。目前，有学者将海洋产业政策分为四种类型，即海洋产业技术政策、海洋产业结构政策、海洋产业布局政策和可持续发展的海洋产业政策。[①] 这种细化对于提升海洋政策的研究，不无益处。海洋综合政策则是指不局限于某单一海洋产业，横跨多个产业或者领域的海洋政策。它力图整合不同海洋产业发展的矛盾，或者整合海洋开发与海洋保护的矛盾，是海洋综合管理的一种手段和表现。

---

① 于谨凯,张婕.海洋产业政策类型分析[J].海洋开发与管理,2007(4):17.

三、海洋政策的特征

海洋政策的特征可以分为两个方面：一是海洋政策的一般特征，二是海洋政策的独有特征。前者是指海洋政策作为公共政策的组成部门所具有的公共政策特征；后者是指海洋政策之所以能够构成公共政策的一个子系统，在于其有不同于一般公共政策的特征。本书所界定的海洋政策特征主要是指其独有特征，这些独有特征包括如下方面：

（一）海洋政策公共性更强

海洋政策是有关海洋权益维护、保护海洋资源与环境的公共政策。海洋政策的相关目标决定了海洋政策更具公共性。首先，在海洋权益维护方面，海洋权益涉及一国的主权，是一国国家权益的最高表现之一。因此，海洋权益维护的功能和目标，使得海洋政策具有明显的公共性，它们的行使涉及一国所有国民的福祉和利益，以及未来国民的利益。其次，在海洋资源与环境保护方面，海洋生态与环境具有更广的影响。相对于陆域，海洋一旦被污染，将很容易从一个地区飘散到另一地区，从一个国家飘散到另一个国家。而海洋生态系统的破坏，也不仅仅影响一个地区或国家，而是多个国家甚至全人类。例如石油污染：20世纪，近海石油开发和频繁的海上石油运输给人们带来了巨大的经济利益，同时，也对海洋环境造成了极大的威胁。1967年3月18日，12.3万吨的利比亚籍油轮"托雷·坎尼荣号"满载着11.7万吨的原油从波斯湾的科威特出发，向英国威尔士的米尔福德港驶去。途经英国的锡利群岛和地角之间的公海时，在七石礁处触礁沉没，船上9.19万吨原油溢出，污染了180千米长的海区。无休止的石油泄漏污染了海洋，造成局部海域的生态环境恶化，海水富营养化，赤潮频频发生，生物迅速减少或消失，成为海上"荒漠"。海洋石油污染会导致鱼贝藻类死亡，海滨生物结构破坏，海鸟饲饵消失。而海洋生物多样性减少和海洋生物体内致癌物浓缩蓄积给环境和人类带来的损害则更是无法估算。海湾是较封闭的生态环境，水域浅，海水流动缓慢，一旦发生大规模的石油污染事件，将会导致海湾生态平衡失调若干年。因此，海洋政策保护海洋资源与环境的功能与目标，使得其具有维护整个地区甚至全人类利益的属性，从而更具公共性。

（二）海洋政策生态性更强

无论是就海洋政策的价值取向而言，还是就海洋政策的具体内容而言，海洋政策相对于公共政策，更注重生态环境的保护。海洋生态安全作为生态安全链条上极为重要的一环，不仅是整个自然生态环境的基础性要素，而且事关国家长远性经济可持续发展。虽然我国相关政府部门一直在采取积极的措施实施海洋生态安全保护政策，也取得了一定的成效，然而未能从根本上有效遏制海洋生态环境恶化的趋势,因此,结合我国具体问题采取更为有效的措施保护和治理海洋生态安全已经刻不容缓。具体来说,海洋生态环境问题是指由于客观自然环境变化或人类各种经济活动造成或可能造成的海洋生态环境恶化,甚至整个海洋生态系统失衡,进而导致海洋生态环境质量下降,给整个人类生存和海洋生物的生存环境带来极为不利的影响。基于此,生态伦理观构成了海洋政策的一个重要价值基础,它强调海洋政策的一个主要价值取向就是海洋生态环境的保护。而现实中,海洋政策应该侧重于环境保护而非经济开发,这一共识也越来越获得认可,海洋环境保护政策在海洋政策中所占的比例也越来越大。例如:制定专门的《海洋生态安全保护法》,其中不仅包括程序性和实体性的海洋生态安全保护和治理方面的条例、处理海洋生态问题的措施,更应该包含对于海洋生态安全理念的诠释,使公民更好地深入了解法律制定的重要性。修订、健全与海洋生态安全保障基本法相配套的法律法规,例如海岸带管理法、海洋生物多样性保护方面的立法以及防灾减灾法等。2016年2月26日,《中华人民共和国深海海底区域资源勘探开发法》(简称《深海法》)经审议通过,并于5月1日正式实施。可以说,《深海法》的贯彻实施开启了中国深海大洋事业发展的新航程,为我国深海大洋事业的发展提供了顶层设计,使其有法可依、有章可循。相较于其他国家的立法,我国的《深海法》的重要亮点之一是对于深海环境保护的关注,全法只有七章29条,关于"环保"一词却在《深海法》中出现20次,可见对于深海环境保护的重视。同时,通过立法建立一个专门管理海洋生态安全事务的管理机构,负责处理日常事务,协调与其他机构在海洋管理上的关系,在法律中明确中央和地方的管辖海域与权限,改变我国海洋执法薄弱的现状。

(三) 海洋政策国际性更强

所谓海洋政策国际性更强,是指相对于一般公共政策,海洋政策的制定、执行等需要考虑到国际法对于海洋的一些规定。这是因为海洋具有更多公共物品的属性,国际法对其做了一些有利于全人类利益的规定。例如关于紧追权的规定:紧追权(Right of Hot Pursuit),是指沿海国对违反该国法律并从该国管辖范围内的水域驶向公海的外国船舶进行追逐,将其缉捕和交付审判的权利。它是由国家主权引申出来的一项国家属地管辖权,是沿海国管辖权的扩大和延伸,是公海自由的一种例外。这项权利通过19世纪的国家实践发展成为一项国际习惯法规则。1958年《公海公约》首次以一个多边条约的形式在其第23条中确认了紧追权及其相关规则。紧追权的实施仅适用在内水、领海和毗连区范围。1982年联合国第三次海洋法会议通过的《联合国海洋法公约》是现代国际海洋法律制度的纲领性文件,其第111条对《公海公约》第23条内容进行了补充和修改,对沿海国为维护本国海洋权益所享有的紧追权扩大适用于专属经济区或大陆架水域。此后,各国对海洋资源的开发利用、海洋权益的保护空前重视,纷纷加强海上执法能力和执法力度,完善涉海国内立法,为海上执法提供国内法依据。紧追权,已成为一项公认的国际法制度,是国际法赋予沿海国有效行使管辖权的一项重要权利。而且,如上所述,海洋生态作为一个整体,一国的过度破坏会危及整个海洋生态,进而危害他国的海洋权益与利益。因此,海洋政策的制定等需要考虑到国际法(主要是海洋法)的一些规定。

(四) 海洋政策统筹性更强

通过对多数沿海国家的海洋管理体制研究得知,海洋行政管理职能分属于不同的管理机构。各个相关管理机构基于自身的职能定位、权力设置进行海洋开发与保护。由于不同管理机构的不同定位,造成海洋开发与保护的冲突在所难免。因此,海洋行政管理的协调非常重要。海洋政策,尤其是海洋基本政策,需要对不同管理机构进行协调、统筹,从而实现海洋行政管理的有序进行。并且,我国是陆海兼备的大国。随着综合国力、国际地位与影响力不断上升,我国的国家安全与发展利益日益由陆地向海洋扩展。建设海洋强国已是我国既定的国家战略,而加强陆海统筹,实施陆海并重战略,既是建设海洋强国的重要途径,更是我国历史发展的必然要求,是我国实现民族复兴、迈向世界强国的现实选择。我国实施陆海统筹战略应重点把握好几个方面:首先,要将海洋和陆地看作有机整体,从国家发展战略高度进行统筹,加强陆海之间的相互支援和相互促进,争取达到陆海资源互补、陆海发展并举、陆海安全并重的目标,实现陆海全面协调可持续发展,实现陆地大国向陆海强国的转变。其次,利用我国推进"一带一路"的契机,拓展、深化与周边国家的陆海合作,拉紧利益纽带,淡化分歧,缓和争议,管控危机,推进合作,维护我国陆海形势总体稳定,营造和平、和谐、合作、共赢的国际环境。再次,在加快海洋事业发展的同时,充分认识到陆地的支撑和回旋作用,既要制定和实施海洋发展战略,提高海洋开发、控制、综合管理能力,也要继续完善和创新陆地发展战略,在经济、军事、科技等领域促进陆海一体化建设,制定陆海一体化发展的具体战略和相关体制机制。最后,要破除长久以来"重陆轻海"的传统观念,培育陆海并重的文化,特别是要加强海洋相关的研究和宣传,举办更多海洋相关研讨会、论坛、博览会等活动,增强国民海洋意识,推动形成理性的"海洋观",为中国走向陆海强国夯实思想、文化和社会基础。综上,海洋政策具有统筹性,也具有更强的统筹性。

四、海洋政策制定的主体

海洋政策的制定主体根据不同的标准,有不同的分类标准。按照层级标准,可以分为中央主体与地方主体;按照职能范围标准,可以分为综合主体与专门主体。我们将这两个分类标准相结合,可以将海洋政策的制定主体分为四类:

第一类是中央机关。中央机关是海洋政策的最高制定主体,其所指定的海洋政策具有最高的权威性。我国制定海洋政策的最高中央机关具体包括：

（1）全国人大及其常委会。人大不仅具有制定海洋法律的权力，同样也有制定海洋政策的权力。实际上，从某种意义上而言，海洋法律是海洋政策的最高层次。

（2）中共中央。中国共产党作为我国的执政党，其实现执政的方式之一就是确定我国的大政方针。在海洋政策上同样如此。中共中央所制定的海洋政策，对国务院制定的海洋政策具有指导作用。

（3）国务院。国务院作为最高行政机关，具有制定海洋政策的权力。在制定海洋政策的中央机关中，国务院承担了大部分海洋政策的制定。需要特别指出的是，国务院不仅制定普通的海洋政策，还出台一些海洋行政法规。从法律的角度而言，海洋行政法规属于法律的范畴，同时也属于海洋政策的范畴。

第二类是国务院涉海职能部门。国务院涉海职能部门是我国高层专门制定海洋政策的主体，尤其是国家海洋局，其基本职责就是进行海洋管理与出台海洋政策，因此，国务院涉海职能部门主要是指国家海洋局。但是由于我国在海洋管理中，循序海洋行业管理的管理模式，其国务院涉海职能部门并不局限于国家海洋局。如果从职能定位的角度而言，我国有权制定海洋政策的中央职能部门高达十几个。我国主要的国务院涉海职能部门包括：

（1）国家海洋局。国家海洋局是国土资源部下设的独立局（国家局），是我国制定海洋政策的主要涉海部门制定主体。其所确立的基本职能包括海洋立法、海洋规划和海洋管理。这些都是海洋政策的主要内容。随着海洋综合管理的实施，国家海洋局在海洋政策制定中的作用将更加突出。

（2）农业部。农业部在海洋政策中主要负责海洋渔业政策的制定。农业部渔业厅负责对渔港水域非军事船舶和渔港水域外的渔业船只对海洋污染的预防及管理监督工作，管理渔业水域内的生态环境项目和渔业污染事故等。因此，它也负责在此方面的海洋政策制定。

（3）交通运输部。作为国家海事行政管理主管部门，交通运输部负责港口水域内非军事船舶和港口水域外的渔业船只及非军事船舶对海洋环境污染的防治监督管理。负责在中国管辖海域内航行、停泊、作业的外国国籍船舶的海洋污染事业的监督处理。因此，交通运输部可以制定属于海上运输的海洋政策。

（4）环境保护部。作为我国环境保护的综合部门，海洋环境的保护自然也在其职能范围之内。因此，环境保护部具有制定海洋环境保护的海洋政策。

第三类是沿海地方政府。沿海地方政府是指沿海的各级地方人大、党委与行政机关。在我国，最高的沿海地方政府是指沿海的11个省市及2个特别行政区，包括辽宁省、河北省、山东省、江苏省、浙江省、福建省、广东省、广西壮族自治区、海南省、天津市、上海市以及香港、澳门特别行政区。它们作为沿海地方最高行政区划，承担着地方海洋管理的主要职责，也是地方海洋政策的主要出台者。省级人大具有制定地方法规的权责，因此，省级人大不仅可以制定一般的地方海洋政策，同样可以颁布地方海洋法规。省级党委作为中共中央在地方的最高党组织，承担着落实中央海洋政策以及出台地方海洋政策的职责。省级政府是地方海洋政策的主要制定者和执行者，也是中央海洋政策在地方的执行者。因此，从某种意义上而言，沿海地方政府主要是指省级地方政府。

省级行政区划下的沿海市、县也具有出台地方海洋政策的职能，特别是一些沿海发达城市，其制定、颁布的海洋政策也对地方海洋管理具有重要影响。我国沿海地方政府，除了11个省级政府以及2个特别行政区外，比较重要的政策主体还包括6个副省级地方政府，它们包括青岛、大连、厦门、深圳、宁波5个副省级城市和天津滨海新区1个副省级市辖区。它们具有较大的经济管理权限，在海洋政策的制定和执行方面，都有着举足轻重的作用。

沿海地方政府层次多元，并且许多互不隶属，使得它们之间的海洋政策经济发生冲突。尤其是在海洋保护方面，协调乏力。各个地方主体处于促进本地经济发展的目的，无序开发海洋，侧重海洋开发政策的出台，而忽视海洋保护政策制定。这些都是我国在海洋政策方面需要改进的地方。

第四类是地方海洋管理部门。地方海洋管理部门，主要是指国家海洋局的地方分局以及地方政府中的海洋职能部门。其主要包括以下几个主体：

（1）海洋局地方分局。国家海洋局在我国的地方沿海设置了三个分局，分别是北海分局，位于青岛，负责渤海及黄海的管理；东海分局，位于上海，负责东海的管理；南海分局，位于广州，负责南海的管理。三个分局直属于国家海洋局，是执行国家海洋局海洋政策的主要地方主体。需要指出的是，三个分局在性质上是国家海洋局的派出机构，并非地方政府的职能部门，但是由于它们主要关注海洋局政策在所辖地区的执行，所以我们将之归入到地方海洋职能部门之中。

（2）省级海洋与渔业厅。我国的地方海洋管理体制主要指的是海洋部门与农业部的渔业部门相结合的体制模式，除了极少数省份实行国土资源模式和分局与地方结合模式外，大部分省级主体成立海洋与渔业厅，实行海洋与渔业综合管理的模式。① 海洋与渔业厅既接受国家海洋局的指导，同时也接受省级政府的领导，是地方综合制定主体制定的海洋政策的主要执行者。同样，它们根据所辖的海洋管理事务，也出台相关的海洋政策。

（3）市级海洋与渔业局。它们是省级海洋与渔业厅的下属职能部门，承担着

---

① 我国地方海洋管理机构共有三种模式：一是将海洋部门与渔业部门综合，成立海洋与渔业厅（局），实行这一模式的有辽宁、大连、山东、青岛、江苏、浙江、宁波、福建、厦门、广东、海南11个省（市）；二是实行国土资源与海洋分局结合的模式，实行这一模式的有河北、天津、广西3个省市；三是将海洋分局与地方海洋管理机构合并，实行这一模式有上海市和深圳市。

市一级的海洋与渔业政策的制定与执行。其中,青岛市、厦门市等副省级市的海洋与渔业局是非常重要的地方海洋政策制定和执行者。

五、海洋政策的功能

海洋政策的功能就是指海洋政策所能发挥的作用和海洋政策所具有的意义。海洋政策具有不同的功能,这些功能体现了发展海洋政策的价值所在。

(一) 指导功能

海洋政策的指导功能,亦称导向功能,是指引导人们的海洋开发行为或海洋事业的发展朝着政策制定者所期望的方向发展。海洋政策的指导功能所包含的一项重要内容就是规定目标、确定方向。规定目标就是把海洋活动中表现出的复杂性、多面性、相互冲突性,引入明晰的、单面的、统一的、目标明确的轨道,使得海洋活动有序进行和发展。海洋政策指导功能的另一项重要内容就是教育指导、统一认识、协调行动、因势利导。海洋政策,不仅要告诉人们什么是该做的,什么是不该做的,而且还要使人们明白,为什么是这样做而不要那样做,怎样做才能更好。海洋政策的指导功能,为人们有序推进海洋事业发展指明了方向。

(二) 协调功能

海洋行政管理活动是一个复杂的系统过程,其中有许多海洋利益关系需要协调,以保证海洋活动的和谐进行。这种协调首先表现在国家海洋活动在整个国家政治、经济、文化等活动中应该处于何种位置。相对于陆域活动,人类的海洋活动相对较晚,人们经常采用陆域活动的思维和策略去进行海洋活动,将海洋活动看成人类陆域活动的一种简单延伸。海洋政策需要对陆域活动与海洋活动的差异造成的冲突进行协调,以保证海洋活动在整个国家活动中占据合理的位置。其次,海洋政策协调功能还体现在海洋开发与海洋保护的协调上。人类进军海洋,一个重要原因在于海洋能够提供更为丰富的资源和能源。因此,进行有序的海洋资源开发是海洋活动的重要内容。但是另一方面,海洋生态环境对整个人类的存在起着更为基础性的作用,其保护也至关重要。但是在海洋资源开发中,却经常造成海洋生态环境的破坏。例如人类开发无居民海岛,无居民海岛是指我国管辖海域内不作为常住户口居住地的岛屿、岩礁和低潮高地等,我国面积大于 500 m^2 的岛屿有 6 000 多个(不包括海南岛及台湾、香港、澳门诸岛),其中约 94% 为无居民岛屿。[①] 随着《无居民海岛保护与利用管理规定》《中华人民共和国海岛保护

---

① 郭院.浅谈无居民海岛的开发与保护[J].中国海洋大学学报(社会科学版),2004(3):20-22.

法》颁布和实施,以及我国第一批可开发利用的无居民海岛名录公布[①],科学合理地制定无居民海岛保护与利用规划,对进一步加强无居民海岛的战略地位,维护国家海洋权益、保障国防安全,保护好无居民海岛较为脆弱的生态环境和丰富的自然、人文资源,妥善协调无居民海岛与周边区域的关系,具有极高的政治、经济和生态价值。[②] 因此,海洋政策的协调功能就是需要合理有效地平衡海洋开发与海洋保护。最后,海洋政策的协调功能还表现在不同领域海洋管理的协调上。目前,我国海洋行政管理的一个显著特征就是行业管理突出,海洋交通、海洋渔业、海洋油气等大量的海洋行业管理和活动,造成了一定的冲突。因此,海洋政策需要对这些不同的海洋行业进行协调。

(三) 规范功能

海洋政策的规范功能是指海洋政策在社会实际生活中为保证海洋开发与保护正常运转所起的规范作用。这一功能主要表现为海洋政策针对目标群体的行为所起的作用。迄今为止,人类社会对人们的行为进行规范的手段或方式主要有法律、伦理道德和政策。总体而言,这三种手段或方式都具有鼓励性和惩罚性的特征。法律手段本身具有的稳定性和定型化特征,难以满足瞬息万变的社会需要;伦理道德在一些领域、对一些人的行为具有规范的功能,但由于约束力不强,伦理道德对其并没有多少约束作用。因此,海洋政策的规范功能可以有效弥补法律手段和道德手段的上述不足。海洋政策的规范功能在于能够发现并纠正海洋开发与保护中的非常规的、"越轨"的行为,保障并加强海洋的正常秩序,促进海洋事业的科学发展。

在海洋活动中,通过海洋政策进行规范,相对于法律手段和伦理道德手段,更具有优势。相对于陆域管理,海洋的特殊性导致海上执法和司法取证成本较高,因此法律手段对海洋活动的规范作用较弱;海洋政策成为海洋活动最为重要的规范工具,发挥着重要的规范作用。

(四) 激励功能

海洋政策的激励功能,也可称为推动功能,是指海洋政策对海洋事业发展的激励和促进作用。这一功能主要表现为海洋政策针对海洋事业发展方向和速度所起的作用。社会发展的动力来源于社会资源的合理配置和人的积极性的发挥。在一定程度上,社会资源的调整和重新配置就是为社会发展方向进行定位。如:一个国家的海洋政策就是对海洋战略发展方向的引导。社会资源的配置方式主

---

① 我国第一批开发利用无居民海岛名录公布[O/L].中央政府门户网站,http://www.gov.cn/gzdt/2011-04/12/content_1842294.htm,2011 年 4 月 12 日。

② 宋维尔.基于"岛群"单元的无居民海岛规划方法初探——以浙江省实践为例[J].//2010 年海岛可持续发展论坛论文集[C],2010.

要有两种,即市场配置和政府配置。在市场经济条件下,市场在资源配置中起基础性的作用;然而谁也不可否认,在现代社会,由于市场配置资源本身的不完美性,政府在保证资源的合理配置中具有重要作用。政府配置资源的目的是为了推动社会进步和发展,其实现方式主要就是通过制定和实施公共政策。政府配置资源就是通过对资源的权威性分配,以实现资源的最佳组合。海洋政策的鼓励功能在于通过海洋资源的合理配置,实现海洋经济的发展与生态环境的保护。由于海洋政策激励功能能够调动人们在海洋开发与保护中的积极性,从而推动海洋开发利用活动的有效开展。

第二节 我国海洋行政政策的发展历史[①]

中国是海洋大国,有着漫长的海岸线,辽阔的海域,丰富的海洋资源,海洋在社会发展与国民生活中占据着重要的历史地位。尽管不同时代出于不同的社会心理,或重视、或轻视、或恐惧、或排斥,历代统治者都不能忽视海洋在中国历史发展进程中所发挥的重要作用,围绕海洋的政府管理和海洋政策从来都是中国历史长卷中的必要组成部分。

一、清代以前的中国海洋行政政策

中国是世界上开发利用海洋最早的国家之一,一些朴素的海洋管理思想伴随着早期的海洋开发活动而产生。先秦时期,海洋开发主要是"渔盐之利"和"舟楫之变"。在周代,中国就已经开始设立渔官,是兴渔盐之利最早的国家之一。原始社会末期,沿海地区就掌握了"煮海为盐"的方法。周朝统治者对于舟船十分重视。周武王设立了专门管理舟船的管理机构,称为舟牧,建立舟楫检查制度。据《尔雅·释水》记载"天子造舟,诸侯维舟,大夫方舟,士特舟,庶人乘泭"。

秦汉时期,我国军队建制中正式设置的水军——楼船军建立起来。当时的汉武帝就是用这支军队进攻朝鲜,渡海作战,是我国古代海军大规模渡海作战的先例,标志着政府建设控制海洋力量的开始。

唐朝时期,在广州、泉州和明州,政府设立了对外贸易的管理机构——市舶司。其主要职能是掌握从事航海贸易的船舶与货物。市舶司是中国外贸史上第一个专门机构,开创了古代海外贸易管理的新制度,为宋以后所继承沿用,至清代才为海关制度所取代。

宋朝与东南沿海国家绝大多数时间保持着友好关系,广州成为当时中国海外贸易第一大港。宋代海上贸易的持续发展,大大增加了朝廷和港市的财政收入,

---

① 龚虹波.海洋政策与海洋管理概论[M].北京:海洋出版社,2015.

促进了经济发展和城市化生活，也为中外文化交流提供了便利条件。法国年鉴派史学大师布罗代尔（Fernand Braudel）在考察 15 至 18 世纪世界城市发展史时指出，中国的广州是当时地理位置与港口条件最优越的地方，他甚至认为，当时世界上可能没有一个作为港口的地点比广州更优越。

北宋时期，朝廷注重发展海洋贸易，鼓励"商贾懋迁，以助国用"。南宋时期，由于金人的入侵，朝廷农税不足，为获得海洋带来的利益，统治者鼓励民间航海。于北宋时期 1076 年制定、1080 年实施的《广州市舶条》，是中国历史上第一部管理海外贸易的专门法规，虽名为《广州市舶条》，但却在中国的东南沿海城市被广泛推行，对后世的相关法律产生了深远的影响。1314 年，元朝颁布了被认为是中国古代第一部完整和系统的海外贸易管理法规——《延祐市舶法》，即是在《广州市舶条》的基础上制定的。

明朝时期，朱元璋针对国内动荡的局势，行"禁海"先稳定国内。在稳定的基础上，朱棣解"禁海"平天下，继续元朝的"大一统"。明朝初期是海洋开发的鼎盛时期，郑和下西洋是其显著标志。明中后期和清朝，市舶贸易开始衰落。统治者为了加强海防，实行全面禁海政策。

清朝时期，政府先后两次颁布禁海令，规定"寸板不得下海"。清朝时期还 3 次颁布"迁海令"，沿海居民一律内迁 50 里。值得一提的是，在康熙年间，颁布了《开海征税则例》，是第一个海关法例。在乾隆年间，又颁布了专门针对外商的《防范夷商规定》。

清朝以前中国海洋政策的特征主要就体现在"海禁"二字上。在海洋管理的过程中，往往出现一些游离于封建统治者控制之外的不安定因素，为了消灭这些不安定因素，统治者往往都采取海禁政策。

二、新中国的海洋行政政策

新中国成立以来，根据不同时期的国际客观形势和国内实际情况，党和国家的海洋开发政策大体上可以划分为三个时期：从中华人民共和国成立到改革开放前，是国家海洋开发政策的准备时期；改革开放后至 20 世纪末，是国家海洋开发政策基本形成时期；进入新世纪，是国家海洋开发政策迈向强国战略的科学发展新时期。

（一）新中国海洋开发政策的准备时期

新中国成立初期，由于当时的国内国际环境，建设强大海军和海上钢铁长城是当时的主要战略任务。国家海洋政策中基本没有海洋开发政策的相关信息，新中国的海洋观念和海洋政策主要侧重于抵御侵略，保卫大陆安全成为这一时期海洋政策的核心，并为改革开放后海洋开发政策的制定奠定了良好的海防基础。

海防政策主要体现在：1949 年 1 月，中共中央政治局在《目前形势和党在

1949 年的任务》的决议中,明确提出"争取组成一支能够使用的空军,及一支保卫沿海沿江的海军"。① 1953 年 12 月 4 日,毛泽东对海军建设总方针、总任务作了这样的阐述:为了肃清海匪的骚扰,保障海道运输的安全,为了准备力量于适当时机收复台湾,最后统一全部国土,为了准备力量,反对帝国主义从海上来的侵略,我们必须在一个较长时期内,根据工业发展的情况和财政的情况,有计划地逐步地建设一支强大的海军。② 1976 年 11 月 12 日,《中华人民共和国交通部海港引航工作规定》明确指出其规定的目的是"为了维护中华人民共和国的主权,保障港口、船舶安全"。③ 这个时期之所以国家没有出台具体的海洋开发政策,主要原因可以概括为:

(1) 从新中国成立后的政治环境来看,国内外敌对势力对中国统一和安全构成了威胁。在国际上,美国企图称霸世界,在它支持蒋介石反对中共的策略失败后,依旧没有放弃对中国人民的征服,拒绝承认新中国,并且想尽办法阻碍他国对新中国的承认,妄图在政治上孤立、经济上封锁、军事上包围新中国,企图把新中国扼杀在摇篮中。在国内,人民解放战争已经获得很大的胜利,但是国民党在西南、华南和沿海岛屿还有上百万军队仍在负隅顽抗。在新解放区,国民党在逃跑时留下大批残余力量仍在与人民政权作对。他们寄希望于外国帝国主义对中国内战的干涉和"第三次世界大战"的爆发,企图卷土重来。1950 年 7 月 31 日,麦克阿瑟率 16 名高级官员组成的代表团抵达台湾,次日与蒋介石签订了《防卫协定》,以"共同防守"台湾。8 月 4 日,美国空军 13 航空队司令到达台湾,在台湾成立了"台湾前进指挥所",海军第七舰队则成立了"海军联络部"。为统一指挥台湾的海军部队,美国政府还派遣了一个名叫"美国远东军驻台考察团"到台湾。1954 年 8 月 3 日,杜勒斯宣布美国要用海空军"保护台湾和澎湖列岛";1954 年 8 月 24 日,他又宣布"国民党控制的附近岛屿是同台湾防务有关的"。艾森豪威尔也在此间的一次记者招待会上称"对于台湾的任何侵犯将不得不越过第七舰队这道关"。在这样的国际国内政治环境下,新中国政权的巩固和安全显得尤为重要。所以在海洋政策上,这个时期侧重于海防不难理解。

(2) 中华民族传统的海洋观念制约着新中国对海洋的开发。新中国这个时期海洋事业主要集中在恢复传统海洋产业、组建海洋科技队伍、编制海洋调查科研长期规划等方面。④ "海洋观念是人们认识海洋、开发利用海洋的先决动因,它

---

① 中央文献出版社.《毛泽东年谱》下卷[M].北京:人民出版社,1993:428.
② 毛泽东.毛泽东文集:第 6 卷[M].北京:人民出版社,1999:87.
③ 交通部.交通部关于颁发《中华人民共和国交通部海港引航工作规定》的通知(1976 年)[O/L]. http://news.csi.com.cn/20070411151620.html.
④ 《海洋世界》编辑部.中国海洋事业发展 60 年[J].海洋世界,2009,10(1):24-31.

直接影响着国民的海洋意识,甚至决定着国家的海洋战略及海洋政策"。[1] 纵览中国历史可以发现,人们对海洋的了解,很长一段时间曾被重陆轻海和把开拓海外贸易认为是"弊政"的传统海洋观念所制约。明代以来所实行的"海禁"政策,严重阻碍了中外正常交往的开展。中国对海洋的开发,也在郑和下西洋后一直停滞不前,面对大航海时代的到来,中国曾经不是去迎接,而是向海洋的发展退缩了,以致错失发展良机。如前文所述,新中国建立初期,国际、国内恶劣环境下,新中国只能被动选择以海防取代开发海洋的海洋政策。直到改革开放后,现代海洋观念才逐步地为我国接受。一个更为重要的深层次原因就是,中国具有悠久历史的农业文明固有的重农抑商思想对传统的海洋观念带来的巨大不利影响。由于商业长期被抑制,交通的重要性基本显现不出来,陆路交通尚且不发达的情况下何以谈及水路交通,尤其是海运。

(二) 新中国海洋开发政策基本形成时期

改革开放后,新中国海洋开发政策逐步确立和发展起来,特别是 20 世纪 90 年代以来,新中国的海洋开发政策得到快速发展,基本形成了海洋开发政策体系。

1. 20 世纪七八十年代,主张与国际合作开发海洋的海洋开发政策

20 世纪 70 年代末,中国实行了改革开放政策。伴随着改革开放的步伐,新中国关于海洋开发政策也逐步地确立和发展起来。这时期新中国海洋开发政策的主要特点是:开始把海洋开发提上日程,主张与国际合作开发海洋资源。例如:

(1) 合作开发海洋油气资源。1982 年 11 月 30 日,国务院总理赵紫阳在第五届全国人民代表大会第五次会议上,作了《关于第六个五年计划的报告》,他在石油工业建设内容中指出:"五年投资一百五十四亿元,重点勘探东北松辽盆地、渤海湾、河南濮阳地区和内蒙古二连盆地……同时积极开展海上石油的勘探和开发","这样,我们就可以补充原有油井产量由于每年采收形成的自然递减,使五年内石油年产量稳定在一亿吨的水平上"。[2] 这里提到的"开展海上石油的勘探和开发"主要指与国际合作上的勘探和开发。

(2) 合作开发有争议海岛。1984 年 10 月 22 日,邓小平在中央顾问委员会第三次全体会议上指出:"'共同开发'的设想,最早也是从我们自己的实际提出来的。我们有个钓鱼岛问题,还有个南沙群岛问题。我访问日本的时候,在记者招待会上他们提出钓鱼岛问题,我当时答复说,这个问题我们同日本有争议,钓鱼岛日本叫尖阁列岛,名字就不同。……当时我脑子里在考虑,这样的问题是不是可以不涉及两国的主权争议,共同开发。共同开发的无非是那个岛屿附近的海底石

---

[1] 陈烛响,蔡勤禹. 海洋开发与现代海洋观念[J]. 合肥学院学报,2009,26(1):65-69.
[2] 赵紫阳. 关于第六个五年计划的报告[C]//中共中央文献研究室编辑. 十二大以来重要文献选编(上). 北京:人民出版社,1986:22.

油之类,可以合资经营嘛,共同得利嘛。"①邓小平此处指的"共同开发"海底石油,既是对"国际合作"的海洋开发政策的延续,也是当时处理国际问题的一种策略。

2. 20世纪90年代,海洋开发政策形成了较全面的体系

20世纪90年代,伴随着《联合国海洋法公约》的生效和《21世纪议程》的实施,海洋在全球的战略地位日趋重要。沿海许多国家大力推行海洋发展战略,并加大了海洋开发力度。中国作为一个海洋大国也不例外。这时期新中国海洋开发政策的主要特点是:发展迅速,形成了比较全面的海洋开发体系。内容主要有以下方面:

(1)统筹海洋开发和整治方面的政策。主要有:1991年1月,首次海洋工作会议通过了《九十年代我国海洋政策和工作纲要》,提出"以开发海洋资源,发展海洋经济为中心,围绕'权益、资源、环境和减灾'4个方面开展工作,保证海洋事业持续、稳定、协调发展,为繁荣沿海经济和整个国民经济,实现我国第二步战略目标做出贡献"。② 1995年5月编制完成了《全国海洋开发规划》。"我国第一部跨世纪《全国海洋开发规划》经国务院原则同意,已由国家计委、国家科委、国家海洋局联合行文印发全国有关省、自治区、直辖市人民政府以及国务院有关部门贯彻实施","该规划确立的基本战略原则是实行海陆一体化开发,提高海洋开发综合效益,推行科技兴海,求得开发和保护同步发展。总体构想是要建立一个海运体系,开发五种主要资源、发展五个重点开发区,同时规划三个海洋特殊开发区"。③

(2)资源开发和环境保护方面的政策。这里有两个文件值得提及:《中国21世纪议程——中国21世纪人口、环境与发展白皮书》和《中国海洋21世纪议程》。"《中国海洋21世纪议程》是根据《中国21世纪议程——中国21世纪人口、环境与发展白皮书》的精神制定的,是'九五'期间和21世纪初我国海洋工作的指导性文件和行动纲领。它把'海洋资源的可持续开发与保护'作为主要领域,通过该议程的实施,可以提高有关部门和地区以及社会广大公众参与海洋可持续发展事业的积极性和能力,促进我国海洋事业和沿海经济持续、稳定、高速、协调的发展,为解决我国人口、资源、环境和发展等紧迫问题拓宽道路"。

(3)科学技术研究和开发政策。主要有:1993年3月研究制定的《海洋技术政策》,其目的是"通过国家引导海洋科技队伍形成整体力量,重点发展海洋探测和海洋开发适用技术,有选择地发展海洋高新技术并形成一批相应的产业,使中国海洋科学技术在20世纪末逐步接近世界先进水平,以满足开发海洋资源、保护

---

① 邓小平.邓小平文选:第3卷[M].北京:人民出版社,1993:67.
② 转引自:刘中民,桑红.新中国海洋防卫思想史话之从战略的高度认识海洋——第三代海洋防卫思想[J].海洋世界,2007,3(1)50-55.
③ 一九九五年《中国海洋环境年报》[EB/OL]. http://www.coi.gov.cn/hygb/hjzl/hjzl1995/.(2010-09-10)

海洋生态环境和维护中国海洋权益的需要"。① 可以看出,改革开放以来,特别是十四大以来,中国政府的海洋开发政策确实取得了长足进步。究其缘由,可以概括为如下方面:

首先,改革开放后,新中国海洋事业得到迅速发展。众所周知,改革开放后,中国正确地把工作重心转移到经济建设。之后,我国经济、社会等各方面都得到很大发展,特别是海洋事业也得到迅速发展。"1979 年我国海洋产业的直接产值仅为 64 亿元(没有增加值统计),到 1999 年达到 3 651 亿元,1999 年比 1979 年增长了 56.3 倍,保持了年均 22% 的增长速度。1999 年海洋产业增加值达到了 2 022.2 亿元,年均增长速度为 16.3%。海洋产业对国民经济的贡献由 1979 年直接产值占国民生产总值的 0.5% 上升到 1999 年增加值占国内生产总值的 2.46%(如果沿海国内旅游收入 3 199.84 亿元计入,估计在 4% 以上)"。② 显然,这为海洋开发政策发展提供了坚实的物质基础。

其次,改革开放后,现代海洋观念逐渐被人们认识和接受。中国沿海各个省市都把发展海洋经济作为新的经济增长点,海洋开发在实践中得到迅速推进,作为海洋开发实践指导的海洋开发政策也在实践中不断发展。当然,"传统海洋观念的转变是一个长期的过程,要赢得海洋开发的主动权,就应当使传统的海洋观念向新的更高的层次发展,形成当今更能体现时代特征的,更符合国家切实利益和发展战略的现代海洋观念,并更好地指导海洋开发的实践"。不过,现代海洋观念毕竟逐渐地为我国接受,改革开放实践证明了它对我国海洋事业的发展,特别是对海洋开放政策的发展和海洋开发的推进带来了不可替代的作用。

最后,迎接新一轮国际海洋竞争的需要。1982 年,《联合国海洋法公约》的通过,使海洋又面临着新一轮的分割,出现了新的"蓝色圈地运动",特别是 1994 年《联合国海洋法公约》正式生效以来,为了在新一轮国际海洋竞争中抢得先机,沿海国家已经陆续制定或正在制定国家海洋政策和海洋发展战略。如澳大利亚分别于 1997 年和 1998 年公布了《澳大利亚海洋产业发展战略》和《澳大利亚海洋政策》;日本也在 20 世纪末提出《日本 21 世纪海洋开发战略》。为了适应新一轮国际海洋竞争,中国根据国内国际形势,加快制定符合本国海情的海洋开发政策也是情理之中的事情。

(三) 新中国海洋开发政策迈向强国战略的新时期

中国 21 世纪的海洋策略是在逐步成为海洋经济强国的同时,更要成为科学合理地开发利用和保护海洋资源的大国和强国。国家海洋局局长王曙光曾说过:"21 世纪是海洋的世纪,海洋是人类未来的希望,是世界可持续发展的重要基地。

---

① 王芳.我国海洋政策的回顾与展望[J].经济要参,2009,68(3):16-22.
② 栾维新,阿东.中国海洋功能区划的基本方案第 17 卷[J].人文地理,2002,3(1):93-95.

开发海洋,向海洋进军已经成为世界性的大趋势和各国的战略选择","把我国建设成为现代化的海洋强国,是近代以来饱受屈辱的中华儿女孜孜以求的崇高理想,也是中华民族实现伟大复兴的重要组成部分。"①新中国成立以后,我们党的三代领导集体都非常重视我国的海洋事业,唯一的区别在于出发点和侧重点上,正是基于对海洋利益认识的全面深入,才有新世纪新中国海洋开发政策比前一时期更加全面、科学,并在不断合理发展中迈向强国战略的好势头。这时期的海洋开发政策,重点围绕贯彻落实"实施海洋开发"和"发展海洋产业"两大战略。

从政策层面上看:2002年11月,中国共产党召开了第十六次全国代表大会,在大会上提出了全面建设小康社会的国家战略,在总体战略部署中提出了中国"实施海洋开发"的要求。2003年5月9日,国务院印发了《全国海洋经济发展规划纲要》,"我国是海洋大国,管辖海域广阔,海洋资源可开发利用的潜力很大。加快发展海洋产业,促进海洋经济发展,对形成国民经济新的增长点,实现全面建设小康社会目标具有重要意义"。2006年,十届全国人大四次会议批准了修改后的国民经济和社会发展第十一个五年规划纲要。在《国民经济和社会发展第十一个五年规划纲要》中,对于海洋方面有了更明确的指示,"提出了保护海洋生态,开发海洋资源,实施海洋综合管理,促进海洋经济发展"。2007年,中国共产党第十七次全国代表大会又提出了要"发展海洋产业"的明确要求。2008年2月7日,国务院批准了《国家海洋事业发展规划纲要》(以下简称《纲要》)。《纲要》是建国以来首次发布的海洋领域总体规划,是海洋事业发展新的里程碑,对促进海洋事业的全面、协调、可持续发展和加快建设海洋强国具有重要的指导意义","国务院要求,要始终贯彻在开发中保护、在保护中开发的方针,进一步规范海洋开发秩序"。2008年10月,国家海洋局联合科技部发表了《全国科技兴海规划纲要》(2008年—2015年),在指导思想中指出:"以邓小平思想和'三个代表'重要思想为指导,全面贯彻科学发展观,落实'实施海洋开发'和'发展海洋产业'的战略部署,以建设海洋强国为目标……"2009年《政府工作报告》中提出了我国应"加快合理开发利用海洋"的政策,为我国加快海洋开发进程提供了理论指导。

此后,中国海洋综合管理体制改革在2013年取得了历史性的突破。为加强海洋事务的统筹规划和综合协调,中国决定设立高层次议事协调机构——国家海洋委员会,负责研究制定国家海洋发展战略,统筹协调海洋重大事项。国家海洋委员会的具体工作由国家海洋局承担。

---

① 崔晓林.四十载风云兼程——国家海洋局局长王曙光访谈录[J].时代潮,2004,19(2):6-7.

第三节 我国海洋行政政策的体系构成

国家海洋政策是指国家为实现其海洋事业的发展目标、战略、方针或规划而制定的行动准则。制定海洋政策目的在于有效地组织各种海上活动,协调国内有关海洋事业各部门之间的关系,正确处理海洋国际问题,维护本国的海洋权益,最有效地促进本国的海洋开发利用和国际合作。海洋政策通常以国家的立法、政府的法规和行政指令、事业规划等方式具体化、条理化、法律化,借以发挥其指导、协调、制约的作用。海洋政策是在人类海洋活动能力不断增强,海上活动日益频繁,海洋事务日益复杂的情况下逐渐形成的。我国现行海洋政策的具体表现形式主要有三个方面:(1)在我国被批准正式生效的海洋国际公约及国际或地区合作协定;(2)我国现行的海洋法律制度,主要包括海洋法律、法规、规章、规范性文件和政策性文件;(3)我国现行的海洋战略规划。

一、海洋国际公约及国际或地区合作协定

自新中国成立以来,我国政府积极加强国际间的交流与合作,逐步融入国际海洋事务,先后签署了一系列的海洋国际公约及相关合作协定。截至 2007 年,我国参加的国际海洋公约、条约近 200 个,简单梳理如下(详见表 7-1):

表 7-1 我国参加的国际海洋条约一览表

法律法规类型	名 称
综合类多边国际条约	《联合国海洋法公约》
	《南极条约》
综合类双边协定	《中华人民共和国政府和美利坚合众国政府关于有效合作和执行一九九一年十二月二十日联合国大会 46/215 决定》
	《中华人民共和国国家海洋局和南太平洋常设委员会合作协议》
海洋环境保护类多边条约	《关于环境保护的南极条约议定书》
	《1969 年国际油污损害民事责任公约》
	《1969 年国际油污损害民事责任公约》的 1976 年议定书
	修正《1969 年国际油污损害民事责任公约》的 1984 年议定书(未生效)
	《1969 年国际油污损害民事责任公约》的 1992 年议定书

续表 7-1

法律法规类型	名 称
海洋环境保护类多边条约	《1992年国际油污损害民事责任公约》2000年修正案
	《油轮所有人自愿承担油污责任协定》
	《油轮油污责任暂行补充协定》
	《1969年干预公海非油类物质污染议定书》
	《1973年干预公海非油类物质污染议定书》
	关于《1973年干预公海非油类物质污染议定书》1991年修正案
	《国际油污防备、响应和合作公约》
	《1973年国际防止船舶造成污染公约的1978年议定书》
	《1973年国际防止船舶造成污染公约的1978年议定书附则Ⅰ修正案》
	《关于逐步停止工业废弃物的海上处置问题的决议》
	《关于海上焚烧问题的决议》
	《关于海上处置放射性废物的决议》
	《防止倾倒废物及其他物质污染海洋公约》
	《控制危险废物越境转移及其处置巴塞尔公约》
	《控制危险废物越境转移及其处置巴塞尔公约》1995年修正案
	《联合国气候变化框架公约》
	《联合国气候变化框架公约》京都议定书
	《及早通报核事故公约》
	《核事故或辐射紧急情况援助公约》
	《核安全公约》
	《南太平洋无核区条约第二号议定书》
	《南太平洋无核区条约第三号议定书》
	《不扩散核武器条约》
	《禁止在海床海底及其底土安置核武器和其他大规模毁灭性武器条约》
	《拉丁美洲禁止核武器条约第二附加议定书》
	《关于持久性有机污染物的斯德哥尔摩公约》

续表 7-1

法律法规类型	名 称
海洋环境保护类双边协定	《中华人民共和国政府和日本国政府保护候鸟及其栖息环境协定》
	《中华人民共和国政府和澳大利亚政府保护候鸟及其栖息环境的协定》
多边海洋资源类国际条约	《国际捕鲸管制公约》
	《养护大西洋金枪鱼国际公约》
	《亚洲—太平洋水产养殖中心网协议》
	《中白令海峡鳕资源养护与管理公约》
	《联合国大会关于禁止在公海使用大型流网决议》
	《建立印度洋金枪鱼委员会协定》
	执行1982年12月10日《联合国海洋法公约》有关养护和管理跨界鱼类种群和高度洄游鱼类种群的规定的协定
	《生物多样性公约》
	《卡塔赫纳生物安全议定书》(尚未生效)
	《关于特别是作为水禽栖息地的国际重要湿地公约》
	《濒危野生动植物国际贸易公约》
	《濒危野生动植物国际贸易公约》第21条修正案
	《国际植物新品种保护公约》
	《国际遗传工程和生物技术中心章程》
	《1983年国际热带木材协定》
	《1994年国际热带木材协定》
	《保护世界文化和自然遗产公约》
	关于执行1982年12月10日《联合国海洋法公约》第十一部分的协定
	《联合国粮食及农业组织章程》
	《国际遗传工程和生物技术中心章程》
双边海洋资源协定	《中华人民共和国和日本国渔业协定》
	《中华人民共和国政府和大韩民国政府渔业协定》
	《中华人民共和国政府和也门共和国政府渔业合作协定》

续表 7-1

法律法规类型	名　称
双边海洋资源协定	《中华人民共和国农业部和大不列颠及北爱尔兰联合王国农业、渔业、食品部农业科学技术合作谅解备忘录》
	《中华人民共和国和毛里塔尼亚伊斯兰共和国政府海洋渔业协定》
	《中华人民共和国政府和美利坚合众国政府关于美国海岸外渔业协定》
	《中华人民共和国国家海洋局和美利坚合众国国家海洋大气局海洋和渔业科学技术合作议定书》
	《中华人民共和国政府和委内瑞拉共和国政府农牧渔业合作协定》
	《中华人民共和国政府和巴布亚新几内亚独立国政府渔业合作协定》
	《中华人民共和国政府和几内亚共和国防大学政府渔业合作协定》
	《中华人民共和国政府和澳大利亚联邦政府渔业协定》
海洋运输、海事、海商类多边国际条约	《1965 年便利国际海上运输公约》等
海洋运输、海事、海商类双边国际条约	《中华人民共和国船舶检验局和劳埃德船级社关于船舶技术检验合作的协议》等
科学研究和其他方面的多边海洋条约	《北太平洋海洋科学组织公约》等
科学研究和其他方面的双边海洋条约	《中华人民共和国国家海洋局和德意志联邦共和国联邦研究技术部关于海洋科学技术发展合作的议定书》等

这些海洋国际公约及国际或地区合作协定在我国得到贯彻和执行,与国内海洋法律共同为我国的海洋事业服务。根据公约的不同性质,对没有涉外因素的国内案件,对其中某些公约我国通过不同方式直接或间接地部分适用该公约,在国内贯彻执行中,主要有四种情况:(1) 通过立法采纳与国际公约相同的规则。(2) 通过立法部分采纳与国际公约相同的规则。(3) 国务院主管部门以下发通知的方式,规定国际公约对无涉外因素当事人的适用范围。对一些技术性较强,或者没有必要区分涉外涉内因素的我国加入的国际公约,国务院主管部门以下发通知的方式明确公约的适用范围。(4) 参加公约时或公约对我国生效时,没有任何法律、法规或规章明确该公约是否适用无涉外因素的国内当事人。此时尽管我国已参加了国际公约,但对无涉外因素的国内当事方,只能适用国内法。

二、我国现行的海洋法律制度

(一) 海洋法律

新中国成立后,先后颁布了《中华人民共和国领海及毗连区法》《中华人民共和国专属经济区和大陆架法》《中华人民共和国海域使用管理法》《中华人民共和国渔业法》《中华人民共和国海洋环境保护法》《中华人民共和国海岛保护法》《中华人民共和国深海海底区域资源勘探开发法》等海洋法律,形成了具有中国特色的海洋法律体系。

1.《中华人民共和国领海及毗连区法》

1958年9月4日,我国政府发表了《中华人民共和国政府关于领海的声明》,初步建立了中国的领海制度,声明"领海宽度为12海里"。该声明还不能认为是严格意义上的领海立法,1992年2月25日全国人大审议通过了《领海及毗连区法》。该法共17条,对我国领海及毗连区的法律制度作了系统规定。

2.《中华人民共和国专属经济区和大陆架法》

我国一贯支持发展中国家维护国家主权和海洋权益,支持发展中国家建立200海里专属经济区的合理主张。经过20世纪70年代的酝酿和80年代的研究,1998年6月26日,全国人大审议通过了《专属经济区和大陆架法》。

3.《中华人民共和国海域使用管理法》

中华人民共和国海域使用管理法于2001年10月27日由全国人大常委会通过,自2002年1月1日起施行。中华人民共和国海域使用管理法的制定是国家在海域使用管理方面的重大举措,它是我国确立海域使用管理法律制度的明确标志。这部法律的制定和实施具有明显的重要意义,我国的海域使用管理将在其所确立的法律制度中,步入一个新的阶段。

4.《中华人民共和国渔业法》

1986年1月20日,全国人大审议通过《渔业法》,并于1986年7月1日起实施。根据2000年10月31日第九届全国人民代表大会常务委员会第十八次会议《关于修改〈中华人民共和国渔业法〉的决定》第一次修正;根据2004年8月28日第十届全国人民代表大会常务委员会第十一次会议《关于修改〈中华人民共和国渔业法〉的决定》第二次修正;根据2009年8月27日第十一届全国人民代表大会常务委员会第十次会议《关于修改部分法律的决定》第三次修正;根据2013年12月28日第十二届全国人民代表大会常务委员会第六次会议《关于修改〈中华人民共和国海洋环境保护法〉等七部法律的决定》修改第二十三条第二款,第四次修正。此法是我国渔业资源开发与保护的基本法,是调整人们在中国水域开发、利用、保护、增殖渔业资源过程中所产生的各种社会关系的基本法律。

5.《中华人民共和国海洋环境保护法》

1999年12月25日,全国人大审议通过《海洋环境保护法》,并于2013年12月28日完成了修订,修改后的《海洋环境保护法》自2014年3月1日起施行。该法是为了保护和改善海洋环境、保护海洋资源、防治污染损害、维护生态平衡、保障人体健康、促进经济和社会的可持续发展而制定的。

6.《中华人民共和国海岛保护法》

2009年12月26日,全国人大审议通过《海岛保护法》,于2010年3月1日起施行。该法是为了保护海岛及其周边海域生态系统、合理开发利用海岛自然资源、维护国家海洋权益、促进经济社会可持续发展而制定的。

7.《中华人民共和国深海海底区域资源勘探开发法》

《中华人民共和国深海海底区域资源勘探开发法》于2016年2月26日通过,自2016年5月1日起施行。这是第一部规范我国公民、法人或者其他组织在国家管辖范围以外海域从事深海海底资源勘探、开发活动的法律。该法的出台,是我国法治海洋建设的重要内容,也是我国积极履行国际义务的重要体现,对我国海洋事业持续健康发展和人类和平利用深海海底区域资源具有重要意义。

(二) 海洋法规

海洋法规是国家机关制定的有关海洋的相关法规,如我国制定和颁布的涉海行政法规,省、市、自治区人民代表大会及常务委员会制定和公布的涉海地方性法规。新中国成立以来,我国颁布了一系列海洋法规。

涉海行政法规主要有:《中华人民共和国渔业法实施细则》(1987年)、《中华人民共和国水生野生动物保护实施条例》(1993年)、《中华人民共和国渔港水域交通安全管理条例》(1989年)、《中华人民共和国对外合作开采海洋石油资源条例》(1982年)、《中华人民共和国涉外海洋科学研究管理规定》(1996年)、《中华人民共和国海洋石油勘探开发环境保护管理条例》(1983年)、《中华人民共和国防止船舶污染海域管理条例》(1983年发布,2010年3月废止)、《中华人民共和国海洋倾废管理条例》(1985年)、《中华人民共和国防止拆船污染环境管理条例》(1988年)、《防治海洋工程建设项目污染损害海洋环境管理条例》(2006年)、《防治陆源污染物污染损害海洋环境管理条例》(1990年)、《铺设海底电缆管道管理规定》(1989年)、《中华人民共和国水下文物保护管理条例》(1989年)、《外商参与打捞中国沿海水域沉船沉物管理办法》(1992年)、《中华人民共和国船舶和海上设施检验条例》(1993年)、《中华人民共和国航道管理条例》(1987年)、《中华人民共和国海上交通事故调查处理条例》(1990年)、《中华人民共和国国际海运条例》(2001年)、《中华人民共和国自然保护区条例》(1994年)、《基础测绘条例》(2009年)、《中华人民共和国航标条例》(1995年)等。

关于海域使用的地方性法规有:《辽宁省海洋使用管理办法》(2011年)、《河北省海域使用管理条例》(2006年)、《天津市海域使用管理条例》(2007年)、《山东省海域使用管理条例》(2003年)、《江苏省海域使用管理条例》(2005年)、《上海市海域使用管理办法》(2006年)、《浙江省海域使用管理办法》(2013年)、《福建省海域使用管理条例》(2006年)、《广东省海域使用管理条例》(2007年)、《广东省铺设海底电缆管道管理办法》(1999年)、《广西壮族自治区海域使用管理办法》(2016年)、海南省实施《中华人民共和国海域使用管理法》办法(2005年)、《大连市海域使用管理条例》(2007年)、《青岛市无居民海岛管理条例》(2009年)、《厦门市海域使用管理规定》(2003年)、《厦门市无居民海岛保护与利用管理办法》(2004年)、《宁波市无居民海岛管理条例》(2004年)等。

关于海洋环保类的地方性法规有:《辽宁省海洋环境保护办法》(2006年)、《山东省海洋环境保护条例》(2004年)、《江苏省海洋环境保护条例》(2007年)、《浙江省海洋环境保护条例》(2004年)、《福建省海洋环境保护条例》(2002年)、广东省实施《中华人民共和国海洋环境保护法》办法(2009年)、《深圳经济特区海域污染防治条例》(2000年)、《上海市金山三岛海洋生态自然保护区管理办法》(1997年)、《海南省海洋环境保护规定》(2008年)等。

(三) 海洋规章

在我国,海洋规章分为部门规章和地方政府规章。部门规章是由国务院各部、委、总局等根据法律和行政法规的规定和国务院的决定,在本部门的权限范围内制定和发布的调整本部门范围内的行政管理关系的、并不得与宪法、法律和行政法规相抵触的规范性文件。其主要形式是命令、指示、规章等。地方政府规章是指省、自治区、直辖市人民政府以及省、自治区、直辖市人民政府所在地的市、经济特区所在地的市和国务院批准的较大的市的人民政府,根据法律、行政法规所制定的规章。具体表现形式有:规程、规则、细则、办法、纲要、标准、准则等。

与海洋相关的部门规章有:《中华人民共和国海洋石油勘探开发环境保护管理条例实施办法》(1990年)、《中华人民共和国海洋倾废管理实施办法》(1990年)、《铺设海底电缆管道管理规定实施办法》(1992年)、《海洋行政处罚实施办法》(2002年)、《海底电缆管道保护规定》(2004年)、《委托签发废弃物海洋倾倒许可证管理办法》(2004年)、《海域使用管理违法违纪行为处分规定》(2008年)等。

(四) 海洋规范性文件

规范性文件,是各级机关、团体、组织制发的各类文件中最主要的一类,因其内容具有约束和规范人们行为的性质,故名称为规范性文件。我国海洋规范性文件主要涉及海域使用、海洋环境保护、海洋科技、海洋计量管理等领域。涉海的规范性文件目前有132份左右,如《关于印发〈国家海洋局政府信息公开实施办法(试行)〉的通知》《关于印发〈无居民海岛开发利用具体方案编制办法〉的通知》《关于印发〈海洋油气开发工程环境保护设施竣工验收管理办法〉的通知》等。[①]

三、我国现行的海洋战略规划

随着我国海洋事业的发展,迫切需要加强对海洋规划的研究,以利于加快海洋开发利用。新中国成立以来,我国在海洋战略规划上取得了一系列的成绩,先后发布了《国家海洋事业发展规划纲要》《全国海洋经济发展规划纲要》《中国海洋21世纪议程》《全国海洋功能区划》《海水利用专项规划》《中国海洋发展报告》等。

本章思考题

1. 什么是海洋行政政策？
2. 海洋行政政策的特征有哪些？
3. 请概述我国海洋行政政策的体系构成。

案例分析 7

2015 中国海洋发展报告亮相　海洋强国战略加速推进

2015年6月23日,国家海洋局海洋发展战略研究所在京发布《中国海洋发展报告(2015)》(以下简称《报告》)。《报告》围绕党的十八大提出的建设海洋强国战略部署和"一带一路"战略构想要求,结合海洋事业发展和海洋领域最新重大事件,从7个部分展开论述,并对社会和公众关注的一些海洋热点和难点问题进行了评述。

《报告》共分7部分18章,核心内容和观点主要包括:合作与发展是当今海洋事务的主流;中国不断努力营造一个和平、稳定、繁荣的海上周边环境,致力于周边地区的和平稳定、互利共赢,提出建设21世纪海上丝绸之路的战略构想;中国继续完善涉海政策,保障建设海洋强国目标的实现;中国加强海洋综合管理和海上执法;中国的海洋经济发展态势总体平稳;中国海洋资源开发、利用能力有所提升,但利用质量、效率、效益较低的局面仍未得到根本扭转;中国全海域海洋环境质量状况总体维持在较好水平,但部分海湾污染仍然严重,为尽快改变海洋环境污染和生态现状,中国建立了比较完善的海洋生态环境保护和生态建设规划体

---

① 详见国家海洋局网站:《国家海洋局关于公布继续有效的规范性文件目录(2014年10月1日前)的公告》。http://www.soa.gov.cn/zwgk/hygb/gjhyjgg/201508/t20150818_39472.html.

系；中国海洋灾害正处于多发、高发期；全球海洋总体形势依然保持基本稳定，中国海洋安全面临的问题和挑战有所增加，海洋安全问题长期性、复杂性、多变性特征更加明显；共建21世纪海上丝绸之路，为沿海各国共谋发展、共同繁荣提供了新的重大契机。

《报告》指出，国际社会十分重视并积极推进海洋事务发展，在国际海洋法、海洋环境保护、海洋资源开发与保护、海事安全和海洋科学技术等领域取得了众多新进展，出现了一些重要发展趋势。

《报告》说，全国及沿海各地海洋经济发展总体势头良好，部分领域进展突出，海洋经济结构进入加速调整期。2014年，全国海洋经济生产总值近6万亿元，总体保持平稳运行。海洋产业方面，海洋渔业、海洋船舶工业等传统产业面临更加严峻的挑战，而海洋新兴产业、未来海洋产业逐步显示出其成长性。区域发展方面，沿海地区海洋经济发展成效显著，较好地实现了预期发展目标。北部、东部和南部经济区空间开发格局持续优化，海洋经济规模和增长质量不断提高，重要海岛开发建设有效推进。

《报告》指出，21世纪海上丝绸之路是一条与周边国家共建的"人海和谐、和平发展、安全便利、合作共赢"之路，将推动中国加快走向深远海，形成面向海洋、联通欧亚大陆的全方位对外开放新格局。通过21世纪海上丝绸之路的建设，周边国家和地区将共同打造开放、包容、均衡、普惠的区域合作发展愿景。

结合案例，请回答：
1. 结合材料，请简述我国海洋政策的特点。
2. 中国海洋政策的变化趋势是什么？

第八章
海洋行政管理的新探索

我国是海洋大国,管辖海域广阔,海洋功能的多宜性和海洋资源的多样性,使海洋成为各种产业不断进驻、争相开发利用的广阔平台。因而,海洋行政管理的未来发展,是一个较大且重要的问题。我国海洋范围辽阔,物产丰富,环境复杂。由于海洋空间立体性、水体和生物流动性等自然属性、海洋环境对地球环境的重要性、海洋经济行业的复杂性等,使得海洋管理不同于一般的陆地管理。海洋行政管理作为国家行政管理的重要组成部分,包括海洋行政管理体制、海洋行政管理职能机构的设置、海洋行政管理职权的划分、海洋行政管理的运行等。海洋行政管理体制是海洋行政管理机构设置、职权划分及运行等各种制度的总和。海洋行政管理机构是海洋行政管理体制的载体,包括国家海洋局、渔业局、海事局以及地方各级政府的海洋主管部门。海洋行政管理职权的划分是海洋行政管理体制的核心内容,包括海洋行政管理机构与其外部相关行政管理机构之间、海洋行政管理机构内部各职能部门之间以及上下级海洋行政管理机构之间特别是中央与地方之间行政职权的划分。运行方面的制度则是海洋行政管理体制发生效用的规则和驱动力。海洋行政管理的未来发展趋势如何,政府在海洋经济时代应扮演什么角色,如何才能更有效转换管理职能,为经济社会的长远发展起到更好的推动作用,是本章要探讨的问题。

第一节 海洋行政管理发展的机遇与挑战

一、海洋行政管理面临的发展机遇

海洋作为蓝色国土,中国拥有 18 000 多公里的大陆岸线,依照《联合国海洋法公约》中 200 海里专属经济区制度和大陆架制度,中国可拥有约 300 万平方公里的管辖海域,沿海岛屿 6 500 多个,4 亿多人口生活在沿海地区。随着沿海地区的开发和开放,海洋在我国经济发展中起到了举足轻重的重要作用,发展海洋经济已成为世界各国经济发展战略中不可或缺的组成部分。沿海开发开放地区,在经济社会和产业优化发展方面均走在全国的前列,沿海地区工农业总产值占全国总产值的60%左右。海洋经济的发展为我国经济的快速腾飞奠定了基础,海洋经济已成为我国经济发展的新的增长点。而作为海洋经济发展的重要制度保障与支撑,海洋行政管理也遇到了前所未有的发展机遇。

(一) 国家对海洋战略价值日益重视

海洋是中国的希望所在,潜力所在,未来所在。"蓝色"是中国的本色、亮色、美色。走向海洋是国家可持续发展必由之路,释放海洋能量是对生产力的进一步解放和拓展。党的十七大就作出"发展海洋产业"的具有号召力的动员。党的十七届五中全会明确提出了"大力发展海洋经济"的百字方针。国家推出海洋经济发展试点,把海域陆域作为一个整体,强化统筹海陆区域规划,统筹海陆产业发展,统筹海陆基础设施建设,统筹海陆资源开发,统筹海陆环境治理,实现海陆资源互补、产业互动、布局互联,努力培植新的发展优势来促进区域经济更科学、强劲、均衡与可持续发展。党的十八大报告在"优化国土空间开发格局"时提出建设海洋强国。这充分体现了党和国家对海洋资源开发、发展海洋经济和建设海洋强国的高度重视。这为中国海洋事业发展带来了千载难逢的机遇。党的十八大分析了国内外大势,高瞻远瞩地提出"提高海洋资源开发能力,发展海洋经济,保护海洋生态环境,坚决维护国家海洋权益,建设海洋强国",把海洋元素与谋求建设强盛国家紧密联系在一起,从而把海洋的重要性放在了前所未有的重要位置上,以更远的视野拓宽了建设强盛现代化国家的发展空间,有利于提升国家的发展能力。中国海洋梦有了重要的战略导向和任务部署。建设海洋强国成为中国发展战略的深化发展和创新突破。

(二) 海洋行政管理体制日益完善

20世纪80年代以来,我国的海洋行政管理体制日益完善,突出表现在如下方面:首先,地方海洋行政管理机构的建立。到目前为止,我国每一个沿海省、自治区、直辖市及计划单列市和沿海县市都建立了海洋行政管理职能部门,承担着当地的海洋综合管理任务。地方海洋行政管理机构设置和海洋职能主要有三种模式:第一,海洋与渔业管理结合模式。在全国15个沿海省(区、市)和计划单列市当中,有10个是属于海洋与渔业合并在一起的管理模式;第二,国土资源管理模式。河北、天津、广西三个省(区、市)在机构改革中,遵循中央机构改革模式,将地矿、国土、海洋合并在一起,成立了国土资源厅。其中,海洋部门负责海洋综合管理和海上执法工作;第三,专职海洋行政管理。上海市地方海洋管理机构在改革过程中,与国家海洋局东海分局合并,这种管理模式在全国尚属首例。[①]

---

① 李强华.我国海洋综合管理存在的问题及其对策[J].黑河学刊,2010(9).

(三）海洋科技发展成为海洋事业的创新驱动力

21世纪海洋高新技术的发展把人类全面开发利用海洋的理想变为现实。海洋领域内的竞争,无论是政治的、经济的、还是军事的,归根结底是科技的竞争。而海洋科技竞争的焦点在于海洋高新技术。海洋技术与原子能、宇航科技一起被称为当代世界三大尖端科技领域。发展海洋技术,尤其是海洋高新技术已经成为世界新技术革命的重要内容,受到高度重视。从世界主要海洋强国的发展历程来看,海洋科学技术能力是参与世界海洋竞争的关键。当前整个世界高速发展的海洋科学技术所取得的成就表明,掌握先进海洋技术的强国在解决国内资源短缺、人口增长、生态恶化、能源耗竭等问题上明显要优于其他拥有同类问题的国家。中国的海洋科学技术虽然在一些领域取得了巨大的成就,但整体上远远落后于其他海洋强国。在海洋能源探测和利用、海水及各种海洋生物资源的开发利用、深海资源的探测和开发、海洋技术人才的培养等各个方面,中国都潜藏着巨大的发展空间。这些海洋技术的发展无疑将极大地促进国家的生产力,改变中国现有的产业结构、生产方式等。

（四）海洋环境保护成为海洋发展共识

国务院早在2003年印发的《全国海洋经济发展规划纲要》中就提出建设海洋强国。2012年年底,中国共产党第十八次代表大会召开,其中指出:提高海洋资源开发能力,发展海洋经济,保护海洋生态环境,坚决维护国家海洋权益,建设海洋强国。这明确表明国家已把建设海洋强国上升到国家战略的层面,显示了国家对海洋的重视,而将"建设海洋强国"这一表述放在"大力推进生态文明建设"这一部分的内容中,更是说明了国家将海洋生态环境摆到了至关重要的位置,是对保护海洋生态环境重要性的充分肯定。"维护海洋健康"已成为世界各国的共识,并正在转化为人们的自觉行动。

（五）海洋文化是海洋强国战略的重要支撑

党的十八大报告中提出了建设海洋强国的战略目标,海洋强国的实现不仅需要强大的海洋经济、科技、军事等硬实力,也需要海洋意识和海洋文化等软实力的支撑。中华民族拥有丰富多彩和灿烂悠久的海洋传统文化,增强全民海洋意识,加强海洋文化建设,将有利于提升海洋战略地位,有利于形成民族进取精神,有利于提升全民科学素养,有利于弘扬社会主义核心价值观。因此,增强全民海洋意识是建设海洋强国和21世纪海上丝绸之路的重要组成部分,通过提升海洋软实力,为海洋强国建设提供强有力的社会共识、舆论环境、思想基础和精神动力。"十三五"时期是海洋意识宣传教育和海洋文化建设的关键时期,紧紧围绕建设海洋强国和21世纪海上丝绸之路战略目标,牢固树立五大发展理念,全面打造海洋新闻宣传、海洋意识教育和海洋文化建设三大业务体系。创新发展海洋新闻宣传，推动海洋新闻媒体融合发展，构建多种形式和载体的海洋大众传播品牌，积极推进海洋意识教育，增强海洋基础知识教育，促进海洋意识社会教育。传承繁荣中华海洋传统文化，充分发挥公共文化服务体系在提升全民海洋意识中的重要作用，促进海洋特色文化产业快速发展。"十三五"时期，我国将以传统媒体与新兴媒体融合发展为重点，做好海洋领域的新闻报道和舆论引导；以讲好海洋故事为重点，推动海洋意识大众传播，创建海洋主题宣传品牌，打造高品质海洋文化节庆活动，积极推出海洋文艺精品；以海洋知识"进教材、进课堂、进校园"为重点，增强海洋基础知识教育，加强高等院校及职业学校海洋意识教育；以社会教育为重点，开展国民海洋意识社会教育，建设海洋意识公众参与平台，实施全民海洋科普教育工程；以丰富海洋特色内容为重点，发挥公共文化服务体系在提升全民海洋意识中的重要作用；促进海洋特色文化产业发展，大力开发海洋特色的文化产品和服务；以重大理论研究与调研评估为重点，夯实提升全民海洋意识业务体系。

二、海洋行政管理面临的挑战

一个健全有效的海洋行政管理体制应该包括：有一个高效的海洋行政管理职能部门，有一支统一的海上维权执法管理队伍，有完善的海洋综合性法律法规体系，有完整的、系统的海洋发展战略、规划、区划、政策和方针。我国目前的海洋行政管理发展存在着诸多问题和挑战：

（一）国家海洋委员会与海洋行政主管部门的责权还需进一步理顺[1]

我国海洋行政领导与协调机构分为两个部分：一是 2013 年新组建的高层次的国家海洋委员会；二是隶属于国土资源部的国家海洋局。国家海洋委员会层级较高，它的成立，意味着海洋事务可以较为迅捷地进入国家高层次的决策议程之中，同时也为相关的机构之间在海洋事务上的沟通协调提供了平台。国家海洋委员会尽管层级较高，但是其机构性质是一个议事和协调机构。因此，机构决议的具体执行由海洋行政主管部门——国家海洋局负责。在体制上，我国正在走向集中型的海洋行政管理体制，国家海洋委员会的成立，使得这一相对集中型海洋行政管理体制更能统筹海洋事务。目前尚需理顺三个方面的内容：

一是进一步明确国家海洋委员会的组成。国家海洋委员会作为我国最高层次的海洋事务议事和协调机构，应该直接接受党中央、国务院的领导，其委员会的最高领导人由国家领导人兼任。由于我国的涉海行业管理部门众多，很多部门的管理职能都涉及海洋事务，因此，哪些部门领导应该是国家海洋委员会的常务会

---

[1] 王琪，等.中国海洋管理：运行与变革[M].北京：海洋出版社，2014.

议的组成人员,是需要进一步深入思考的问题。

二是进一步明确国家海洋委员会的职责。2013年的大部制改革,对国家海洋委员会的职责进行了初步的设定,但是这种设定还需要进一步细化和明确。哪些海洋事务应该进入海洋委员会的议事日程,哪些海洋事务直接由海洋行政主管部门或其他涉海行业部门自行处理,都尚需进一步明确。

三是进一步顺海洋行政主管部门的权责关系。国家海洋局作为我国的海洋行政主管部门,也是海洋行政管理领导与协调机构的组成部分,其权责关系还需要进一步理顺。2013年的国务院机构改革方案中,将国家海洋局定位为国家海洋委员会的执行机构,同时还将延续以往的惯例,将国家海洋局定位为国土资源部下属的国家局。这种权责关系,需要在今后的运行中,进一步明确三者的关系,从而避免一些管理的掣肘和权责不明。

(二) 海洋行政主管部门与海上执法机构的关系还需进一步理顺

2013年的大部制改革,最值得关注的就是整合了我国的海上执法队伍,将原来分散在多个职能部门的执法权限进行了整合,成立了新的中国海警局。中国海警局是国家海洋局的执法部门,因此,2013年的国务院改革方案设定,中国海警局接受国家海洋局的领导,接受公安部的业务指导。换言之,海洋行政主管部门与海上执法队伍之间是领导与被领导的关系。这种权责关系在我国当前的行政管理体制中尚不多见。

我国的行政管理体制中所形成的权力运作关系,一般是不同性质的行政组织之间具有领导与被领导、指导与被指导的纵横关系。如辽宁省教育厅接受辽宁省政府的领导,接受教育部的业务指导。而像中国海警局这样隶属于一个职能部门(国家海洋局),又接受另一个职能部门(公安部)业务指导的情况并不多见。因此,海洋行政主管部门需要进一步理顺与中国海警局的关系,从而使得海洋行政主管部门与其执法机构之间的权责关系,与我国整体的行政管理权力运作原则相吻合。

(三) 海洋行政主管部门与其他涉海部门的关系还需进一步理顺

2013年的大部制改革,对高层的海洋领导与协调机构、海洋执法队伍进行了较大幅度的变革,但是对于海洋行政主管部门以及其他涉海部门的管理职权都没有进行调整。因此,如何理顺海洋行政主管部门与其他涉海部门的关系,是海洋行政组织尚需进一步优化的内容之一。

经过2013年的大部制改革,我国已经建立了集中型海洋行政管理体制。但是集中型海洋行政管理体制的"集中"程度,世界各国也存在差异。我国的集中型海洋行政管理体制并没有将海洋事务全部集中于一个管理机构之中。其他涉海部门,尤其是海洋行业管理,是其他职能部门基于职能划分的原则,将自己的管理权限延伸到海洋。职能管理体现了分工原则,它在一定程度上更能提高管理效率、降低管理成本。交通部门更擅长交通管理,包括海上交通;农(渔)部门更擅长渔业的管理,包括海上渔业。因此,海洋统一管理、综合管理并意味着否定其他涉海行业管理在海洋行政管理部门之间的关系,理顺他们之间的权责划分,建立良好的沟通和协调机制,在国家海洋委员会的领导与协调之间,有效地管理海洋事务。

海洋行政主管部门除了需要协调与其他海洋行业管理部门之间的关系外,其领导的中国海警局也需要协调与中国海事的执法关系。我国以往的五支执法队伍,其中四支合并,组建中国海警局,但是中国海事还承担着以往的海上执法任务。因此,从某种意义上而言,新组建后的中国海警局,还没有实现海上执法的完全统一。因此,如何协调中国海警局与中国海事的执法关系,规定他们之间的执法权限,是今后海洋行政组织优化的内容之一。

第二节 海洋行政管理的未来展望

一、综合协调体制是海洋行政管理体制发展的必然趋势

海洋行政管理的综合协调体制是以各种海洋资源开发利用和治理保护之间的复杂关系为中心,通过一系列的政策法规、海洋功能区划和海洋开发规划进行宏观指导、控制、协调和监督管理。它着眼于协调各行业管理的矛盾,基于多资源、多目标的协调管理,使海洋行政管理工作更加卓有成效。海洋行政管理工作之所以需要建立某种综合协调机制,主要有三方面原因:一是研究和开发利用海洋的活动包括交通、渔业、能源、科技等许多方面,分属于不同的行业,全部集中于一个部门困难比较大,必须通过密切协调才可以进行。二是有些海上重大活动,一个部门是无能为力的,需要各方面力量的密切配合才能得以完成。三是海域开发管理分散于各个产业部门的国家,必须要成立一个综合部门进行规划和协调。

(一)权力边界清晰化,职责分配精确化

就职责分配和权力边界的规定而言,国际通行做法是依据本国领海的宽度来确定海洋的范围。以加拿大为例,根据国际标准的海洋基线的宽度,加拿大领海宽度为12海里,因此加拿大各个地方政府所辖的海洋范围就是各州海岸线12海里以内的海洋水域。他山之石,可以攻玉,我国也可以根据国际通行做法来解决职责分配的问题。根据现阶段国情,可以按照我国现行采用的通行规范,将离岸12海里作为分配国家和地方政府各自职责的标准。其中,因各地方政府对陆上国土的管辖便利,宜将领海范围内的管辖权力下放给各地方政府,允许地方政府自行决定对领海范围的管理和资源开发。而领海以外的专属经济区则因离海岸

太远,可以由中央政府对这一区域进行负责,并将各类事项分配各中央机构和各个海洋类行业协会。针对权力边界不够清晰的问题,应当根据我国的实际情况,恰当确定中央政府和地方政府在涉海问题上的权力边界,清晰明确的分配权力给不同级别的管理机构,并且将这样的分配制度通过中央级别的文件甚至法律规范加以固定,比如对《海洋法》等法律进行修改,明确中央和地方的权力清单,地方遵守规则,善用赋予的权力,中央统筹协调,对缺乏经济动力的事项以国家之力解决,共同推进我国海洋事业的发展。

(二) 依法治海,立法先行,构建我国海洋法律系统

推进海洋行政管理体系的进步,同推进我国的各项体制改革异曲同工,都应当坚持立法先行。只有海洋法律系统构建完善,才能为我国海洋管理工作改革的平稳推进和未来发展提供坚实的基础,因此必须将建立健全我国海洋法律系统作为海洋管理改革的前提。这一方面,我国尚不及美国、日本、加拿大等国际水平,和上述国家上世纪初就开始进行海洋立法相比,我国在1990年代左右才着手进行海洋类法律的制定工作,通过了一系列关于海洋管理和海洋开发相关的法律。但由于一直缺乏系统的研究和高屋建瓴的规划,因此我国的海洋法律制定仍然不够完善,有很大提升和发展空间。比如,我国签订了多个海洋国际公约,但对于其中规定的我国的义务和赋予的权利,我国并没有足够的国际私法加以规范和解释;我国虽然多次公布宪法修正案,但其中却并没有专门关于海洋的规定,因此,从国家根本大法的角度并未赋予海洋立法依据;我国虽然有一些涉海法律法规,但缺乏统筹、配合和清晰的结构,因此在实践中也往往不能得到很好的实施。立法的不足导致我国的海洋行政管理体制改革缺少坚强的后盾,也缺少对改革方向引导。因此,如果要使我国的海洋行政管理达到国际先进水平,为我国海洋开发创造最佳环境和条件,并完善我国十八届三中全会确定的社会主义法律体系为目标,必须完善我国海洋法律系统。具体而言,应当从以下方面推进海洋立法进程:

(1) 使我国现有海洋政策法律化。由于我国一直以来的传统,对于大部分的管理事务习惯用政策来加以规范和引导,对于海洋事业而言也不例外。我国曾出台过各种涉及海洋管理的白皮书以及国家和地方多个层面的规划纲要等文件,这些政策文件都对我国海洋事业发展有重要作用,但却不能够满足和适应新时代海洋开发和管理的需求。当今社会环境下,唯有通过法律才能真正将我国海洋战略等核心思想和方向固定下来,并使之真正落实而不会成为朝令夕改的一纸空文。所以,将现有海洋政策法律化,树立立法先行的理念,是我国推进海洋行政管理的第一要务。

(2) 用国家根本大法保护海洋事业的发展和进步。虽然我国海洋类政策和法律从数量上看并不能算匮乏,但有一部重要的法律中却没有任何涉及海洋的专门规定,那就是我国的宪法。宪法作为国家的基本法律,对各项立法工作有合法

性来源和指导等重要作用。因此,随着海洋经济的不断发展和海洋事业的重要性的提高,海洋战略成为国家战略的一部分,其重要性必须要在国家基本法律中得以体现,才能将这一战略最大范围、最长时间的在整个国家生活中得以推行。因此,我国要针对现行的海洋行政管理体制弊端进行改革,必须大力推进海洋条款进入宪法,完善海洋法律体系。

(3) 制定中国海洋基本法。制定海洋基本法是有效维护我国海洋权益、保证海上安全的需要。中国需要有一部海洋基本法,以立法的形式明确国家维权的基本态度,确定维权措施,提高民众的海洋意识,切实维护我国主权和海洋权益。同时,制定海洋基本法也是理顺我国海洋管理体制、加强综合管理的需要。目前,在我国的海洋管理体制中,既有相对综合的海洋管理部门,又有渔政、海事、环保等其他涉海机构,职能分割与交叉并存,海上执法主体较分散,海监、渔政、海事、海关、边防等部门,分别针对不同事务拥有执法权,既在一定程度上造成资源浪费,又会出现责权不明的情况。我国也应通过制定海洋基本法,理顺海洋管理体制,强化国家海洋局职能,整合各方面力量,形成职责明确、权力集中、协调高效的海洋管理执法体制。

(4) 提高与国际接轨的速度和水平,加强国际私法领域的立法工作进度。评价一国海洋立法的优劣与否,是否能与国际规范、国际条约无缝结合是重要标准。我国在涉及国际条约的国际私法领域的海洋立法相对落后于外国,因此,应当在改革过程中,在以我国实际情况和宪法法律规定为基础上,迅速完善我国所签订的国际条约在国内执行落实的配套法律法规的制定和修改。只有将国际私法范围的立法工作迅速推进到较高水平,才能更好地在国际上维护我国的海洋利益。

(三) 加强对海洋执法权的制度性监督和约束

我国曾经面临海洋执法权过于分散的现实,因此,我国启动了海洋行政机关的系统性改革,将海洋执法权集中于新成立的中国海警局。这一改革方案极大改变了我国曾经面临的"九龙治水"的海洋执法情况,很好地解决了海洋执法力量分散的问题。但是,由于海警局是新成立的机构,各种涉海制度尚处于酝酿规划之中,执法队伍的建设也刚刚起步,执法人员的素质和实际执法效果如何还未可知。而更重要的是这样的改革必然带来的是海洋执法权的高度集中,如果缺乏制度性的监督和约束,滥用国家赋予的执法权甚至是违法违纪现象都将有可能发生。为了降低这种情况发生的风险和可能,应当做好如下方面:

(1) 将海洋执法权的形式置于阳光之下。权力只有在阳光下运行才能最大限度地保证权力不被滥用、违法不会发生。对于新成立的部门来说,最大程度的公开执法工作的各个方面,是保证执法工作能够良好进行的有效手段。一方面,在内部制度建设时,应当将对内的公开纳入内部流程的设计,使其执法活动能够规范化、制度化的运行。另一方面,更要在不泄露国家机密、不影响海上执法活动的前提下，加强信息公开程度。海洋工作设计的范围广泛，从业人员众多，社会参与度也很高，海洋执法工作与其息息相关，因此面向这类人和组织的公开能有效的监督海洋执法权力的运行。

（2）完善责任追究制度，加大对违规执法行为的追究。除了有法可依，对于在实践中树立制度的权威，违法必究则是关键的环节。对于尚待规范的海洋执法行为，加强对责任的追究是规范执法行为的重要手段。责任的追究首先可以通过问责制来实现，即对海洋执法中出现的违规行为、渎职行为等，如果违反了规定，影响了海洋执法工作的，应当对行政部门、主管领导和直接责任人都予以追究的制度。[①] 问责制并非新生事物，但要想真正在海洋执法中发挥作用，应当对海洋执法的各个环节都进行问责；扩大问责的主体，调动社会力量参与到问责监督中来；对所有负有责任的人员都要问责而并非仅处罚个别人或将责任推卸给单位；要加强对问责制度落实情况的监督检查；加大对问责制度运行的各项保障，使制度能够顺利运转发挥作用。对于问责的情况，也要及时监督，确保责任人得到追究，针对问题能够解决。

（3）完善海洋督察制度，协调海洋行政管理运行机制。2011年7月5日发布的《国家海洋局关于实施海洋督察制度的若干意见》（国海发〔2011〕26号），明确要求在海洋管理系统内实行海洋督察制度，明确海洋督察工作的职责任务、工作程序、方式方法，形成结构合理、配置科学、程序严密、运转协调、制约有效、权责一致的督察工作运行机制，建立一支政治过硬、业务精通、监督有力的督察队伍。该文件明确定位海洋督察是上级海洋行政主管部门对下级海洋行政主管部门、各级海洋行政主管部门对其所属机构或委托的单位依法履行行政管理职责的层级监督。该文件要求，建立健全海洋督察工作体制，国家海洋局设立全国海洋督察委员会，指导、协调和监督全国海洋督察工作，北海、东海、南海分局作为国家海洋局的派出机构负责所辖海区的督察工作，沿海各级海洋行政主管部门建立相应的督察工作管理体制机制，督察工作由法制机构组织实施。[②] 2017年1月22日发布的《国家海洋局关于印发海洋督察方案的通知》（国海发〔2016〕27号），进一步强化了政府内部层级监督和专项监督，健全了海洋督察制度。

（四）推进"智慧海洋"建设，提高海洋信息化水平

加强海洋基础数据的统一管理，有序推进海洋信息共享，是现代海洋综合管理决策和实施的基本手段，没有足够的、准确的管理信息将无法进行有效的海洋行政管理。我国海洋行政管理信息系统的建设，由于体制、机制和组织的原因，不

---

① 于谨凯,李文文.海洋资源开发中污染治理的政府激励机制分析——以海水养殖为例[J].浙江海洋学院学报(人文科学版),2010(02):8-14.

② 张新.海洋督察制度研究[M].青岛:中国海洋大学出版社,2013:135.

仅有部门间的分散性、还有部门内的分散性,加之海洋资料信息统一管理尚未实现,所以资料、数据、信息的采集、存贮、加工以及用户服务等系统性的问题也无法实现。中央海洋行政管理部门要健全海洋信息化标准规范体系,加快海洋数据、档案、文献等信息化建设。统一规划和建设海洋监测、管理和服务数据安全传输与通信网络。以真实性检验为基础,深度开发环境仿真、科学视算、虚拟现实等海洋信息适用技术,促进海洋信息资源的有效利用,健全信息发布制度,提高对海洋的认知能力。在国家安全、海洋管理、科学研究和公益服务等领域,开发海洋信息产品和业务化应用系统,重点建设海洋行政管理基础信息系统、重点海区环境保障基础信息系统、海洋科学研究和公众服务基础信息系统。加快沿海地区各级政府海洋电子政务建设,统一构建国家海洋电子政务信息平台,加强海洋基础数据的统一管理,促进海洋信息交流与综合应用,全面提高海洋行政管理和服务的信息化水平,加强"智慧海洋"建设。"智慧海洋"工程是"工业化+信息化"在海洋领域的深度融合,是全面提升经略海洋能力的整体解决方案。随着海洋经济的发展,"数字海洋"正朝着更深层次发展,"智慧海洋"的宏伟蓝图正在铺开。

(1)创新公共服务。推进全流程网上办理的公共服务平台建设,加强政民互动,为公众提供便捷、公开、友好、准确的网上政务服务。促进海洋产业交易在网络上的延伸扩展及各环节的集成,提升商务活动的便利性,提高政府服务水平和服务效率。完善全方位灾害预警服务体系,提高海洋灾害等突发事件反应能力,提升对社会、公众海上生产作业、人身财产安全的保障能力。

(2)保障政府决策。建立网上协同、网下协作、双空间高度融合的行业管理运行新模式,全面提高行业监管能力。运用视频感知、识别感知、属性感知、位置感知等物联网、无线传输网络技术建立全方位的信息感知平台,促进"智慧海洋"建设。将"数字海洋"的节点扩展连接到各省、市、县,实现语音、视频、数据的互联互通。健全完善全国海洋与渔业数据中心,形成智慧分析决策模式,并通过对商务平台、业务平台、数据中心的有效管理,建立科学的运行评估体系,使政府能够通过分析业务环境与经济发展趋势,分析市场需求,引导产业聚集发展、指导资源开发利用和企业生产资源的合理配置。

(五)建立高素质管理人才队伍,完善人才选拔机制

海洋行政管理归根结底是人的行为,因此,海洋行政管理未来发展的落脚点还是要提高海洋行政管理人才的素质。第一,要在人才培养时加大投入力度,在高校开设海洋类维权执法与海洋行政管理专业,专门培养涉海人才,从而扩大人才基数,保证人才质量。第二,完善人才选拔机制,畅通选拔渠道,使得真正的人才可以进入行政管理队伍。第三,加强对涉海管理人才的培养,建立完善的培训系统,定期进行业务培训,不断提高人才素质。

（六）加强海洋科普和教育，大力弘扬海洋行政文化

近年来，我国海洋综合管理取得了不小的成绩，但是同时也遇到了如何同传统的部门管理间关系的协调问题，行使管理职能相互制约，造成其发展困难重重。于是，如何建立起有效的协调机制，不断完善综合管理体制就成了促进海洋行政管理深入发展的关键问题。应通过加强宣传，弄清确立综合管理体制的重要性，加深各方面对海洋和海洋行政管理的认识，形成对海洋行政管理必要性、重要性的共识。

各级政府要充分认识海洋对促进经济社会可持续发展的重要作用和意义，努力把增强全民海洋意识与爱护生存环境、拓展发展空间结合起来，把构建海洋强国与现代化建设结合起来，把弘扬海洋文化与建设文明社会结合起来。把普及海洋知识纳入国民教育体系，在中小学开展海洋基础知识教育。加快海洋职业教育，培养海洋职业技术人才。紧密结合海洋事业和海洋经济发展需要，调整海洋教育学科结构，建设高水平的海洋师资队伍，努力办好海洋院校，提高海洋高等教育水平。加强海洋文化遗产的保护和挖掘，开展海洋文化基础设施建设。充分发挥各种媒体和宣传渠道的作用，加强海洋知识宣传和普及，提高社会公众海洋意识，建立和完善海洋行政管理的公众参与机制。

本章思考题

1. 海洋行政管理的未来发展机遇是什么？
2. 海洋行政管理的未来发展挑战是什么？
3. 我国海洋行政管理的未来发展趋势是什么？

案例分析 8

材料 1：厦门湾将打造海洋综合管理创新示范区

央广网厦门 2016 年 7 月 31 日消息（记者马宁） 福建省政府日前公布的《福建省海岸带保护与利用规划（2016—2020 年）》（下简称《规划》）明确了全省六大湾区的定位，厦门湾将打造厦门国际航运中心，建设海洋综合管理创新示范区，与之配套的产业、城镇、生态、基础设施等都将陆续整合，加快建设步伐。

相比其他湾区，厦门湾的定位更具辐射性和国际性，这也是厦门海洋经济发展的一大特色。根据《规划》，厦门湾区域地跨厦门、漳州，包括九龙江口（内港）和刘五店（外港）地区，拥有 10 万吨至 20 万吨级深水岸线资源。

今后，厦门湾将以厦门岛为龙头，以厦门湾北岸和南岸为发展翼，打造"三中

心两基地一示范区",具体包括:厦门国际航运中心、两岸贸易中心、两岸区域性金融服务中心、海洋高新技术产业基地、现代海洋服务业基地和海洋综合管理创新示范区。

按照《规划》,厦门岛将大力发展滨海旅游、港口物流等海洋服务业;厦门湾北岸重点发展现代服务业、战略性新兴产业,推动建设中国(福建)自由贸易试验区厦门片区,建设先进制造业和创新产业的集聚区和示范区,对于不宜在厦门岛内发展的工业,逐步引导其向岛外、市外转移,完成制造业产业空间的置换和优化;厦门湾南岸以招银—港尾组团为核心,积极发展装备制造、电子信息等高端临海产业。

同时,厦门湾岸线也将根据产业发展的区别进行分类调控。其中,港口航运岸线主要分布在翔安岸段、海沧岸段、招银岸段、后石岸段;工业与城镇建设岸线主要分布在翔安、大嶝岛东部岸线、同安湾、刘会等岸线;旅游岸线主要分布在马銮—同安湾旅游岸线、厦门岛东部旅游岸线、东屿旅游岸线、鼓浪屿旅游岸线、海门岛旅游岸线、大径旅游岸线。

在城市发展上,厦门湾都市区的集聚效应将在五年内逐步显现出来。《规划》提出要加快厦门湾"沿湾新城"建设步伐,培育中心城镇,形成环海湾发展格局,推进厦漳泉同城化与厦门岛内外一体化发展,厦门海岸带力争升格为国家级沿海城镇带。

今后五年里,厦门将加强与漳州、泉州等区域的规划协调,推进相应的交通等配套设施建设。具体包括:厦门、漳州湾区干线,沈海高速复线,厦金泉通道,泉厦、厦漳城际轨道交通等。

材料2:国家海洋局印发《海岸线保护与利用管理办法》

中国海洋报讯(记者路涛) 2017年3月31日,国家海洋局在京召开《海岸线保护与利用管理办法》(下简称《办法》)新闻发布会。记者从会上获悉,这是我国首个专门关于海岸线的政策法规性文件。

《办法》共分总则、岸线分类保护、岸线节约利用、岸线整治修复及监督管理等六章26条。《办法》明确了当前海岸线保护与利用管理的主要任务,在管理体制上强化了海岸线保护与利用的统筹协调,在管理方式上确立了以自然岸线保有率目标为核心的倒逼机制,在管理手段上引入了海洋督察和区域限批措施,提出了海洋管理工作的新举措、新要求。

《办法》从海岸线保护、海岸线节约利用、海岸线整治修复三个方面强化了硬举措,加大了硬约束,提出了硬要求。

在海岸线保护方面,《办法》规定,根据海岸线自然条件和开发程度,将分为严格保护、限制开发和优化利用三类,提出分类管控要求,制订管控计划,严格红线管理。

在海岸线节约利用上，《办法》明确，严格限制建设项目占用自然岸线。对于占用人工岸线的项目，应严格执行建设项目用海控制标准，提高岸线利用效率。

在海岸线整治修复方面，《办法》提出三个硬性要求。制定整治修复规划和计划、明确整治修复项目实施要求、建立完善整治修复投入机制。《办法》规定了我国海岸线的监督管理机制，明确国家海洋局负责全国海岸线保护与利用工作的指导、协调和监督管理，改变了海岸线多头管理的局面。

围绕《办法》提出的各项制度及自然岸线保有率管控目标，国家海洋局将采取六项措施，保障《办法》的落实：一是落实管控目标与管理措施；二是自然岸线纳入海洋生态红线管控；三是推进海岸线管理法规及规划建设；四是提高海域使用项目占用海岸线的门槛；五是实施海岸线整治修复工程；六是强化海岸线动态监测。

《办法》是海洋领域全面深化改革的一项重要制度，对拓展蓝色经济空间、保护海洋生态环境、打造美丽海岸、建设海洋强国，必将产生积极而深远的影响。

材料3：首部《海洋社会蓝皮书》发布，报告建议中国加速完善海洋管理体制与法制建设

中新社北京（记者丁栋）　2015年7月10日发布的中国海洋社会发展报告指出，中国海洋社会发展至今，亟需国家以长期战略性眼光对一系列海洋事业发展加以顶层设计，不断完善相关法制与体制的建设。

由中国海洋大学社会学研究所和社会科学文献出版社共同举办的《海洋社会蓝皮书：中国海洋社会发展报告No.1(2015)》发布会10日在北京举行。报告指出，中国海洋开发、利用与保护近年来有了长足的发展，相关涉海管理机构日渐壮大，如何协调这些群体之间的关系，规范相关群体的运行秩序就成为海洋中值得关注的话题。

报告指出，中国海洋发展受体制与法制不完善的束缚仍然明显，海洋执法维权长期实行分散性行业管理模式，涉海管理部门众多，目前，海洋经济运行的实时监控与能力评估仍很不够，导致国家无法据此对海洋经济做出准确、有效的宏观调控，海洋经济发展的配套政策明显不健全。

报告强调，从海洋社会发展的大趋势来看，海洋事业各领域的多元化发展格局已经形成，因此，各领域之间合作、协调、沟通机制的建立已成为难以回避的任务，在国家层面的战略规划指引下，对各项海洋事业全面推行综合管理势在必行。

报告建议，在基于"海洋强国"的战略构想下，对海洋事业加以顶层设计的同时，致力于海洋环境、海洋文化、海洋科技、海洋产业等领域的具体法制建设，与此相应的海洋政策将会更加注重长期规划与短期规划的有效结合，注重与海洋社会整体发展之间的协调。

同时,在海洋科技研发领域,应以国家重大课题的攻关为主要任务,实施跨部门、跨学科的科学研究。面对海洋环境问题,逐步建立海洋环境宏观调控机制,按照统一的监测方案与技术标准,组织开展对全国各海域环境的监测,并对海洋生态资源环境实施分类管理,对海洋经济发展与环境保护实施协调管理。

结合材料,请回答:

1. 从上述材料可以看出,我国海洋行政管理不断面临新形势、新发展与新问题,结合材料试分析:如何化解海洋社会发展体制与法制不完善的束缚?

2. 从海洋社会发展的大趋势来看,海洋事业各领域的多元化发展格局已经形成,如何在国家层面的战略规划指引下,统筹协调行政管理体制的运行机制?

参考文献

著作类：

[1] [加]E. M. 鲍基斯. 海洋管理与联合国[M]. 孙清, 等, 译. 北京: 海洋出版社, 1996.

[2] [美]J. M. 阿姆斯特朗, P. C. 赖纳. 美国海洋管理[M]. 林宝法, 等, 译. 北京: 海洋出版社, 1986.

[3] [美]理查德·D. 宾厄姆, 等. 美国地方政府的管理[M]. 北京: 北京大学出版社, 1997.

[4] [美]约翰·R. 克拉克. 海岸带管理手册[M]. 吴克勤, 等, 译. 北京: 海洋出版社, 2010.

[5] [美]詹姆斯·N. 罗西瑙. 没有政府的治理[M]. 张胜军, 刘小林, 译. 南昌: 江西人民出版社, 2001.

[6] ACZISC. The Role of the ACZISC in Integrated Coastal and Ocean Management Policy Development and Implementation in Atlantic Canada[R]. 2009.

[7] Biliana Cicin-Sain, Robert W Knecht. 美国海洋政策的未来——新世纪的选择[M]. 张耀光, 韩增林, 译. 北京: 海洋出版社, 2010.

[8] Donna Christie, Richard Hildreth. Christie and Hildreth's Coastal and Ocean Management Law in a Nutshell, 2nd Edition(Nutshell Series)[M]. Minnesota: West Group, 2005.

[9] Dunn M, Pringle J D, Wright C. Coastal Zone Canada 98: Coastal Challenges: Sharing Our Experiences, Building Our Knowledge[M]. Coastal Zone Canada(BC) Association, 2000.

[10] Murray Patterson, Bruce Glavovic. 海洋与海岸带生态经济学[M]. 陈林生, 高健, 等, 译. 北京: 海洋出版社, 2015.

[11] Vallega Adalberto. Sustainable Ocean Governance: A Geographical Perspective[M]. New York: Routledge Press, 2002.

[12] Yoshifuma Tanakm. Zonal and Integrated Management Approaches to Ocean Governance[M]. London: Ashgate Publishing, 2008.

[13] 安应民, 等. 南海安全战略与强化海洋行政管理[M]. 北京: 中国经济出版社, 2016.

[14] 崔旺来,叶芳,等.我国政府海洋管理体制创新研究[M].北京:海洋出版社,2015.
[15] 菲尔德,等.2020年的海洋(科学发展趋势和可持续发展面临的挑战)[M].吴克勤,等,译.北京:海洋出版社,2004.
[16] 龚虹波.海洋政策与海洋管理概论[M].北京:海洋出版社,2015.
[17] 管华诗,王曙光.海洋管理概论[M].青岛:中国海洋大学出版社,2003.
[18] 李景光.国外海洋管理与执法体制[M].北京:海洋出版社,2014.
[19] 刘新山.渔业行政管理学[M].北京:海洋出版社,2010.
[20] 鹿守本.海洋管理通论[M].北京:海洋出版社,1997.
[21] 帅学明,朱坚真.海洋综合管理概论[M].北京:经济科学出版社,2009.
[22] 帅学明.中国海区行政管理[M].北京:经济科学出版社,2010.
[23] 滕祖文.海洋行政管理研究[M].青岛:中国海洋大学出版社,2002.
[24] 滕祖文.海洋行政管理专题研究[M].北京:海洋出版社,2003.
[25] 王琪,等.公共治理视域下海洋环境管理研究[M].北京:人民出版社,2015.
[26] 王琪,等.中国海洋管理:运行与变革[M].北京:海洋出版社,2014.
[27] 王琪,王刚,等.海洋行政管理学[M].北京:人民出版社,2013.
[28] 王勇.政府间横向协调机制研究——跨省流域治理的公共管理视界[M].北京:中国社会科学出版社,2010.
[29] 王志远,蒋铁民.渤黄海区域海洋管理[M].北京:海洋出版社,2003.
[30] 夏章英.海洋环境管理[M].北京:海洋出版社,2014.
[31] 于金钊,施星平,等.海洋环境保护行政执法实务[M].北京:海洋出版社,2013.
[32] 张新.海洋督察制度研究[M].青岛:中国海洋大学出版社,2013.
[33] 郑敬高,等.海洋行政管理[M].青岛:中国海洋大学出版社,2012.

论文类:

[1] Charle N Ehler. Indicators to Measure Governance Performance in Integrated Coastal Management[J]. Ocean & Coastal Management, 2003,46(3-4).
[2] Elizabeth Foster, Marcus Haward, Scott Coffen-Smout. Implementing Integrated Oceans Management: Australia's Southeast Regional Marine Plan(SERMP) and Canada's Eastern Scotian Shelf Integrated Management (ESSIM) Initiative. Marine Policy, 2005,29(5).
[3] Jin Yongming. On China's Strategy of Building an Ocean Power and Its Legal System[J]. China Legal Science, 2015(3).

[4] 陈吉祥.我国海洋综合管理发展思路探析[D].青岛:中国海洋大学硕士学位论文,2009.

[5] 崔旺来,等.我国海洋行政管理体制的多维度审视[J].浙江海洋学院学报(人文科学版),2009,26(4).

[6] 耿相魁.实施海洋行政管理战略的几点思考[J].浙江海洋学院学报(人文科学版),2008,25(1).

[7] 和先琛.浅析我国现行海洋执法体制问题与改革思路[J].海洋开发与管理,2004(04).

[8] 侯晚梅,唐远华.新中国海洋开发政策的历史考察[J].浙江海洋学院学报(人文科学版),2011,28(1).

[9] 姜秀敏,陈华燕.中国海洋行政管理的职能定位与机构创新[J].世界海运,2014(6).

[10] 金永明.论中国海洋强国战略的内涵与法律制度[J].南洋问题研究,2014(1).

[11] 金永明.新中国在海洋法制与政策上的成就与贡献[J].毛泽东邓小平理论研究,2009(12).

[12] 李成.论海事行政管理决策体系制度的建立[J].中国水运,2009(6).

[13] 李巧稚.国外海洋政策发展趋势及对我国的启示[J].海洋开发与管理,2008(12).

[14] 李双建,于保华,等.世界主要海洋国家海洋综合管理及对我国的借鉴[J].海洋开发与管理,2012(5).

[15] 潘新春,黄凤兰,等.论海洋观对中国海洋政策形成与发展的决定作用[J].海洋开发与管理,2014(1).

[16] 史春林.中国海洋管理和执法力量整合后面临的新问题及对策[J].中国软科学,2014(11).

[17] 宋文杰.对完善我国海洋行政管理体制的思考[J].齐鲁渔业,2008(7).

[18] 王刚,刘晗.海洋政策基本问题探讨[J].中国海洋大学学报(社会科学版),2012(1).

[19] 王刚,王琪.我国的海洋行政组织及其存在的问题[J].海洋开发与管理,2010(3).

[20] 王琪,丛冬雨.中国海洋环境区域管理的政府横向协调机制研究[J].中国人口资源与环境,2011,21(4).

[21] 王琪,邵志刚.我国海洋公共管理中的政府角色定位研究[J].海洋开发与管理,2013(3).

[22] 王印红,王琪.海洋强国背景下海洋行政管理体制改革的思考与重构[J].上海行政学院学报,2014,15(5).

[23] 徐祥民,于铭.区域海洋管理:美国海洋管理的新篇章[J].中州学刊,2009(1).
[24] 许丽娜,毕亚林,等.我国现行海洋政策类型分析[J].海洋开发与管理,2014(1).
[25] 于思浩.海洋强国战略背景下我国海洋管理体制改革[J].山东大学学报(哲学社会科学版),2013(6).
[26] 于思浩.中国海洋强国战略下的政府海洋管理体制研究[D].长春:吉林大学博士学位论文,2013.
[27] 郁鸿胜.发达国家海洋战略对中国海洋发展的借鉴[J].中国发展,2013,13(3).
[28] 张良.构建中国海洋行政管理综合协调机制[D].湛江:广东海洋大学硕士学位论文,2012.
[29] 郑敬高.海洋管理与海洋行政管理[J].青岛海洋大学学报,2001(4).
[30] 周学锋.公共管理视阈下政府海洋管理职能探析[J].中国水运,2009(1).

后　记[①]

　　本书主要包括海洋行政管理概述、海洋行政管理的产生与发展、海洋行政管理的基本范畴以及海洋行政管理体制等共8章。本书由刘洋提出全书内容设计并制订写作大纲和撰写计划,全书初稿的写作分工是:高雪梅负责第三、五、六章的撰写;刘洋负责其他章节的撰写。初稿完成后,由刘洋对各章内容进行了修改、统稿并定稿。

　　本书的付梓得益于大连海洋大学党委书记董亲学、校长姚杰的鼎力支持与指导,也受益于中国海警局司令部、南海分局,辽宁省海警总队,广东省海警总队,海南省海警总队等部门领导和执法者的无私帮助与启迪,同时大连海洋大学法学院/海警学院诸多老师都给予了大力帮助,在此深表衷心的谢意! 东南大学出版社编辑孙松茜老师不辞劳苦逐字逐句予以核校勘正,在此也表达我们深深的谢忱!

　　本书在写作过程中参考了一些经典著作和大量的专业研究成果,向这些著作的作者们表示由衷的感谢。由于时间关系,本书可能仍存在问题和不足,恳请读者给予批评指正。

刘　洋

2017年4月18日

[①] 基金项目:中国海洋发展研究会科研项目(CAMAJJ201504)、辽宁省国际教育"十三五"科研规划课题(16NGJ044)、2016年辽宁省教育厅科学研究项目(w201607,w201608)、2015年大连海洋大学研究生教育教学改革与创新工程优秀教材建设项目(dhdy20150403)、2016年度大连海洋大学社科联立项课题(2016xsklzd-11,2016xsklyb-17)、2016年度辽宁省法学会海洋法学研究会重点课题(2016hyfxyjh05)、大连市社科联(社科院)重点课题(2016dlskzd 073,2016dlskyb139)、大连市社科联(社科院)课题《大连海域使用管理地方立法研究》(2016dlskzd105)。